东北地区少数民族冰雪运动项目传承发展研究

宋智梁　张鹤东　张津铭　著

中国海洋大学出版社
·青岛·

图书在版编目(CIP)数据

东北地区少数民族冰雪运动项目传承发展研究 / 宋智梁，张鹤东，张津铭著. —青岛：中国海洋大学出版社，2023.6

ISBN 978-7-5670-3546-1

Ⅰ.①东⋯ Ⅱ.①宋⋯ ②张⋯ ③张⋯ Ⅲ.①少数民族－冰上运动－传统体育项目－研究－东北地区 ②少数民族－雪上运动－传统体育项目－研究－东北地区 Ⅳ.①G852.9

中国国家版本馆 CIP 数据核字(2023)第 117164 号

出版发行	中国海洋大学出版社		
社　　址	青岛市香港东路 23 号	邮政编码	266071
出 版 人	刘文菁		
网　　址	http://pub.ouc.edu.cn		
电子信箱	2586345806@qq.com		
订购电话	0532-82032573(传真)		
责任编辑	矫恒鹏	电　　话	0532-85902349
印　　制	日照报业印刷有限公司		
版　　次	2023 年 6 月第 1 版		
印　　次	2023 年 6 月第 1 次印刷		
成品尺寸	185 mm×260 mm		
印　　张	14.50		
字　　数	318 千		
印　　数	1～1000		
定　　价	68.00 元		

发现印装质量问题，请致电 0633-8221365，由印刷厂负责调换。

前　言

　　我国是一个统一的多民族国家,传统冰雪文化是中国少数民族传统文化之一,也是我国北方地区独特的体育文化。东北少数民族传统冰雪文化是以东北地区人民冬捕、狩猎、渔猎、冬祭等日常活动和民俗习惯中孕育而来的,是以冰雪生态环境为基础创造的体育文化。新疆阿尔泰地区被确认为人类滑雪文化的发源地,作为历史悠久的冰雪运动可追溯到1万年前。随着社会的发展,滑雪、爬犁等运动早已不再是维持生产生活的必要工具,经过改良后的冰雪运动也深刻体现着传统体育文化的基因密码。

　　东北地区是北方民族传统体育文化的发源地,其幅员辽阔、纬度较高的特点让该地区有了天然的冰雪优势。千百年来各民族不断发展,不管是民族传统项目本身,还是一年一度的民族节庆活动,都浓缩着极为重要的文化内涵。现如今,东北地区传统冰雪文化因其生存环境的消失而消亡或处于消亡的边缘,一方面承受着现代冰雪运动的冲击,另一方面在我国的民族传统体育保护中未受到应有的重视,项目存续状态不清,传承与发展日渐式微。本书对我国东北地区少数民族传统冰雪运动文化进行了搜集、整理与研究,以开发其时代价值,寻求传承保护与发展创新。

　　本书采用理论研究与实践相结合的方法,从冰雪运动的概念、发展、基本特征与价值的理论研究出发,详细阐述了少数民族传统冰雪运动的起源与发展,使读者对少数民族冰雪运动文化有较为准确的认识;从东北地区高校、社区冰雪运动和冰雪旅游、节庆与冰雪运动的背景出发,研究东北地区少数民族冰雪运动的传承发展;从东北地区少数民族多种冰雪运动项目与东北地区少数民族文化的结合出发进行针对性的探讨;从东北地区冰雪运动项目的角度出发,系统、全面、深入地研究了少数民族冰雪体育运动的发展状况,为少数民族冰雪体育的繁荣发展提供科学指导。

　　本书在撰写过程中参考和借鉴了大量的、有关东北地区少数民族与冰雪运动等方面的书籍资料,在此向这些专家及学者致以真诚的谢意。由于作者水平和经验有限,书中不足之处在所难免,恳请广大读者和行业专家不吝赐教,予以批评指正!

作　者

2022 年 11 月

目　录

第一章 导 论

第一节 冰雪运动

一、冰雪运动概述

(一)起源

冰雪运动是寒带冰雪地区的人们为了适应和利用环境更好地生存、生活而逐渐发展起来的。滑雪最初是为创造利于生存的条件,以运输、狩猎及通信的方式融入人们的日常生活。滑冰则是从滑雪演变而来的体育运动。现代的冰雪运动已经是奥运会竞赛项目的主要组成部分,一般分为冰上运动和雪上运动。

1676 年,在荷兰的运河上举行了最早的速度滑冰比赛。比赛场地由开始的城镇到城镇,发展至环城。为了利于观众观看,演变为 U 形跑道,后来形成封闭式椭圆形 400 米标准跑道。第一个滑冰组织爱丁堡俱乐部于 1742 年在英格兰创立。1850 年美国的布什内尔制造了第一副钢质冰刀,这一时期保尔森发明了现代管式冰刀,提高了速度滑冰运动水平。

18 世纪末 19 世纪初,滑雪运动从挪威逐渐扩展到欧洲各地。20 世纪滑雪运动在欧洲、美洲日益普及。1924 年跳台滑雪被列为冬奥会项目,同年,国际滑雪联合会(FIS)成立。在 19 世纪末期,这项运动开始传入中国,中国最早参加国际性滑雪比赛是在 1961年,首次参加的奥运会是在 1980 年第 13 届冬奥会。中国在 1981 年正式恢复国际滑雪联合会合法席位。

随着时代的发展,如今冰上运动包括速度滑冰、短道速度滑冰和花样滑冰以及冰球、冰壶,雪上运动包括雪山滑雪、越野滑雪、跳台滑雪、自由式滑雪、单板滑雪、北欧两项和冬季两项以及雪橇。[①]

(二)主要赛事

1. 冬季奥林匹克运动会

冬季奥林匹克运动会(简称冬奥会)是世界规模最大的冬季综合性运动会,主要由全

---

① 宋绍兴,周成. 竞技体育赏析[M]. 广州:华南理工大学出版社,2020.

世界地区举行,每四年举办一届,1994年起与夏季奥林匹克运动会相间举行。雪上项目包括跳台滑雪、高山滑雪、自由式滑雪、越野滑雪、单板滑雪、俯式冰橇、无舵雪橇、有舵雪橇、北欧两项、现代冬季两项,共10个大项目。冰上项目主要有速度滑冰、短道速滑、冰球、冰壶、花样滑冰5个项目。

2.世界花样滑冰锦标赛

世界花样滑冰锦标赛由国际滑冰总会(ISU)主办,各成员国或地区的业余运动员参加的花样滑冰比赛,每年举办一次(常在3月)。世界花样滑冰锦标赛包含四个单项,分别是男子单人滑、女子单人滑、双人滑、冰舞。各单项的第一名享有该年度"世界冠军"的头衔。

3.欧洲花样滑冰锦标赛

欧洲花样滑冰锦标赛是国际滑冰联盟主办的四大世界级花样滑冰赛事之一,于每年一月份举行。1891年第一届欧洲花样滑冰锦标赛在德国汉堡举行,截止到2020年年底,欧洲花样滑冰锦标赛已经举办了112届。

4.四大洲花样滑冰锦标赛

四大洲花样滑冰锦标赛每年举办一次,轮流在各个国家举办,"四大洲"分别是奥运五环(除欧洲)代表的美洲、亚洲、非洲、大洋洲,参赛运动员也均来自以上地区。第一届四大洲花样滑冰锦标赛在加拿大哈立法克斯举行。

5.世界高山滑雪锦标赛

世界高山滑雪锦标赛是由国际滑雪联合会组织的一项世界性赛事。高山滑雪是以滑雪板和滑雪杖为工具在山坡专设的线路上快速回转、滑降的一种雪上竞赛项目。

二、冰雪运动主要规则

(一)器材

雪上运动的主要器材包括雪鞋、雪板和雪杖。雪鞋的选择要求主要是合脚、保暖、轻便、易脱,穿上高山滑雪雪鞋后,踝关节只能进行微小的活动。雪板的脱离器是固定在雪板上用来夹卡雪鞋的装备,具有自动脱落的功能。雪杖的作用是滑雪者握在手中便于行走、支撑身体、控制平衡和引导方向等。

冰上运动的主要器材包括冰刀、冰鞋、尼龙紧身全连衣。其中,冰刀可分为速滑冰刀、花样冰刀、冰球冰刀、冰壶冰刀四类,由于项目各有特点,冰刀的结构、大小、弧度均不相同。

(二)主要规则

1.高山滑雪

高山滑雪主要分速度系列和技术系列。其中,速度系列分速降和超级大回转,比赛按一次滑行成绩决出名次;技术系列分大回转和回转,名次按两次成绩合并计算。

2. 越野滑雪

单项比赛采用间隔单人出发的方式,除雪板前部和雪杖外,双脚位置不得超过起点线。比赛名次根据运动员按规则滑完全程所用的时间确定,运动员到达终点时至少有一只脚穿带有标记的滑雪板,否则成绩无效。

越野滑雪接力比赛除按单项比赛规则进行外,在每一站设以终点线为基点前后各延长15米的接力区,交接时上一站队员必须在接力区内用手触及下一站队员身体的任何部位方可完成交接,成绩以全队滑完全程所用时间的总和计算。

3. 北欧两项

北欧两项一般分2天进行比赛,第一天是跳台滑雪,每人跳两次,以姿势分和距离分计算出总分;第二天进行越野滑雪,越野滑雪出发顺序依据跳台滑雪成绩确定,即跳台滑雪赛中的第一名运动员在越野滑雪赛中是第一个出发者,而跳台滑雪赛中的第二名运动员,把他在跳台滑雪赛中的得分和第一名运动员的得分差,通过计算转换成秒数,得出的秒数就是比第一名运动员晚出发的时间(得分与秒数的计算方法依照北欧两项竞赛规则),这样以此类推地出发后,第一个到达终点的运动员为第一名。

4. 自由式滑雪

自由式滑雪是由空中技巧、雪上技巧和雪上芭蕾3个小项组成,评分时主要看竞赛者踏跳动作质量(如时机、效果、飞起高度与距离等)、高空中动作的完成(正确性、优美平衡及完整性)、着陆时稳冲的能力和终点停止的控制能力。

5. 单板滑雪

单板滑雪以滑行速度评定名次。正式比赛时选手抽签每两人一组,在平行赛道上进行两次预赛,第二次预赛要交换赛道。第一次比赛中落后的选手延迟出发,延迟的时间为第一次比赛落后的时间。第二次比赛中率先抵达终点的选手取胜。U形池场地为U形滑道,比赛时在音乐伴奏下竞赛者在U形滑道内,边滑行边利用滑道做各种旋转和跳跃动作,一般为58个造型,裁判员根据竞赛者完成的动作难度和效果评分。其主要动作有跃起抓板、跃起非抓板、倒立、跃起倒立、旋转等。

6. 雪车

雪车是一种集体乘坐雪橇,利用舵和方向盘控制在人工冰道上滑行的运动。比赛出发顺序由抽签决定,到达终点时,运动员必须坐在雪橇上,否则不予计算成绩。选手可选择最理想的路线前进,尽可能减少比赛用时。比赛所用时间相加,以时间少者为胜;成绩相等时,以各次滑降中成绩最好者为胜。

7. 速度滑冰和短道速滑

速度滑冰和短道速滑皆是冰上滑行竞速运动,二者皆以在规定的距离中用时较短获胜的规则开展。

8. 花样滑冰

单人滑与双人滑比赛中，选手必须完成两套动作。选手必须完成一系列必选动作，包括跳跃、旋转和步法等。竞赛名次最终由全体裁判打分的综合分决定。

9. 冰球

冰球是多变的滑冰技艺和敏捷娴熟的曲棍球技艺的高度结合。比赛时，每队上场6人，分别是3名前锋、2名后卫、1名守门员。运动员在被界墙围起来的冰球场内按规则运用滑行、运球、传球、射球、身体阻截等技术，在战术配合下相互攻守，力争用冰球杆将球射入对方球门。比赛过程中可随时换人，运动员犯规要受到离场2分钟、5分钟或10分钟甚至更重的处罚。全场比赛分为3局，每局20分钟，中间休息15分钟。最终射门得分多者获胜。

10. 冰壶

冰壶是以队为单位，在冰上进行的一种投掷性竞赛项目。比赛分两队进行，两队各有4名球员，两队按一垒、二垒、三垒及主力队员的顺序轮流丢掷冰壶石，以赛前双方掷点离圆心近者先掷。每队交替掷球，每人分别丢掷两石，8人共掷16石之后结束。当双方队员掷完所有冰壶石后，以场地上冰壶距离营垒圆心的远近决定胜负，每石1分，积分多的队获胜。

三、冰雪运动主要技战术及赏析

(一)主要技术

1. 雪上运动主要技术

(1)滑降技术。滑降技术包括直滑降、斜滑降、横滑降、过起伏地段、突陡坡，以及在各种地段应采用的高、中、低姿势的滑行技术。

(2)转弯技术。转弯有大回转、小回转之分，速度、幅度都不一样，但总的基本技术、力学原理还是一致的。转弯的基本技术包括犁式、半犁式、半犁摆动、剪式、踏步、侧蹬、双板平行、双板平行跳跃、单杖或双杖支撑转弯以及单脚支撑跨步蹬动转弯等。

2. 越野滑雪主要技术

(1)传统式技术，要求在比赛中的蹬动(包括两脚交替滑行、同时滑行、滑行中的开脚踏步、滑降以及转弯等)中，运动员不得有任何的蹬冰式(侧蹬)动作。

(2)自由式技术，对运动员蹬动动作不做限制。规则规定，赛会所设项目比例应为传统式及自由式各占一半。越野滑雪的基本技术和滑行方法，一般可分为平地滑行、上坡滑行、滑降和变换方向滑行。

3. 跳台滑雪主要技术

(1)助滑技术。助滑是为了在起跳端具有更快的初速度，以延长空中飞行距离的一种技术。在顺着助滑道的倾斜面前进时,运动员应尽量深蹲,上体前倾成流线型姿势,力求与雪面大致平行,以最大限度地减少空气阻力。

（2）起跳技术。起跳是整个技术动作的关键,起跳动作的好坏决定着运动员的成绩。由于助滑的最快速度可达每秒钟 30 多米。因此,掌握起跳的最佳时机是衡量运动员技术水平高低的主要标准。起跳的用力方法与跳高或跳远都不相同,确切地说,它不是跳而是两腿快速下蹲的动作。

（3）空中飞行技术。运动员只有具备保持大胆、沉着、稳定的心态和善于控制雪板的空中飞行姿势的能力,才能获得理想的成绩。这时,运动员的上体应充分伸展,上体与下肢间稍有曲折,两雪板平行并与脚底呈锐角上仰,上体与雪板基本保持平行,两臂伸直贴放于身体两侧。

（4）着陆技术。经过助滑、起跳和空中飞行,最后再完成正确成功的着陆动作。着陆时,使整套运作连贯一致,应具有弹性和稳定性,两脚成弓箭步前后分开,身体重量分别落于两脚,雪板后跟略领先于板尖着陆,两腿屈膝做缓冲,两臂左右平伸,以维持身体平衡。落地后,保持平衡姿势顺利滑到终止区,全部动作即算完成。

4. 冰上运动主要技术

短道速滑作为非常有影响力的冬季运动项目,越来越受到人们的重视。短道速滑主要技术有起跑、直道滑行、弯道滑行、冲刺和超越五方面组成。

（1）起跑技术,主要运用于短距离项目,也就是 500 米和 3000 米接力。起跑是使运动员在最短的时间内,完成从静止到移动并获得较高速度的过程。我国优秀短道选手的蹬冰角度和最大展膝、展髋角速度均偏小,建议在今后的训练中应加强冰刀对蹬冰角度的控制及对下肢肌肉力量和爆发力的训练。

（2）直道滑行技术,在直道滑行基本姿势的基础上,两腿交替连续完成蹬冰、收腿、下刀、支撑滑行,并配合摆臂形成完整的直道滑跑动作。速度向前滑行所利用的"滑行技术",即连续向前滑的同时针对冰的推进动作。

（3）弯道滑行技术,是短道速度滑冰最重要的技术。运动员在弯道滑行过程中,必须紧贴弯道内圆弧雪线的切线,即最短滑行路线。因此,他就不可能像在直道上那样,利用蹬冰后身体获得的加速度向前惯性滑进,而是采用左右腿交叉、双腿都向右侧蹬冰的方式前进,只有这样才能使左右脚在着冰时都能落在雪线圆弧的切线上。要使双腿都能向右侧快速、有力地蹬冰,运动员双脚之间不仅要保持最短距离即交叉压步,还要采用左肩明显低于右肩的方法来完成左腿的蹬冰动作,这就是运动员在弯道滑行时,左肩低于右肩、左右脚蹬冰的频率要明显高于直道的原因所在。

（4）冲刺技术,是冲刺时短道速度滑冰运动技术的重要组成部分,当临近终点且运动员相距较近时,冲刺可以起到决定性的作用。以送刀式冲刺为例,在接近终点的滑行过程中,将重心落在有利于克制对手一侧的腿上,将另一侧腿迅速前伸,保持平衡冲过终点。

（5）超越技术,影响短道速滑比赛成绩的因素是多方面的,包括运动员的身体素质、心理素质。在里道出弯道时超越技术是增加前进方向的速度,特别是增加出弯道的步频来提高前进的速度。

5. 冰壶主要技术

冰壶主要技术有投石和旋球两部分。

(1)投石根据击打的目的可以分为:①拉引击石,将冰壶石掷在得分区之前或得分区内;②防卫击石,将冰壶石掷在拱线和得分区之间用来防御对手的冰壶石进入得分区;③敲退击石,将冰壶石放在一个或是多个已经存在场上的冰壶石的前面;④通道击石,当掷石者需要让他的冰壶石通过两颗或多颗阻碍石时,他便需要掷出一个 ports shot(通道);⑤晋升击石,将一颗在得分区之前的冰壶石,由射石撞击到更接近得分区的中心;⑥晋升移除掷石,一颗冰壶石被射石撞击之后,往后推进并碰击到对方的冰壶石,而使对方的冰壶石被驱离得分区或出局的射击;⑦精彩击石,若希望将冰壶石掷到一颗卫兵石的后面,或是希望将一颗被保护得很好的冰壶石击出场,有一种方式是丢掷冰壶石去撞击另一颗停在外围的冰壶石,然后让掷石转向朝目标地方向前进。

(2)旋球就是在投掷的时候扭动冰壶把手,使冰壶旋转式前进。旋球的主要目的有两个:一是击打被障碍球阻挡的对方冰壶,旋转可以使得冰壶在冰道上按照一条弧线前进,从而绕过障碍球而击打对方冰壶。这种投掷方法使得两冰壶在碰撞的时候不能形成完全击打的效果,一般都是蹭到对方冰壶的边缘,或者形成轻微的碰撞,以使其远离中心,同时使己方的壶更接近。二是直接从侧面击打目标,使目标球横向地被撞出冰道或者远离中心。避免因为纵向撞击导致对方球被撞出之后在行进路线上碰到己方已到位的球。

(二)主要战术

1. 雪上运动战术

雪上运动战术,主要指在比赛全程中,根据体力的分配及针对不同地形特点应选择不同的滑行技术方法。例如,下坡路程占全程的 1/3,在下滑时,如果是在体力好的情况下,可以采用流线型的低姿势滑降,以减少空气阻力,提高速度,争取时间;但在体力不佳,或特别疲劳的情况下,或在地形复杂难度大的条件下,姿势可以高些,增加身体的阻力,降低速度,以防跌倒导致浪费更多的时间,同时避免产生烦躁的心理及消极情绪。

2. 冰上运动战术

短道速滑战术按性质可分为领先类战术、拖后类战术、破坏与犯规类战术、掩护与配合类战术等。

(1)领先类战术。

领先类战术是战术发动者利用领先的优势,控制对手滑行速度从而占据有利位置或为了摆脱对手而采用的一种战术形式。领先类战术包括领先滑行和扣圈滑行等具体战术手段。

①领先滑行战术,是指战术发动者为达到战术目的,在起跑和滑跑的过程中,抢占领先位置,按自己的战术计划或根据场上变化保持领先位置。领先滑行战术在短中距离比赛中较为常见。

②扣圈滑行战术,是指在比赛过程中,战术发动者采取"先发制人"的手段,趁对手不备或判断错误等,扣对手一圈,然后再用尾随滑行的办法来巩固领先的地位。扣圈滑行战术在长距离比赛中较为常见。

(2)拖后类战术。

拖后战术是战术发动者利用先隐蔽后出击的"后发制人"方式达到战术目的的一种战术手段,拖后类战术包括起跑拖后、尾随滑行和盯人滑行等战术。

①起跑拖后战术,是指为达到战术目的,战术发动者在起跑过程中,有意识地晚起动或慢跑动,造成起跑自然拖后的形势。

②尾随滑行战术,是指在滑行过程中,战术发动者为达到战术目的尾随对手滑行,以保存实力,寻找战机,战胜对手。

③盯人滑行战术,是指战术发动者针对某一特定对手进行跟踪、监视滑行,以达到战术目的。

(3)破坏与犯规战术。

破坏与犯规战术是利用战术行动干扰破坏对手正常的滑行或战术实施,必要时甚至以犯规达到战术目的,如变速滑行战术、抢位战术、"舍卒保车"战术等。

①变速滑行战术,是指在比赛过程中,利用快、慢交替的变速滑行,干扰和破坏对手正常滑行的战术。

②抢位战术,是指在比赛过程中,为了达到某种战术目的而抢占有利位置,干扰对方正常的滑行或破坏其战术的实施。

③"舍卒保车"战术,是指为了给有竞争能力或有条件取胜及有利于达到某种战术目的的运动员创造更多的机会,赋予同组另一名同伴特殊使命,以不断地抢位和变速滑行消耗对手的体力。

(4)掩护与配合类战术。

掩护与配合类战术多在同伴的配合下完成,通常利用同伴对对手采取的警戒牵制、压制和暗中保护等,确保某运动员达到战术目的。掩护与配合类战术较多,通常采用的有交替领滑、一档一过、梯形编队滑行等战术。

①交替领滑战术,是指为提高全程滑跑速度或合理分配体力,采用同伴之间相互领滑一定距离的方法,构成交替领滑,以保存实力、占据主动而采用的一种战术配合。

②一档一过战术,是指利用同伴在前面挡住对手滑行路线,使另一名本方队友由侧面超越的一种战术手段。

③梯形编队滑行战术,是指若干名同伴以梯形(前后横向半错位)的队形滑行,挡住对手超越路线。在后外侧滑行的同伴可根据对手情况与同伴调整位置,以保持有利地位。

(三)冰雪运动赏析

1.雪上运动赏析

雪上运动是冬季奥运会的重要组成部分。雪上运动主要指借助滑雪板或其他的器具在雪地上进行的各种滑行运动。雪上运动主要由不同的滑雪项目组成,而滑雪项目主要突出技巧性、灵活性和柔韧性。其中,高山滑雪、越野滑雪、跳台滑雪、现代冬季两项、北欧两项大多是竞速赛,因此其赏析要点主要集中在运动员高超的滑雪技术上,可以在极短的时间内判断出最合适的下滑路线,巧妙地越过雪道上的障碍,在极限速度下维持身体平衡等。单板滑雪运动的赏析要点主要集中在对空中技巧的赏析,空中技巧的动作结构主要由 4 部分组成,分别为助滑阶段、起跳阶段、空中翻腾和落地阶段。运动员在超长时间的滞空中翻转身体,做出一系列让人眼花缭乱的高难度动作,来赢得比赛的胜利和人们的赞美。

2.冰上运动赏析

冰上运动主要指借助专用冰刀或其他器材,在天然冰场或人工冰场上进行的体育运动,包括速度滑冰、花样滑冰、短道速滑、冰球、冰壶、俯式冰橇等。

速度滑冰和短道速滑是冰上滑行竞速运动,即在规定的距离中用时较短的获胜,因此速度滑冰的赏析主要是起跑技术与摆臂动作等方面。速度滑冰起跑技术包括正面前脚点冰起跑法和侧面起跑法,摆臂动作主要用于段中距滑行,在长距滑行中则较多采用单臂摆动。短道速滑的赏析主要集中在对直道滑行与弯道滑行技术等方面。采用流线型的蹲屈姿势,直道滑行的基本技术是在直道滑行基本姿势的基础上,两腿交替连续完成,形成周期性动作"蹬腿—收腿—下刀—支撑滑行"的技术。弯道滑行基本姿势的外观结构是上体前倾,头部抬起,身体向圆心内倾斜,进弯道时右脚最后一步要进入直道和弯道交接处,左腿紧贴右脚下刀,指向切线方向,着冰时脚尖开始逐渐顺送,用外刃紧紧咬住冰面,左肩与新的切线方向一致。

3.花样滑冰赏析

花样滑冰中是冰雪项目中最富有技巧性和观赏性的项目。花样滑冰运动员精致的妆容、绚丽的服装、优雅的姿态、惊艳全场的动作,带给观众运动美的享受。花样滑冰的赏析,主要集中在运动员的舞蹈动作、跳跃动作、空中姿态、平稳落冰等方面。对于双人滑来说,两者之间的配合默契程度也是欣赏的重点。

四、当前热点评说

(一)规则方面

1.花样滑冰

2010 年 6 月,国际滑联大会通过决议,冰上舞蹈比赛包括创编舞和自由舞两个阶段。

竞赛名次最终由全体裁判打分的综合分决定。

2.短道速滑

2014年9月国际滑联短道速滑技术委员会组织讨论会上,对"滑跑规则"进行了重点修订,新规则将"肩并肩"修改为"半个身位",即超越者在进行超越时,至少领先被超越者半个身位才可认定为超越成功,否则发生的碰撞判罚仍旧归咎于超越者。

3.冰壶

自2000年以后,世界冰壶联合会每年都在修改冰壶规则,如超时问题、限制线的出现、暂停的使用、先后手的确定方式等。2019年10月最新规则规定前5壶不能打出界,此前为4壶。

(二)科技的应用

1.科技运动服

花样滑冰作为冬奥会赛场上最具观赏性的比赛项目,不仅凭借流畅的高难度动作吸引了观众,而且比赛选手的服饰也是一大看点,不同于其他冬季运动的臃肿着装和装备,花样滑冰服更接近于舞台演出服。

匈牙利花滑运动员赫尔马·普朗克·萨博(Herma Planck Szabo)在1924年法国夏蒙尼冬奥会上身穿保暖长裙,其目的更多的是为了保暖。

1928年的奥地利圣·莫里茨奥运会,运动员的裙子尺码缩小了,整体造型也不再臃肿。1936年的加米施-帕滕基兴冬奥会上,长裙和臃肿的服装正式退出冰场,服装对于这项运动来说也越来越重要。

现在广泛应用的是内置传感器的高科技运动服。它能够感应和追踪到肌肉纤维内部的活动,并通过应用程序告诉用户各个部分的肌肉运动状态。运动服使用的是在医疗领域已经应用了数十年的EMG技术(肌电图技术),当人移动时,收缩的肌肉纤维会发出导电信号,从而被记录下来。

2.高科技冰壶

冰壶队的核心技术之一就是他们的刷子,刷子上装有传感器和一个记忆卡,这些装置可以记录下扫传手向下施加的力、刷子沿冰壶路线行进的距离以及选手们的身体素质等详细情况。通过电脑分析得到这些数据后,它们不仅可以作为教练选拔队员的参考,更为重要的是,可以帮助运动员改变感觉和技术,以达到增强实力的目的。

3.仿真冰的应用

仿真冰是由高分子材料经过复杂的工艺设计和制造而成的。模拟的冰层完全可以吻合,滑冰体验与传统冰面可达到96%的相似性,且不受冰场的面积、位置和气候环境的限制,它可以全年在室内和室外被快速安装和拆卸。

第二节　冰雪运动的发展

一、我国冰雪运动发展政策演进历程

　　我国冰雪运动发展政策的历史演进是冰雪运动发展保持自身均衡格局和群众对冰雪运动需求多样性不断推进的结果,呈现出渐进演变的特征规律。中华人民共和国成立初期,我国处于计划经济体制下,国家在生产、资源分配以及产品消费各方面都是由政府事先进行计划的。冰雪运动发展是依托国家体育大环境发展起来的,其在初期没有具体相应的政策措施,但在国家发展体育的过程中,主要以个体项目的方式发展。与其他体育政策相同,深受政府集权管理模式的影响。集权的优点在于可以有效地对体育政策进行集中领导,统一管理。但随着社会经济的发展,这种依靠政府决策的运动发展模式与现实经济环境已不相适应,无法满足人们对冰雪运动的多方面需求,从而出现了地方分权、市场参权、治理现代化的模式,多种模式的产生是政府结合发展过程中出现的问题对体制进行的调试。回顾我国冰雪运动发展历史演进过程可以发现,冰雪运动项目发展的政策依据,无论是政策目标、政策导向、政策内容还是政策落实方式,都是政府部门为了冰雪运动适应新经济形势发展的需求,对体育运动进行的政府职能部门的深化改革,通过对新的治理思路的探寻,推进冰雪运动实现现代化目标。本书以国家冰雪运动的政策引领为主导,以冰雪运动发展政策、文件为样本,对政策过程展开研究,以冰雪运动发展历程脉络为主线,将冰雪运动政策发展的历史分期划分为萌芽期、停滞期、复苏期、发展期、强盛期 5 个阶段,分析各阶段相关政策文本,厘清我国冰雪运动发展政策的演进脉络和发展动力,并得出启示。

(一)冰雪运动发展政策萌芽期(1949—1965 年)

　　中华人民共和国成立初期到 1965 年,体育政策都是在国家中央集权治理模式下发展起来的。在这十几年的时间里,冰雪运动是在国家体育政策制定中连带起来的项目活动。1954 年 1 月,中共中央就中央人民政府体育运动委员会党组提交的《关于加强人民体育运动工作的报告》进行了批复,形成了这一阶段极其重要的指导群众体育的政策文本——《关于加强人民体育运动工作的指示》;1955 年 4 月 12 日,中共中央颁布《中央体委党组关于召开全国体育工作会议的报告》;1954 年 3 月发布中央人民政府政务院《关于在政府机关中开展工间操和其他体育运动的通知》;1955 年 2 月,中共中央批复同意全国总工会党组和国家体委党组《关于全国第一次职工体育工作会议的报告》等。① 冰雪运动在此阶段的政策引领的依据是中共中央批转国家体委党委《关于体育运动十年规划的报

---

　　①　肖谋文. 新中国群众体育政策的历史演进[J]. 体育科学,2009,29(4):89-96.

告》,指出:"紧紧依靠各级党的领导,坚决贯彻政策挂帅。"冰雪运动发展政策借助于体育政策,1956年,周恩来同志在中国共产党第八次全国代表大会第一次会议上提出:"应该在广大群众中进一步开展体育运动,有效地增强人民的体质,并且提高我国体育运动水平。"借助当时国家运动大环境,1959年2月在吉林和哈尔滨两地分别举行由国家体委体育司主办的中国第一届全国性冬季运动会。此阶段,冰雪运动在国际上取得了优异成绩。在"发展体育运动、增强人民体质"的方针指导下,冰雪运动开始在东北、华北和西北等有条件的地区进行开展,各地纷纷举办冰雪运动赛事和群众活动。在这十几年的时间里,东北三省借助自然赋予的优先条件,大力开展冰雪运动,使得冰雪运动不仅在竞技水平上被世界认可,还被广泛开展到东北三省的群众中去。

(二)冰雪运动发展政策停滞期(1966—1976年)

由于中华人民共和国成立初期国内经济环境未形成,体育领域依然是"国家管控"制度,但我国冰雪竞技运动项目在国外已稍有名气,受多方面原因影响,冬季运动项目发展处于停滞状态。

(三)冰雪运动发展政策复苏期(1977—2004年)

我国冰雪运动发展政策经历了从"国家挂帅"转型为以"地方分权"为主、以"市场参权"为辅的阶段,转型是为了更好地激发各省人民政府参与冰雪运动发展的积极性和责任感,此阶段国家经济实行对外开放政策,冰雪运动以开放的姿态和更有力的措施迎接政策改革,国家权力部分下放,要求各地人民政府结合本土冰雪自然环境,对冰雪运动发展政策进行灵活运用。1984年中共中央颁布的《关于进一步发展体育运动的通知》对东北三省冰雪运动发展政策改革产生了深远的影响。政策中提出各级党委要加强对体育工作的领导,搞好项目的战略布局,这使地方分权行为日益明显。中央政府和地方政府共同培养冰雪运动员。政府权力下移并没有危及中央部门的地位,而是为体育运动发展做出了更大的贡献,对地方政府参与冰雪运动的发展起到了更好的推动作用,体现在冰雪竞技成绩的提高、群众参与程度的提高、产业市场的发展上。在政府参权阶段,我国冰雪运动健儿在1980年代表中国首次参加冬奥会,1986年中国冰雪健儿在首届冬季亚运会上的表现,让已沉睡了20年的中国冰雪运动再度引起世界的关注。1987年全国冬季运动会在吉林省的成功举办使当地群众参与冰雪运动的热情开始高涨起来,这是地方参权的实质性权利的体现。1993年原国家体委制定《关于培育体育市场加快体育产业化进程的意见》奠定了我国冰雪运动产业化发展的基础,表明冰雪运动开始走向产业化。1996年哈尔滨亚洲冬季运动会的成功举办为冰雪运动产业提供了发展契机。

(四)冰雪运动发展政策发展期(2005—2014年)

地方分权的治理方式是政府内部权力下移和优化配置的变革结果,随着社会发展,政府管理权力的边界问题也被关注,在竞技体育转型的宏观背景下,冰雪运动发展政策在原来的"政府分权"模式中将权力分化到市场经济体制后产生了"市场参权"政策环境。冰雪运动发展政策在全国体育政策大环境下，与其他项目一样，开始受到权力部门的重视，冰雪运动发展政策逐渐走向成熟，在国际冬奥会赛场中不断创造佳绩，国家开始鼓励群众开展冰雪运动，地方政府组织的群众性冰雪活动蓬勃开展。为有效落实冰雪运动发展政策改革，各地区积极开展当地冰雪活动，冰雪运动以新的产业形式接近群众群体。例如，黑龙江省由省体育局、教育部组织开展了 2005 年度"百万青年上冰雪"活动；2008 年首届"中国·右玉冰雪旅游节"在河南开办；2009 年"鸟巢换了雪季"全民健身项目在国家体育场开幕；同年，浙江绍兴首家室内滑雪场开放；黑龙江利用第 24 届世界大学生冬季运动会的热潮在哈尔滨打造了"冰上运动乐园"；2010 年伊犁哈萨克自治州昭苏县举行首届冰雪旅游节；同年，哈尔滨首届"少年陆地冰球锦标赛"为储备冰雪后备人才打基础。2011 年国家体育总局颁布《2011—2020 年奥运争光计划纲要》，对冰雪运动产业发展、竞技发展、人文发展起到了推动性作用。2011 年，哈尔滨市举行 2012—2013 年度"百万青少年上冰雪"活动启动仪式。2011 年，承德市"2011—2012 年度承德市冰雪欢乐汇"第十届速度滑冰比赛开幕。2012 年，张家口崇礼区冰雪博物馆正式开馆。2013 年，哈尔滨市教育局将 6 个冰雪项目纳入中学考试中，极大地促进了青少年冰雪运动的发展。2014 年，哈尔滨市教育局进一步强化工作力度，在将冰雪项目考试纳入中考成绩的同时，组织全市中小学生到滑雪冬令营和免费冰雪场所开展活动，并将冰雪活动从城区向乡村延伸、课上向课外延伸、传统项目向趣味活动延伸。

（五）冰雪运动发展政策强盛期（2015 年至今）

中国共产党第十八次全国代表大会以后，我国的冰雪运动产业发展进一步加快，但冰雪运动发展面临着更为严峻的局面，这既是冰雪运动利益诉求日趋多元化的必然结果，也是冰雪运动向更高发展的必然要求。"筹办好北京冬奥会、冬残奥会"是我国的大事，应该深刻认识到冰雪事业是体育事业的有机组成部分，冰雪运动在全民中的开展是中国由"体育大国"转变为"体育强国"的标志之一，这将对我国冰雪运动的发展必然产生重大的影响。但我们应深刻认识到，冰雪运动是我们的短板，补足短板就要求我们转变之前对冰雪运动的陈旧观念，以发展的眼光深刻地认识冰雪运动。近年来，各地区助力冬奥会做出了积极贡献，全国从中央到地方、从北方到南方、从冬季到夏季、从企业到个人，积极参与由政府引领的冰雪体育活动，人们对冰雪的热情高涨前所未有。国家为冬奥会的顺利举办出台了一系列的政策文件，如 2016 年国家体育总局等 23 部门联合印发了关于《群众冬季运动推广普及计划（2016—2020 年）》的通知，同年国家体育总局正式印发《体育产业发展"十三五"规划》，国家发展改革委、国家体育总局、教育部、国家旅游局联合印发《冰雪运动发展规划（2016—2025 年）》（体经字〔2016〕645 号），国务院办公厅发布《关于加快发展健身休闲产业的指导意见》（国办发〔2016〕77 号），2019 年中共中央办公厅、国务院办公厅印发了《关于以 2022 年北京冬奥会为契机大力发展冰雪运动的意见》，以上政策对我国冰雪运动的发展具有重要推动作用。

二、我国冰雪运动发展政策演进特征

(一)渐进性演进特征

渐进性主义政策理论是包含在国家决策理论中的一种,它是国家决策理论中"政府应该怎么制定规定性"的研究论点,是与国家已有相关理论相联系,把公共政策看作是政府对过去行为活动的一种延续,一种渐进式的调整与修正。[①] 冰雪运动发展政策作为国家体育政策的一部分,在国家体育大环境下发展起来。体育政策受国家政策治理渐进方式引导,与国家行政管理体制有着较为紧密的联系,在政策发展历程中,离不开政府治理的协同管理。国家体育总局颁布的《2001—2010 年体育改革与发展纲要》中提出:"国家对体育事业的管理方式,正从直接、微观管理向间接、宏观管理转变。"中央政府利用对地方政府进行的放权激励,使冰雪运动在地方得以迅速发展。[②] 冰雪运动发展政策随着政府治理转型不断调整自己的政策趋向,在满足冰雪运动自身发展轨迹之外,最终契合国家政策治理和冰雪运动发展。《冰雪运动发展规划(2016—2025 年)》中提道,加强各单项协会指导、组织和传播功能。鼓励冰雪类民办非企业组织发展,积极培育多形式、多层次冰雪协会,引导协会提供相适应的公共服务与产品。统筹协调滑冰场、滑雪场等经营单位和冰雪运动俱乐部资源。政府治理在冰雪运动发展政策发展中的角色由掌权家长角色向合作伙伴角色转移,在角色转移的同时对行政职能的权力进行下移,促进了冰雪运动的渐进式发展,加快了冰雪运动竞技项目、冰雪产业、冰雪教学的时代发展步伐。

(二)目标性演进特征

公共政策实质就是以政府为代表的公共权力对社会资源和社会利益进行配置的手段。利益贯穿公共政策的全过程,并始终在其中扮演着举足轻重的角色。[③] 冰雪运动发展政策制定实质上是国家政策制约和完善冰雪运动发展的管理载体,冰雪运动在时代长河中会根据政策制度发展需求调整自身发展方向,并体现在冰雪项目发展和冰雪项目内容上,但最终它们的发展目标是一致的,都是为了使冰雪运动更好地服务于社会。我国冰雪运动政策目标经历了单一目标期、双元目标期和多元化目标共同发展期三个阶段的发展历程。

1. 单一目标期

中华人民共和国成立初期国家比较侧重竞技体育发展。在 1984 年中共中央《关于进一步发展体育运动的通知》中肯定了竞技性运动项目给国家外交环境带来的作用,进

---

① 黄健荣. 决策理论中的理性主义与渐进主义及其适用性[J]. 南京大学学报(哲学·人文科学·社会科学),2002,39(1):55-62.

② 黄良杰,王平平. 国家审计效能分析——基于政府治理视角[J]. 河南商业高等专科学校学报,2013,26(6):12-15.

③ 张国庆. 公共政策分析[M]. 上海:复旦大学出版社,2004.

一步鼓励竞技体育继续向更高水平发展。因此,在此期间竞技体育在国家体育事业发展中呈现一枝独秀的局面。

2.双元目标期

2002 年 7 月,《中共中央 国务院关于进一步加强和改进新时期体育工作的意见》(中发〔2002〕8 号),要求把"增强人民体质、提高全民族整体素质"作为根本目标。国内冰雪运动出现了以东北三省群众参与为主的冰雪运动现象,当地政府利用优越的自然条件积极鼓励人们参与冰雪活动,冰雪运动发展政策开始由单一目标向双元目标进行转化。

3.多元化目标发展期

2015 年我国成功申办 2022 冬奥会后,2016 年国家发展改革委、国家体育总局、教育部、国家旅游局联合印发了《冰雪运动发展规划(2016—2025 年)》文件,对冰雪运动目标提出了"到 2025 年,形成冰雪运动基础更加坚实,普及程度大幅提升,竞技实力极大提高,产业体系较为完备的冰雪运动发展格局"的目标要求。不仅对冰雪运动竞技性、群众参与性有了明确要求,还对冰雪产业、冰雪旅游等进行了要求,冰雪运动进入了多元化发展阶段。

现阶段冰雪运动发展适逢国家由"体育大国"向"体育强国"迈进的重要节点,冰雪运动发展政策也更趋向于国家制度的目标任务,不仅承接了自身项目发展的竞技水平,而且秉承了体育运动大环境的群众性、科学性、健康性、普及性等价值。正是因为冰雪运动承载着如此重要的价值,冰雪运动发展政策也会根据冰雪运动时代变化所带来的运动竞技水平和运动形式的相应变化适时进行调整,为冰雪运动的发展提供更好的服务,但调整的目标都是为了实现冰雪运动发展政策的现代化治理能力体系。无论冰雪运动发展政策的指导思想、基本原则、发展目标等如何变化,其实质都是为了使冰雪运动得到更好的发展。

(三)以人为本演进特征

中国共产党第十六届中央委员会第三次全体会议 2003 年 10 月 14 日审议通过的《中共中央关于完善社会主义市场经济体制若干问题的决定》明确指出,要"坚持以人为本,树立全面、协调、可持续的发展观,促进经济社会和人的全面发展",意味着我国公共政策制定将"以人为本"作为一种发展理念和价值导向已经越来越受人们的重视。[①] 社会是人的社会、人是社会的人,社会的发展即是人的发展,"把人置于发展的中心"则是人类发展观向"发展目标的社会化"方向迈出的重要一步……促进人的个性的丰满,促进人的德、智、体、美等方面健全发展为追求的目标。[②] 群众体育的发展是以社会发展水平为基础,以社会所提供的人、财、物、时间等资源为依托的。体育活动来源于人、服务于人,在群众体育中体现的是增强体质,如 1958 年中共中央批转国家体委党组《关于体育运动十年规

---

① 潘加军,戴艳军. 以人为本:新时期我国公共政策的核心价值取向[J]. 求实,2004(8):68-71.
② 肖林鹏,赵云宏. 试论竞技体育可持续发展的"以人为本"[J]. 体育文化导刊,2004(7):36-37.

划的报告》中对体育运动的根本任务做出要求:"增强人民体质,为劳动生产和国防建设服务。"可以看出,体育运动虽为人服务,但是仍具有目的性,并不遵从人的自主原则,也谈不上运动形式的多种选择性。在竞技体育中体现的是为国争光,如 1984 年中共中央《关于进一步发展体育运动的通知》中的"通过体育成就,以加速四化建设,推进祖国统一大业"体现了体育竞技水平的重要性,通知中第一次提出"要妥善安排退役的优秀运动员",体现了以人为本的指导思想。群众是社会活动的参与者,2015 年国家体育总局等23 部门联合发布的《群众冬季运动推广普及计划(2016—2020 年)》中提到引领全民健身新时尚,实现"带动 3 亿人参与冰雪运动"的目标,重视群众冰雪活动需求,体现体育发展以人为本的重要性。从冰雪运动的发展历程来看是以竞技性为引领的,保障运动员利益是政策以人为本内涵的体现,2010 年国务院《关于进一步加强运动员文化教育和运动员保障工作的指导意见》(国办发〔2010〕23 号)中对"运动员文化教育、运动员保障工作"作出明确要求:保障我国竞技性体育人才的社会保障。这体现出体育运动以人为本的社会精神。国家体育总局发布的《2017 年运动员保障工作要点》中再一次提出"全力做好综合性服务保障工作,构建和完善运动员保障长效机制",给了冰雪竞技性运动员更完善的保障。可以预见,今后的冰雪相关政策会越来越趋向于以人为本,切实为冰雪竞技运动员提供政策保障。

三、新时代我国冰雪运动发展政策演进趋势

党的十九大报告提出了中国发展新的历史方位——中国特色社会主义进入了新时代,报告指出新时代中国特色社会主义的基本方略是"必须坚持以人民为中心的发展思想",并且明确了"全面推进依法治国总目标是建设中国特色社会主义法治体系"。[①]《2001—2010 年体育改革与发展纲要》中提道:"在发展规划的 10 年之内,要求城乡配备相应比例的健身设施,提高群众体育人口数量。"该《纲要》的出台体现了政策治理服务于人的导向,也对政策实施提出要求。政策自出台到政策实施过程需经历政策执行过程,在执行过程中是否顺利达到政策目的是检验政策实行有效性的关键。政策有效性体现为政府在某个特定时期解决了任何一个亟待解决的问题。[②] 新时代我国冰雪运动发展政策的运行应围绕国家政策运行动态向前发展,在政策制定的标准化、政策执行的高效化和政策实施的透明化三者间体现冰雪运动发展政策的有效性演绎过程。

(一)政策制定的标准化

冰雪运动的发展与政府政策的制定有着密切的关系,冰雪运动发展政策制定情况反映了政府政策效能的有效性。公共政策效能是指公共政策向公众提供服务的能力和水

---

① 习近平. 决胜全面建成小康社会,夺取新时代中国特色社会主义伟大胜利:在中国共产党第十九次全国代表大会上的报告[M]. 北京:人民出版社,2017.

② 路瑶. 地方政府高层次人才政策效能研究——以苏州市为例[D]. 苏州:苏州大学,2011.

平,包括数量、质量、效果、影响、能力、公众满意度等方面的要求。[①] 冰雪运动发展政策效能反映冰雪运动发展动向中冰雪运动发展政策是否有效、是否合理执行,政策环境制度给予有力支持是冰雪运动发展的保障。在冰雪运动发展历程中,冰雪运动发展面临着复杂的内部环境如运动场地、运动环境、竞技水平、资金支持等和不确定性强的外部环境(如国家政策对冰雪项目的取舍等)。2019年中共中央办公厅、国务院办公厅印发《关于以 2022 年北京冬奥会为契机大力发展冰雪运动的意见》,指出坚持改革创新,转变政府职能,营造良好环境,构建起上下贯通、横向联系、运转有效、全社会共同参与的冰雪运动发展格局。这既是国家权力机构对各级政府及社会组织对冰雪运动发展作出的要求,也是冰雪运动最终发展结果对政策执行实施的监督效果。在社会主义经济政治体制中,政府是人民公共资源的享有者和分配者,政府的力量来自人民,应为人民群众提供最大利益保障。例如,国家体育总局发布的《2017 年运动员保障工作要点》中对运动员的利益保障做了明确要求,表明对运动员服役期间和退役之后进行全面的责任制管理,同时有效维护了冰雪运动员的根本利益,满足新时代政策发展赋予运动员权利保障化的需求。冰雪运动发展政策不仅关注冰雪运动员的利益保障方面,还体现在监督、支持和引导全民参与冰雪活动方面,为冰雪运动的发展提供了政策性支持。

(二)政策执行的高效化

"政策是国家(政府)、政党及其他政治团体在特定时期为实现一定的社会政治、经济、文化目标所采取的政治行动或规定的行为准则,它是一系列谋略、法令、措施、办法、方法、条例等的总称。"[②]冰雪产业环境的"净化"离不开政府的参与,政府的扶持和保障减少了冰雪产业发展的阻碍,有利于冰雪资源的优化和共享……清理了冰雪产业发展的不利因素等。[③] 政府积极参与政策执行会加速冰雪运动开展,并且国家在社会转型时期要求社会与政府共治,为提高政府效率,社会组织团体应发挥自身的监督作用,督促政府权衡公共资源的配比,重视当前冰雪运动的重要任务。新时代冰雪运动发展政策应优化自身环境,撤除繁杂化程序,降低对公共资源的浪费,提高自身高效能工作的产出,让公共资源实现更优化投入。高效化的政策执行过程是冰雪运动发展的保障,政策执行越快,说明支持力度就越高,群众对冰雪运动的需求就会得到满足。

(三)政策实施的透明化

政府治理中一项必不可少的内容就是政府行政透明化,它同样是国家民主程度的标

---

① 王彩波,丁建彪. 社会公平视角下公共政策有效性的路径选择——关于公共政策效能的一种理论诠释[J]. 吉林大学社会科学学报,2012,52(2):61-66.

② 陈振明. 公共政策学:政策分析的理论、方法和技术[M]. 北京:中国人民大学出版社,2004.

③ 李林,王向东,于文谦,等. 政策工具视角下中国冰雪产业政策文本特征分析[J]. 吉林体育学院学报,2018,34(4):57-63.

志。[①] 在政府治理中公开透明永远是必需的原则之一。2007 年,国务院常务会议审议并在原则上通过了《中华人民共和国政府信息公开条例》(国务院令〔2007〕第 492 号)。条例中第一章第一条明确指出:“提高政府工作的透明度,建设法治政府,充分发挥政府信息对人民群众生产、生活和经济社会活动的服务作用。”因此,政府行为、结果必须公开透明,让人民去评价与监督。冰雪运动是全民性运动,做好冰雪运动的全民推广是国家政府的任务,也是全国人民的任务。群众有责任、有义务对国家权力部门进行监督,冰雪运动治理措施和要求应更加透明化,让社会群体清楚地了解自己的社会责任,执行冰雪运动发展政策过程中应充分利用互联网平台向社会公开冰雪运动发展情况,做好冰雪运动宣传,从而推动冰雪运动发展政策落实。

第三节 冰雪运动的内涵与价值研究

一、中国传统冰雪运动文化的内涵

(一)促进生产:以木为马,冰雪逐鹿

关于冰雪运动的起源众说纷纭,但新疆阿勒泰市发现的壁画中展示了古人滑雪狩猎的内容,是已知世界上最早的滑雪运动雏形。旧石器时代晚期,由于人类还未进入农耕时代,狩猎是食物的重要来源之一。冬季到来,冰天雪地,恶劣的自然环境给狩猎带来了挑战。为了能够适应自然环境继续生存下去,“雪上狩猎”应运而生。岩壁上“绘有许多动物形象与滑雪人的形象线条图形,几个脚踏滑雪板、手持单杆滑雪人的图像栩栩如生”的场景,这些壁画不仅给滑雪运动的起源提供了依据,更是滑雪运动促进人类社会生产的最早体现。[②]

先秦时期的《山海经 · 海内经》中出现了我国关于人类雪上活动最早的文字记载:“有钉灵之国,其民从膝已下有毛,马蹄,善走。”而《诗含神雾》中“马蹏自鞭其蹏,日行三百里,日行三百里。”《魏略》中记载:“北丁令有马胫国,其人声似雁鹜,从膝以上身头,人也,膝以下生毛,马胫马蹄,不骑马而走疾于马。”这些资料也都证实了我国古代人民在雪上活动的事实。有学者研究认为,“钉灵国”在我国新疆阿勒泰地区,且其书中记载的“马蹄”与当今阿勒泰人用马皮包滑雪板有联系。此外对“马蹄善走”“日行三百里”“走疾于马”等关键词句的描述,可以将资料整体理解为:钉灵人滑雪而行,速度比较快,每天可行数百里。在当时的环境下,滑雪作为一种交通方式,给人们的出行带来了方便,并且在狩

① 郎正清. 经济责任审计在促进政府治理中的作用[J]. 南京财经大学学报,2006(6):48-50.

② 贾青峰,宋慧铭,郑锡坤. 中国传统冰雪运动文化的内涵与特征研究[J]. 体育科技文献通报,2021,29(11):174-177,186.

猎时提高了追击猎物的速度,从而提高了社会生产效率。

隋唐时期滑雪运动依然是促进生产的重要途径之一,体现在交通和狩猎两个方面。在交通方面,《隋书·室韦传》中记载:"南室韦北行十一日至北室韦……气候最寒,雪深没马……地多积雪,惧陷坑阱,骑木而行。"意思可以理解为:北室韦地区天气严寒,积雪可以把马掩盖,为了防止掉入深坑,人们"骑木而行"。由此可以看出,雪上器具的使用给当时人们外出交通带来了极大的便利。在雪上狩猎方面,《文献通考》中记载:"拔悉弥一名弊剌国,隋时间焉……国多雪,以木为马,雪上逐鹿。其状似楯而头高,其下以马皮顺毛衣之,令毛著雪而滑,如著屐屐缚之足下,若下阪,走过奔鹿,若平地履雪,即以杖刺地而走如船焉,上阪即手持之而登。"由此记载不仅可以看出当时"弊剌国"的雪上狩猎技术已经相对成熟,追击猎物的速度非常快,提高了社会生产效率,而且能看出当时滑雪器具比较完备,与现代的滑雪器具类似,其特征为:滑雪板似"楯",头部高而翘起,以马皮顺毛包裹,而且有滑雪杖刺地而行。

唐代诗人杜荀鹤在《送僧赴黄山汤泉兼参禅长老》中"野老祷神鸦噪庙,猎人冲雪鹿惊林"的描述,则生动地展现了当时猎人在雪中打猎的场面。唐代开始,关于我国北方少数民族冰上狩猎的场景也有了相关记载,如在《新唐书·拔野古传》中记载"拔野古……俗嗜猎射,少耕获,乘木逐鹿冰上。"通过资料可以看出拔野古族人喜欢狩猎,在冬天时脚踏木质工具在冰上追逐猎物。《新唐书·回鹘下》中也记载有其他少数民族类似的冰上活动:"东至木马突厥三部落,曰都播、弥列、哥饿支……多善马,俗乘木马驰冰上,以板藉足,屈木支腋,蹴辄百步,势迅激。"由此可见,这三个少数民族部落都有在冰上乘木马而行的习惯,在寒冷的冬季古人在冰面上以木马滑冰而行,给当时人们的出行带来了方便与快捷,促进了当时社会生产力的发展,是我国古代劳动人民智慧的体现。

宋代初期,冰上运动促进生产主要体现在交通方面。沈括在《梦溪笔谈》中记载:"信安、沧、景之间……冬月作小坐床,冰上拽之,谓之凌床。"宋人江休复的《江邻几杂志》中也有类似的描述:"雄、霸沿边塘泊,冬月载蒲苇,悉用凌床,官员亦乘之。""凌床"即冰床,是冰上交通运输的一种重要工具,冬日到来,水面结冰,出行不便,人们坐在冰床上被拖拽而行,当官的人也来乘坐。由此可见,冰床给当时人们的出行带来了便利,提高了社会生产效率。

元代开始,冰床由人力牵拉改为由动物牵拉。马可·波罗在游记中详细描述了元代蒙古族"狗拉冰橇"的场景"他是成吉思汗的后裔……这里的人们保持着他们祖先的习俗和生活方式……为了能够在结冰的路面上行进,人们制造了一种交通工具……这种交通工具没有车轮,底部平直,而前端翘起呈半弧型,这种结构特别适合在冰上轻松行驶……他们用来拉橇的狗,有毛驴般大小,这种狗非常强壮。"根据冰橇与动物特征的描述,当时人们已经熟练地掌握了驱使动物拉冰橇的技术,与宋代时期用人力拖拽冰床相比,不仅解放了人力,而且冰上器具更加成熟、速度上也有了很大的提高,给人们在冰上出行带来了更大的便利。《南村辍耕录》中也有同样的记载:"高丽以北名别十八,华言连五城也……其地极寒,海亦冰……征东行省每岁委官至奴儿干给散囚粮,须用战车,每车以四狗挽之。""战车"即"狗车",可以理解为狗拉雪橇。这句话描述了元代时期在我国寒冷的东北地区,人们运送"囚粮"时用四条狗拉战车运送粮食的情景,这体现了当时人们巧妙利用自然环境的智慧,更是我国传统冰雪运动极大地促进社会生产力的体现。

明代刘若愚在《酌中志》中记载:"每于河冰冻后,近京贫民于皇城内外,凡有冰处,拉拖床以糊口。"这句话描述了百姓拉冰床供达官贵人取乐的场景皇家贵族通过在冰床上被拖拽而产生乐趣,同时冰上活动给普通百姓带来了就业的机会,穷人可以通过拉冰床供人娱乐来养家糊口,是人们获得物质财富的一种方式。

从历代文献古籍的梳理中我们发现了我国传统冰雪运动文化促进社会生产的内涵。冰雪运动始于生产活动,并在生产中不断地演变和改进,每一个朝代传统冰雪运动形式的改变都是我国古代劳动人民热爱生活、适应环境的体现,更是他们精湛技艺和劳动智慧的结晶,如唐代《通典·边防》记载隋唐时期的"拔悉弥"等族群"以木为马,冰雪逐鹿",这也是我国传统冰雪运动文化内涵最有价值的体现。在冰天雪地之中,为了生存下去,为了子孙后代,我们的祖先并没有被眼前的自然环境所打败,而是运用智慧顺应自然,化险为夷,更好地生存下去,因此我国传统冰雪运动的演变是我国历代人民不断奋斗的缩影。在当今社会,虽然传统冰雪运动已不再是提高生产力的主要力量,但是从事冰雪运动是人们挑战自然、战胜自我的体现,主动地在恶劣的自然环境中磨炼意志、强身健体,不仅有利于个体的成长与发展,更能通过体验传统冰雪运动项目理解其促进生产的文化内涵,增强人们的文化自信。

(二)丰富生活:赏雪玩雪,冰床作戏

从宋代开始对冰雪运动丰富生活的记载逐渐出现,主要包括赏雪玩雪,"悉用凌床"(摘自《江邻几杂志》)。冰上运动用于休闲娱乐自宋代开始有文字记录,根据史料记载,当时冰上运动项目统称为"冰嬉"。在雪上活动方面,宋代人周密在《乾淳岁时记》"赏雪"中记载"禁中赏雪,多御明远楼下。后苑进大小雪狮儿,并以金铃彩缕为饰,且作雪花、雪灯、雪山之类,及滴酥为花及诸事件,并以金盆盛进,以供赏玩。"同一时期,吴自牧在《梦粱录》卷六中的描述:"看湖山雪景,瑶林琼树,翠峰似玉,画亦不如。诗人才子,遇此景则以腊雪煎茶,吟诗咏曲,更唱迭和。"从这两位古代文人的描述来看,宋代雪上运动以休闲娱乐为主,其中赏雪玩雪最为流行。在玩雪上,如堆雪狮子,并用金玲装扮,还制作"雪花""雪山""雪灯"等放入盆中玩赏;在赏雪方面,表现在"看湖山雪景""腊雪煎茶",并"吟诗咏曲"等。因此,关于赏雪玩雪的记载不仅体现了雪上活动丰富人们的生活,更反映出我国古代人民热爱生活、积极向上、享受自然的心态。

根据元明时期的文献记载来看,当时人们赏雪玩雪依然是雪上活动的主要方式,并且明代开始对冰上休闲娱乐活动有了相关记载。明代时期,张岱在《龙山雪》中关于赏雪玩雪的描述:"天启六年十二月,大雪深三尺许。晚霁,余登龙山,坐上城隍庙山门……马小卿、潘小妃相抱从百步街旋滚而下,直至山趾,浴雪而立。余坐一小羊头车,拖冰凌而归。"从原文可以看出,在"雪深三尺"的天气,在傍晚登上龙山,两人抱在一起滚雪而到山

脚。有学者认为"马小卿"和"潘小妃"玩的是当时雪上流行的一种游戏,不难看出雪上游戏给当时的人们带来了欢乐,丰富了人们的生活,与宋代相比人们与雪更为亲近,已经全身心地融入大自然了。明代关于冰上休闲娱乐的记载,明人刘若愚在《酌中志》的描述为:"遇雪满林皋,坐拖床者艳素杂遝,交拉如织,亦有兴豪乘醉而频往来者。"其中,"拖床"即"冰床",是当时人们在冰上活动的主要器具;"交拉如织"是对出当时人们拉冰床人数较多的描述,反映出当时参与到冰上运动的人数之多;"兴豪乘醉"体现出乘坐冰床给人带来了无限乐趣,这也是当时人们参与冰上活动的最大动机。同样,明代历朝官修编年体史书《明实录》中也有"西华门……且冬则冰床作戏,春夏荷柳供观"的记载。通过文献记载可以看出,冬日戏冰床、夏春赏何柳,已成为当时约定俗成的事情,能够反映出明代冰上活动作为休闲娱乐类活动已经比较成熟,"冰床作戏"已是冬日皇家贵族消遣娱乐的主要途径,同时给劳动人民创造了营生的条件。

清代关于冰雪运动丰富人们生活的记载也有很多,如清代人吴振棫在《养吉斋丛录》卷十四中的"冬日得雪,每于养心殿庭中堆成狮、象,志喜兆丰,常邀宸咏。乾隆壬申、乙酉,以雪狮、雪象联句。嘉庆戊寅,又堆为卧马二,东西分列,有与内廷翰林联句诗"描述了人们玩雪的场景。同一时期,杨米人的《都门竹枝词》中"更有抽球人夺采,一双飞鸟欲生芒"则记录了人们滑冰抢球的场景。由此可见,清代雪上活动依然以赏雪玩雪为主,冰上活动开始出现竞技性质的活动形式,可以在竞争中获得更多冰雪带来的乐趣,丰富人们的生活。

通过对文献的梳理可知,我国传统冰雪运动给历代人民带来了欢乐,给古代人们枯燥的生活增添了一丝乐趣。在古代,冬日严寒、冰天雪地的环境下没有合适的休闲娱乐方式,但是人们走进自然,"赏雪玩雪,冰床作戏",在枯燥、艰苦的生活中创造欢乐,有了继续生活的动力,这体现出我国古代劳动人们热爱生活、乐观向上的心态,更是人们与大自然完美融合的表现,所以我国传统冰雪运动虽在生产中产生,但是在休闲娱乐中发展的,丰富生活的文化价值在我国传统冰雪运动发展中起着重要的作用。

(三)军事外交:行军打仗,冰嬉大典

冰雪运动运用于军事外交方面的情况,历代也均有文献记载。在《太平御览·兵部》中载"贞观中,苏定方率兵讨突厥。贺鲁大雪,平地二尺勒兵凌雪,昼夜兼进,所经收其人众"描述了唐代时期在冰天雪地中行军打仗的场景。根据原文的描述可以看出当时的环境为"大雪,平地二尺",并不利于行军与打仗,但是在苏定方的指挥下巧妙地利用了当时的雪地环境"勒兵凌雪",昼夜行军,最后战胜敌人。

宋代时期,则有在冰上行军进而促进战争胜利的记载。公元1114年冬天,在金太祖完颜阿骨打攻打辽国之际,受到小孩子们脚踩乌拉滑子在冰面上滑行的启发,随即命令士兵们都穿上乌拉滑子,然后袭击宾州城,最终取得胜利。"乌拉滑子"是一种在乌拉鞋底加上滑条或绑上木板,用双手持杖在冰上滑行的简单器具。这也是巧妙地利用自然环境和滑冰器具取得胜利的战争。

明代也有在《清语摘抄·靰鞡滑子注》中记载:"所部皆着靰鞡滑子,善冰行,以抢驾爬犁,沿脑温江冰层驰往救,一日行七百里。"人们冰上活动实现军事战争胜利的记载。1626年冬,巴尔虎特部将努尔哈赤的部队围困在费尔根城(今黑龙江嫩江),情况危急时刻努尔哈赤的部将费古烈利用滑冰进行救援,最终取得胜利。"一日行七百里"可见救援部队滑冰速度之快,可以在营救时让敌人措手不及,这也是一场得益于自然环境和滑冰技巧取得胜利的战争。

清代冰雪运动的专业化程度得到很大的发展,这与满族人"尚武善滑"的传统有很大的关系,而且冰雪运动用于军事外交更为明显。清政府为充分发挥冰雪运动的军事力量,还专门设置了冰上运动的管理机构——"冰鞋处",成立了"技勇冰鞋营",隶属"键锐营"(特种部队),专门拨款冰上训练,制定冰雪运动管理制度,并对冰上训练士兵进行检阅。冰鞋处从"键锐营"选拔千余名优秀溜冰者,进入"技勇冰鞋营"开展集中训练,并接受皇帝校阅。由此可见,清政府对冰雪运动相当重视,政府专门拨款训练,在政府主导管理下,各层各级管理分明,冰雪运动的管理机制已经非常成熟。在冰雪技术水平方面,从中挑选优秀滑冰者进入"技勇冰鞋营"接受集中训练,并接受检阅,可见对冰雪技艺水平要求之严格,从侧面反映出当时冰上运动技术已经逐渐达到顶峰,冰上运动也成了军事储备的重要力量。此外,清代的"冰嬉大典"已成为皇家盛典,并被冠以国俗,几乎每年都要在皇宫举行冰嬉大典。乾隆皇帝曾说"冰嬉活动为国制所重",冰嬉大典不仅具有休闲性、娱乐性,更重要的是能够通过如此盛大的活动向各国使节扬我国威、彰显国力,是清政府外交的重要途径。乾隆五十三年(1788)腊月,西苑举办冰嬉活动,特别邀请外国使节、边疆藩王等观看,以共贺新春。在冰嬉大典举办之时清政府邀请各国使节共同观看,在同各国使节共同观看盛大的冰嬉大典活动时,乾隆皇帝触景生情,即兴赋诗,不由地感慨国泰民安、兵强马壮、四方朝贡的盛世。因此,冰嬉大典是清朝政府向各国彰显军事、国力的重要途径,是一种宏大的外交活动,具有重要的外交意义。

通过整理以上文献可以得出,我国传统冰雪运动在军事外交方面具有一定价值,主要包括行军打仗和彰显国力。古人军队在冰天雪地的环境中,能够巧妙地利用自然环境,滑冰行军,在行军过程中不仅克服了恶劣的自然环境,而且加快了行军速度,增加了战争胜利的概率。到了清代,冰雪运动更是受到了清政府的重视,从规章制度到冰雪技艺都到达历史顶峰,成为补充军事的重要力量,冰嬉大典更是成为向各方使节彰显国力的重要时刻。因此,军事外交是我国传统冰雪运动文化隐含的重要意义。

(四)民风民俗:祛病禳疫,祈求丰收

清代时期,关于冰雪运动的民风民俗在当时盛行。清人杨宾的《柳边纪略》中记载"十六日,满洲妇女,群步平沙,曰'走百病',或联袂打滚,曰'脱晦气',入夜尤多。"从描述中可以看出,正月十六当天,满族的妇女们走出家门,群集在街上行走,或者在冰上打滚,人们广泛认为这样能够消除百病,祛除晦气,这是当时人们心中的美好祝愿。在传统冰雪活动中"走百病"是人们对健康的身体和美好生活的祈愿。

此外,祈求丰收也是人们从事冰上民俗活动的主要目的,如"祭湖醒网"仪式是人们祈求丰收的主要冰上活动。"祭湖醒网"是一种神圣的冬季捕鱼庆典活动,寄托着湖区百姓奉拜天地、祈求丰收的愿望。该仪式中有在冰上跳查玛舞、安代舞等。"祭湖醒网"仪式中人们在冰上跳舞是为了祈求更好的收成。

由文献记载可知,我国传统冰雪运动是我国北方少数民族风俗习惯的体现,具有冰雪活动特点的民风民俗是我国北方少数民族对冰雪的热爱,在艰苦的条件下,人们坚信冰雪能够祛除百病晦气且冰上舞蹈能带来好的收成,这种热爱将人们彼此的心联系在了一起,在面对困难时能够坚定信念、同心协力,共同构建美好的生活。因此,具有冰雪运动特点的民风民俗是我国传统冰雪运动文化重要组成部分,也是促进我国民族大团结的重要力量。

二、中国传统冰雪文化展现出的时代价值

冰雪运动自战国时期记载以来至今已有 2000 余年的历史,形成了醇厚的冰雪运动文化,其中要数清代的冰雪运动文化最具代表性。因此,在分析中国传统冰雪文化的过程中,需要以本民族优秀传统文化为基点进行分析。

(一)民族传统文化的认可

在多民族文化共同发展的历史长河中,各民族文化都具有一致的精神结构、价值取向、行为方式等,既体现着各个民族自身的特点,也传承着本民族的文化底蕴。共同发展体现了多民族之间实现和睦、稳定发展的基础,形成人民的归属感与认同感。

文化认同是指多民族在漫长的历史长河互通往来的过程中突破民族之间的隔阂,在经济、文化等方面形成的同一性,其实现了民族文化的有效融合,在稳定的共同文化背景下共享创造的利益。文化认同是多民族之间形成的文化在社会与历史发展规律方面的进一步升华,为现代文化意识的发展奠定了坚实基础。民族文化是在长期生产、生活中积累、演变和传承下来的,具有本民族的风俗、特色、习惯、地域等特点。在中国传统冰雪运动中,冰嬉是最为典型的代表,甚至成了中华传统体育文化,为全人类体育文化的发展做出了卓越贡献。在许多古书文籍中对冰嬉都有明确的记载。以冰嬉为代表的中国传统冰雪运动,彰显出优秀的民族冰雪文化,其传统的冰雪运动方式、新颖的健身娱乐模式,成了连接中华各民族之间情感的纽带,有效实现了多民族大融合,增强了民族文化认同感,强化了民族归属感。

另外,新疆阿勒泰地区的敦德布拉克岩画绘有人们手持长棍滑雪的动作,与目前阿勒泰地区部分蒙古族农牧民的滑雪姿态有很多相似的地方。阿勒泰地区的居民至今依旧沿袭着采用古老的自制"毛滑雪板"进行冰雪运动的传统,并且手持单木棍在雪上滑行,这无疑是对原始滑雪方式的一种传承。

(二)非物质文化遗产

中国传统冰雪运动文化是非物质文化遗产中的重要组成部分,具有无可替代的重要

作用。① 中国冰雪运动起源的历史特征决定了它的非物质文化历史存在性,如冰嬉是代表满族文化的非物质文化遗产,更是中国传统冰雪运动文化的非物质文化遗产。冰嬉运动不仅是中国古代冰雪运动的精髓,具有详细的历史记载,还有着重要的历史意义。它是极具满族文化色彩的冰雪民族体育运动,在漫长的历史发展过程中进化、演变,成为现代冰上项目发展的可靠历史依据。冰嬉具有极强的民族性、地域性、独特性,是满族传统冰雪运动文化的体现,维护着中华民族文化的多样性。

2015 年,世界多国滑雪历史研究专家联名发表《阿勒泰宣言》,认同阿勒泰地区是世界上最古老的滑雪地域。我们拥有古老的滑雪历史,滑雪运动虽然也起源于阿勒泰,但是后续发展的项目在北欧诸国更为广泛。我国应利用自身的冰雪资源优势,加快发展,逐渐拉近与冰雪运动发达国家的差距。

(三)民族传统冰雪体育运动文化的延续

冰雪运动是冰雪体育文化的载体,2022 年北京冬奥会的成功举办推动了我国发展冰雪体育运动的发展,并提升了我国冰雪体育运动在国际上的地位,其推动了冰雪运动项目的开发与提升了对冰雪资源的利用。正是由于我国不同地域有着不同民族独特的文化内涵,常年冰天雪地里生活的民族也形成了其特有地域的冰雪文化,多样化的冰雪体育文化才得以孕育和传承。

冰雪体育文化需要密切结合历史、民族、地方三方面的文化,赋予冰雪运动更加丰富的内涵,提升冰雪运动的品位与亲和力。这也可以彰显出中国传统冰雪运动文化的历史沉淀与独特魅力,进一步丰富全人类的精神财富和娱乐生活方式。

我们不仅要借助当前冰雪运动的热潮,推动冰雪运动快速发展,在国家利好政策的支持下,传扬中国传统冰雪体育运动文化;还要融合现代时尚元素,继承中国传统冰雪运动文化丰富的形式与浓厚的民族色彩,在弘扬中华民族非物质文化遗产的同时,促进民族传统冰雪体育运动文化的传承与发扬,体现时代价值。

---

① 刘振涛,黄海. 浅析冰雪文化与中国冬季大众体育活动的融合[J]. 才智,2017(15):243.

第二章　少数民族传统冰雪运动的传承与发展

第一节　少数民族传统冰雪运动起源与发展

一、中国古代传统冰雪文化发展嬗变

(一)以岩画证史:传统滑雪起源共识

脚蹬滑雪板、手拿滑雪杖在雪地上滑行,这是现代人给滑雪运动下的定义。我国传统雪上运动可追溯到1万多年前,近年来,关于滑雪起源的问题,各界有着不同的认识。20世纪中叶,在新疆阿勒泰市汗德尕特蒙古族乡的一个岩石棚内,人们发现了绘有滑雪狩猎内容的岩画,其中第三组人物画绘有许多动物形象与滑雪人形象的线条图形,几个人脚踏滑雪板、手持单杆滑雪人的图像栩栩如生。这是目前为止发现的我国范围内较早反映滑雪内容的形象资料,经考古学家的初步鉴定,该岩画作于旧石器时代晚期。此外,在新疆布尔津县、塔城、哈巴河县等地陆续发现了一些古老的滑雪狩猎的岩画,距今已有1万余年的历史。

2006年1月16日由中国考古、历史和滑雪界专家组成研究团队,在经过多方考察和认真研究的基础上,于中国新疆阿勒泰市发布了《阿勒泰宣言》,其宣言的主要根据有以下几个方面:①阿勒泰地区具备了滑雪起源的一切与人类活动的自然基本条件。②国内外已有学者指出,阿勒泰地区最先开始了人类滑雪活动,并逐渐向其他地区传播。③经过对阿勒泰地区的实地考察发现,古人在洞穴中彩绘的人物滑雪图像证实了阿勒泰人早在距今1万年左右就已经开始了滑雪活动。④虽然经历了漫长的时代变迁,新疆阿勒泰居民仍广为流传着用自制的"毛滑雪板",手持单只木杆在雪地里滑行的古老传说。综上所述的历史事实足可以证实这一观点,当即对世界郑重宣布:"中国新疆阿勒泰地区是世界滑雪最早的起源地"。在宣布的同时还提出了从2006年开始,将在每年的1月16日作为"世界滑雪最早起源地"纪念日,并在新疆阿勒泰市修建世界滑雪地博物馆作为纪念。2015年1月18日,同样是在中国新疆阿勒泰市,中国、挪威和美国冰雪运动专家,分别代表亚洲、欧洲和美洲三大区域,共同签署了《阿勒泰宣言》,宣言在"尊重中国阿勒泰地区古老滑雪历史和文化的科学研究及记载"的前提下,向全世界宣布了"中国新疆阿勒泰是

世界上最重要的古老滑雪区域"这一重大历史的共识。

(二)以游戏、诗词、比赛证史:"木马""冰床"游戏、冰嬉与冰上运动会

古代阿勒泰区域属漠北草原向西延伸的部分,地处亚洲东部与中部草原之间。曾长期成为中国北方游牧部族西迁东往的通道、生息和角逐之地。而中国古代的文献中有关早期滑雪的描述,也与这一地区的各少数民族有着密切关系。基于此,通过对一手资料的获取整理出各学者对此的描述,以此来探寻古代北方民族早期冰雪活动的踪迹。

1. 关于滑雪(隋唐时期)

雪上活动在北方民族中间广泛流行的同时,从隋唐开始,文献中有了古代冰上活动的记载。较早描述滑雪内容的是成书于战国至西汉初年的《山海经·海内经》,在其"钉灵之国"中有这样的记载:"其民从膝已下有毛,马蹄,善走。"主要反映的是有个钉灵国,那里的人膝盖以下长着毛,两脚像马蹄一样,擅长奔跑。钉灵就是后来秦汉到北朝时期的丁零,在钉灵人生活的记载中,可见对钉灵人滑雪板、滑雪动作以及滑雪速度的描述。两晋学者郭璞注引《诗含神雾》记载:"马蹄自鞭其蹄,日行三百里。"其含义主要是看到人们用鞭子抽打马蹄,每天能行三百里路。对"马蹄善走"的描述,与今天阿勒泰地区的居民用马腿皮贴包滑雪板的特点极为相似。

在隋唐时期,室韦是不得不提到的一个古代民族,该民族主要分布于黑龙江的上游,自北朝开始向中原王朝进贡,隋唐时关系密切。后来经过辽、金的发展,部分或被其他民族兼并,或迁移,至13世纪初并入蒙古族,成为蒙古族祖先的部落之一。《隋书·北狄传·室韦》记载:"南室韦北行十一日至北室韦……气候最寒,雪深没马……地多积雪,慎陷坑阱,骑木而行。"意思是说,南室韦向北行十一日到达北室韦,北室韦地区有很多积雪,甚至淹没了高头大马,那里的人怕陷入雪坑之中,因而乘木板(滑雪板)出行。由于木板制作的滑雪器可以增加受力面积,减少局部压强,而且行走迅速,犹如骏马,所以古代时期学者也称其为"木马"。种种史料和文献记载的丁零(钉灵、丁令)、室韦等民族部落的雪上生活资料,实际上是对中国古代北方古民族中间雪上运动的一种展示,反映了滑雪这一古老文化在距今1700多年前的魏晋南北朝时期就已经在我国北方少数民族中开始盛行了。

2. 关于滑冰(隋唐时期)

滑冰是远远晚于滑雪而出现的一种冰上活动。相对于滑雪而言,人们对滑冰技术的掌握经过了一段相当漫长的时间。经过长期的"战战兢兢,如履薄冰"的生产实践后,人们终于学会了冰面行走的基本技术。与此同时,一些有趣的冰雪游戏在民间广为流传。东北地区就出现了"木马"游戏:人踏在"木马"上,手执一根曲棍,在冰面上撑地滑行,不但省力,而且速度快,成了人们共同喜爱的体育游戏之一。由史料来看,至少在唐代北方民族部落中已有了冰上活动的记载。

3. 宋朝时期的冰雪活动

经过了几个朝代的发展,当基本的物质需求得到满足后,古代人们的雪上活动形式

更为多样化,尤其是以赏雪为特色的休闲游乐活动,在不同的阶层得到了较为广泛的普及。在宋代以后,赏雪、玩雪以及堆雪狮等形式较为多见。如宋代周密《武林旧事》卷三就记载:"禁中赏雪,多御明远楼,后苑进大小雪狮儿,并以金铃彩缕为饰,且作雪花、雪灯、雪山之类,……以供赏玩。"伴随着人类社会进程的推进,雪上活动技能也开始向着多样化发展。整个宋、元、明时期,是中国古代冰雪活动的重要传承发展时期。

4. 元、明、清时期的冰雪活动

14世纪初,由波斯伊利汗国宰相、著名史学家拉施特历时十年编撰完成的《史集》一书,就记载了元代蒙古族的滑雪情况。其中《史集》第一卷中的森林兀良合惕部落有这样的描述:"他们制造一种叫作察纳的特别的板子,站立在那板上……然后手拿着棒,以棒撑地、滑行于雪面上,有如水上行舟……他们拖着连接起来的另一些滑雪板走,他们将打杀的野兽放在上面。"上述记载给我们提供了两个有关滑雪的很重要的信息:一是滑雪者双脚踏在名为"察纳"的滑雪板上,双手执棒助滑于雪上,这与我们前面提到的拔悉弥部落"以杖刺地而走"的滑雪形式极为一致,这实际上就是后世脚踏滑雪板执杖滑雪的形式。二是"连接起来"数个察纳,用于在雪面运输打杀的野兽,这实际上起到了雪橇的作用,类似于后来靠人力助滑的雪橇。而文中记载的森林兀良合惕部落,主要生活于今贝加尔湖的主要支流巴尔古津河流域。

元朝官修地理志《元一统志》"开元路"还对当时的开元路辖区盛行的雪上运动形式做了记载。记载说,生活在开元路一带的部落,在寒冷的冬天会踏着"木马"滑雪板或乘坐"狗车"出行,非常便利。其中"木马"滑雪板为两只,形似弹弓,分别系在两脚上即可飞驰于雪上、冰上,速度可及奔跑的马匹。而"狗车"用木材制成,造型似弧形的船,使用轻便,由数只狗在前面拉拽,人坐在上面即可于雪上、冰上滑行。

到了明代,冰雪活动在北方少数民族地区普遍开展,雪上项目更为多样化,既有赏雪、堆雪狮这样的雪上休闲活动,更有雪橇、雪车等雪上滑行项目。明末清初史学家、文学家张岱,在《龙山雪》中记述1626年一个寒冷冬天晚上,张岱与朋友一行登龙山玩雪的经历,雪上活动主要有登雪山、玩雪以及羊挽拉的雪车(拖冰凌)等。上述的雪狮是西藏圣兽,被描述为长着绿松石色鬃毛的白色雪狮,它是西藏的象征,代表着西藏的雪山山脉和冰川,并可能象征着力量、无畏和喜悦,代表东方和土元素。

清代传统雪上活动仍然延续着传统的雪床、雪橇一类冬季雪上休闲活动形式。与此同时,自宋代以来昌兴的堆雪人、雪狮、雪象、雪马等赏雪活动更为流行,并成为这一时期绘画与文学作品描写的对象。在清人阮葵生《茶余客话》卷十三中记载了"似车无轮,似榻无足,覆席如龛,引绳如御。利行冰雪中,俗呼扒犁,以其底平似犁。"大意是造型像车但无轮,类似矮床但没有腿,铺垫草席如同小房子,用绳索牵拉形似驾车,可以滑行于雪上和冰上,俗名扒犁。在清军入关后,通过融合汉人使用的冰床等诸多因素,最终演变为冰嬉大典中的拖床。

清代的冰上运动基本上按照两类体系在发展着:一类是由朝廷管理,通过培训专业选手组成皇家"国家队",定期举行的大型"冰嬉"表演与竞技赛事(表2-1);另一类是流行于民间,融生产、生活及休闲娱乐为一体的冰上技能形式。乾隆十年,中国古代传统的冰上综合运动——冰嬉正式形成。为了将其作为一项"国俗"制度规定下来,乾隆采取了以下两个措施:第一项措施是在乾隆十年,乾隆皇帝亲撰了《御制冰嬉赋有序》。该赋包括序言共计1300余字,完整地记录了"国俗"冰嬉的时令、盛况、要旨等内容,可以说是一篇对冰上运动大会进行全面描述的鸿篇巨作。尤其值得提及的是,这也是目前所见古代文献中第一次出现"冰嬉"一词,而乾隆亲自为冰嬉活动作赋,标志着作为盛大冰上运动的"冰嬉活动"已经上升为国制。第二项措施是依照乾隆皇帝圣旨,清宫画师金昆、程志道和福隆安于1748年合作绘制了《冰嬉图》长卷。这幅大型的《冰嬉图》长卷主要描绘了冰嬉大典中的三个项目。总之,由于清王朝的重视,出现了民间与皇家冰上活动多样繁荣的景观,标志着我国古代冰上运动达到了高潮。

表2-1 清代冰嬉基本形式

名称	活动形式	活动特点
抢等	比试滑冰的快慢、争夺优等。参赛者穿冰鞋集体比赛,距离1000～1500米,鸣炮后从起点同时出发,按到达终点的先后顺序,分等级奖励	古代的滑冰比赛,类似于现代的短道速滑
抢球	两队士兵在冰上互相争抢皮球的游戏。其以"便捷勇敢"为胜,目的在于"用以习武"	该活动源自清朝入关前的"踢形头"游戏,是古代蹴鞠在冰上的新发展
转龙射球	冰上集体编队滑行,并进行射箭表演。队形"盘旋曲折""蜿蜒如龙",并有"一射天球"表演和"按等行赏"活动	清代创造的一种集冰上滑行、队形变换、射箭比赛为一体的运动形式
摆山子	冰上集体进行的队形变换、摆字表演。左右两队100人,按事先画好的"万字锦""葫芦锦"等汉字图形,整齐地表演燕子戏水、凤凰展翅等动作	类似于今天的团体操,其设计、技艺整齐程度,让现代人为之惊叹
打滑挞	在皇宫中开展的一种从高处滑向低处的滑冰游戏。滑冰者穿着带猪皮的鞋子,从三四丈高的人造冰山"挺立而下",快速滑行,"以到地不仆者为胜"	类似于今天的高台滑雪。这是我国古代相当精彩、刺激的一种滑冰活动
花样滑冰和冰上杂技	花样滑冰主要包括双飞燕、大蝎子、金鸡独立、哪吒探海等造型;冰上杂技主要有耍刀、使棒、缘竿、盘杠等,表演者在竿上、杠上、肩上、臂上,表演倒立、直立、扯旗等技艺	冰上杂技是清代创造的滑冰技术与杂技艺术的完美结合

19世纪中叶以后,伴随着西方体育的传入,现代冰上竞技项目逐步引入中国,并与中国传统冰上运动一起,成为中国近代冰上运动发展的主体。

二、少数民族传统冰雪文化发展史与存续

(一)冰雪运动发展简史

我国传统雪上运动已经有 1 万多年的历史,[①]少数民族传统冰雪运动大多数都是在各个民族的生产生活中演变而来的,逐渐发展形成了具有民族特色的雪上文化,如满族的雪地走(走百病)、木马滑雪;赫哲族的恰尔奇刻、赛托日乞;鄂伦春族的滑雪(亲那)、皮爬犁;鄂温克族的伊满得西勒都仁、赛爬犁;朝鲜族的坐雪爬犁;被达斡尔族称为肯骨楞滑雪板的滑雪竞技。[②] 根据历史资料显示,早在唐代就有了冰上的基础狩猎活动。随着时间推移,到了宋代主要体现在冰床的开发与运用。总体而言,明代之前的雪上活动主要与生产生活有关,这与现代冰雪的目的虽有着明显的区别,但带有了娱乐色彩,这也是现代冰雪体育的主要功能之一。明末满族首领努尔哈赤的部队由于精通冰上滑行技术,在很多战争中取得了胜利,这也凸显了冰雪运动在当时军事方面的重要地位。清代时期由于对冰雪的青睐,民间出现了众多冰雪娱乐和比赛活动,当时冰雪运动既是人们生产生活的一种方式,也是军事与艺术融合的结果,标志着我国古代冰雪体育运动达到了最高峰。

"脚蹬滑雪板,手拿滑雪杖在雪地上滑行"[③]是现代人对滑雪运动的定义。现代冰雪是在特殊时期和社会文化背景下传入的,在传入中国的次序上,先是冰上运动项目的速度滑冰、花样滑冰、冰球,然后是雪上项目的越野、高山滑雪等。随着时间推移,自 20 世纪 80 年代开始,我国冰雪竞技体育迈向了世界舞台,在各个冰雪运动项目中斩获佳绩,与传统冰雪文化不同,现代冰雪竞技在名誉和利益上具有相当的价值取向。现代冰雪运动逐渐在大众中普及,其以独特的魅力,和兼有娱乐、健身、旅游等多重功能的作用深受广大民众所喜爱,给具有天然优势的地区带来了经济的繁荣发展,这一点与传统冰雪运动的发展是相似的。纵观冰雪运动发展的历史进程,无不体现着劳动人民的智慧与汗水。

(二)东北地区少数民族传统冰雪存续

东北地区是一个多民族聚居的地方,世居的少数民族有满族、蒙古族、朝鲜族、锡伯族、达斡尔族、鄂伦春族、俄罗斯族、鄂温克族、柯尔克孜族、赫哲族等。[④] 少数民族传统体育文化都来源于各个民族的真实生活,人们的生产、生活都离不开与寒冷的气候打交道。如驯服一些动物拉动爬犁作为交通工具,用"滑子""快马子"滑行工具等,折射出千百年

---

① 陈祥慧,杨小明,张保华,等. 我国冰雪运动的历史演进及发展趋向[J]. 体育学刊,2021,28(4):28-34.
② 崔乐泉,张红霞. 从传统冰雪到冬奥文化:跨越时空的文化对话[J]. 体育学研究,2019(1):7-16.
③ 王天军. 新疆阿勒泰毛雪板滑雪历史考察[J]. 体育文化导刊,2012(7):123-125.
④ 国梁,谷真研. 东北少数民族传统冰雪体育在高等学校的传承与发展研究[J]. 黑龙江教育(高教研究与评估),2013(12):50-51.

来少数民族人民的智慧结晶。传统冰雪运动项目作为北方冬季体育健身项目得以传承，最常见的形式有滑冰、雪橇、爬犁、冰陀螺、打滑溜等。

三、东北少数民族传统冰雪文化发展与保护方式

(一)秉承差异性重塑式发展

中国少数民族传统体育的形成与发展主要以地域环境为基础，环境的变化势必造成生产、生活的改变。《国语·郑语·史伯为桓公论兴衰》写道："夫和实生物，同则不继。"意思就是不同的东西只有达到彼此和谐才能生世间万物，所有东西都一样的话，世界也就不再发展了，表示差异和融合的两个方面是推动发展的重要因素。在当今社会，体育在以指数速度发展的趋势下，尤其是对视觉造成冲击力度更强的竞技体育文化渗透的背景下，民族传统体育的生存基础正渐渐被淡化。中华民族传统冰雪体育是吸收借鉴优秀传统文化的精华，并加以弘扬，同时体现着一定的时代性。再加上外来体育文化逐渐成熟，造就了现代体育文化与传统体育文化差异性重塑的现实基础。就目前而言，经过差异性重塑中的融入或改造后成为一种竞技体育项目的案例不多，这不能仅局限于竞技体育，大众体育的重塑案例更是有待唤醒。为了使传统冰雪文化具有一定的先进性与现代性，必须遵循开放的原则去传承，应该从开放维新的角度重新审视。开放融合不代表失真，融入的同时要最大限度地保持原有的技术动作，否则将失去意义。这样人们在学习的同时不仅要了解到各个动作技术的历史由来，避免本土文化自行削弱，还需借助现代体育发展传播力，达到传承传统冰雪文化的目的。最终实现与现代体育的多元共生，以此来保护传统体育文化，开发和留存更多传统运动项目。因此，差异性重塑终将成为少数民族传统冰雪文化甚至整个传统体育文化的永恒之路。

(二)健全《中华人民共和国体育法》体系，助推传统冰雪文化保护与发展

近些年来，我国体育事业蓬勃发展，体育与产业融合体制下的经济挖掘逐渐加深这些方面的因素，为《中华人民共和国体育法》(以下简称《体育法》)的发展倾入了前所未有的动力。1995年8月29日我国《体育法》颁布以来，作为一部综合性法律，包含了学校体育、社会体育、经济体育等方面，《体育法》涉及的少数民族传统体育仅停留在行政法规、规章制度的基本层面。在中国的部分少数民族地区虽有自己制定的相关法律法规，但也多为上级的行政法规和规范性文件做出的原则性指导规定，具体实施过程受多种因素影响而难以落实到位，这必将导致对传统冰雪文化的保护遭到破坏，使发展受阻。《体育法》虽然规定在各民族行政机关内均要设有体育行政主管机关，但缺乏对应的法制机构，更缺少专门的体育法制高层次人才，对《体育法》与上位法的实时更新脱节，使本就不全面的《体育法》建设滞后，理论研究与相关法律意识淡薄，严重阻碍了传统冰雪文化的发展与保护。为了更好地实现依法治体，填补立法空白已刻不容缓，在此过程中应充分考虑上位法律的特征与本质，要避免和上位法律发生冲突，另外由于地域性原因，要充分考

虑当地传统冰雪体育的现状,使其更加规范化、合理化、经济化。因此,在当今社会发展一种事物往往离不开产业化的蓄力,不管是基于少数民族传统冰雪文化的保护与传承,还是走健康化的产业化发展道路,都离不开相关《体育法》的制约与管理。在整个发展过程中,不仅事物的本身应具有一定的价值,更需要将产业化的相关权益与法律法规进行有机融合,增强商业化主导相关者的法律意识与契约精神,《体育法》体系对两者都具有导向性作用。唯有健全《体育法》体系,才能为传统冰雪体育文化的发展与保护及传承提供健康、绿色的环境。

第二节　东北地区少数民族传统
冰雪运动项目类别与特征

一、东北地区少数民族传统体育冬季项目分类介绍

民族是在历史上形成的具有共同语言、共同经济生活、共同地域以及在此基础上形成的具有稳定共同心理素质的共同体。传统就是任何从过去传承至今或者世代相传的事物,这种传承具有统一性、变异性,这种传承在继承以往面貌的同时也往往会发生一些变化。东北少数民族传统体育是中国东北地区除汉族外各个民族从过去传承至今的体育,包括在传承过程中有所改变的体育项目。其冬季项目就是东北少数民族传统体育项目中冬季开展的项目。例如,满族传统体育冬季项目的冰上蹴鞠在不同时期的内涵和作用不同。在清代冰上蹴鞠主要是用于军事训练,今天则是一项娱乐、竞技兼表演的体育项目。

(一)满族传统体育冬季项目

东北地区最主要的少数民族为满族,其在东北集中分布在辽宁省,其人口达 533.69 万,占满族总人口的 51.26%。而黑龙江省、吉林省、内蒙古自治区满族人口在 30 万～110 万。[①] 其民族传统体育冬季项目继承了少数民族骑射渔猎的项目。许多冰上项目都源于满族习俗,更适合北方人的特点和个性,大部分是根据最基本的生活需求和生产需要来发展的,民族传统体育浓缩了大量极为重要的文化内容。[②] 例如,跑冰鞋源于满族渔猎活动,后被列入满族八旗军事训练项目。早期冰鞋是用镶嵌兽骨的木板制成的,后期改为镶嵌铁条。冰上蹴鞠也曾是满族八旗用于军事训练的冬季体育项目;所用蹴鞠一般是由猪皮或熊皮缝制的圆球形的绵软物,有时也用猪膀胱灌鼓为囊。此外,东北满族传统体育冬季项目还有踢行头、抽冰尜、溜冰车、打滑挞、轱辘冰、拖床、转龙射球、冰上蹴

---

① 唐宝盛. 冬季体育教学要树立以学生健康成长为本的理念[J]. 冰雪运动,2016,38(5):48-50.
② 魏丽辉,姜森森. 黑龙江民族、民间健身方法在学校体育中的传承发展[J]. 冰雪运动,2014(5):56-60.

鞠、跑冰鞋、雪爬犁、雪地走、赛威呼等。①

作为东北地区汉化程度最高的民族,满族深受中原汉族文化的影响。因此,满族传统体育汉化项目也十分普遍,如京旗秧歌就是深受汉族影响的京城回迁满族人与东北地方满族人共同创建的体育项目,是东北城市居民冬季健身娱乐的重要项目。而具有鲜明京城文化特点的抖空竹和放风筝等项目也是东北满族传统体育重要的冬季项目。

1. 踢行头

踢行头与古代汉族的蹴鞠非常相似,满族先民将动物皮革缝制成大小与现代足球类似的球形,场地选在冬季冰封的河面或开阔的旷野。进行踢行头时,参加比赛的双方在比赛场地上各自画等距离的三道横线,开赛时设三名裁判,三人手持木杆站在三条边线上,双方队员各自在本方边线列队,一方队员进攻时开球,另一方队员站在本方线上拦截对面球员进球,与足球罚球的"人墙"相类似。开球后,进攻方全力向对方激冲,防守方相互配合,竭力阻挡,双方互有攻守,攻防节奏转换迅速,当其中一方将行头踢入线内时,站在这根线上的裁判就会放下手中木杆,进球的一方即可得分,比赛时间结束后得分多的一方为胜方。赛后人们围坐在篝火旁饮酒烤肉,载歌载舞,非常热闹。

2. 抽冰尜

抽冰尜是一种冰上游戏。冰尜,也叫冰猴,俗称陀螺,木制圆形,一般拳头大小,上平下尖,中间有一圈凹刻,尖端处嵌一铁珠。玩时,将小鞭的鞭绳缠绕在凹刻处,放在冰上一甩,陀螺飞转,再用鞭子不断抽打,陀螺不断地飞转。有的在上面贴上五颜六色的图案纸,转起来则令人眼花缭乱,极为可观。

3. 溜冰车

溜冰车也是一种冰上运动,爬犁又称为"雪橇""冰床",滑冰车用木头制成小爬犁,在下面加上铁条。人既可以坐在上面,又可以蹲在上面,还可以站在上面。一个人或几个人一起玩均可。一般都是一个人蹲在上面,双手撑着"冰杆子"撑动前进,也有的将冰车放在坡上借着惯性向下冲,还有的坐两个人以上由其他人拖着在冰上奔跑。

4. 打滑挞

打滑挞是一项冬天常见的冰上娱乐运动,在寒冬腊月滴水成冰的时候,满族人会在空地上用水一层一层地冻出一个三四丈高的冰堆,然后人们穿着自制的猪皮鞋,从冰堆顶部挺身直立滑下,这项运动对提高身体协调性和灵敏性有很大好处。

5. 轱辘冰

轱辘冰是一项具有十分浓重祈福色彩的冰上体育运动。在每年的正月十五,按满族风俗,满族妇女会聚集在野外平坦的冰地上,进行翻滚,同时严格地要求活动参与者一起口念:"轱辘轱辘冰,不腰痛不腿痛;轱辘轱辘冰,身上轻一轻",为自己以及家人祈福。

---

① 李兆臣,关双富. 东北地区中小学体育课引入满族部分冬季传统体育项目的可行性研究[J]. 冰雪运动,2010,32(4):92-96.

6. 拖床

拖床又名拖冰床。冰床是满族人自创的可以在冰面上滑行的一种工具。它在过去主要被用作运输。拖着冰床的绳索一般都是由骆驼毛拧成,拿在手里可以防止冻手。拉冰床的衣服和鞋类不同,它们都是由皮向里、毛朝外的特殊织物和纺纱棉鞋组成。制作冰床首先需要用钢丝绳做成一个总共长五尺余、宽约三尺(一尺约等于 0.33 米)的床型木材,它能够容纳三四个人,然后在这个木床底面两侧分别镶嵌两根钢丝绳和铁条,可以有效减小冰床与冰面之间的摩擦,使得冰床滑动起来更加省力。在一个冰床刚开始滑行时需要有人到冰床前用力将牵绳拉拽,使得床体移走,这样可以让拖动的冰床能够在冰面上进行滑行,又称为拖床。当冰床的速度逐渐加快之后,前面拉拽牵绳的人会飞身跳跃到冰床的边缘,由于惯性等原因,此时冰床仍然能够向前滑行。

7. 转龙射球

转龙射球是冰嬉运动的一种形式,是一种集冰上团队滑行、队伍变换、射箭表演于一体的一整套冰上表演形式。首先队员们在冰上进行编队滑行,队员按照先后顺序,排列整齐,盘旋曲折,滑行于冰道之上,依次穿过三个门。远远望去,队形蜿蜒曲折、连绵如龙,故称"转龙"。当队员滑行经过大门后,持弓矢的人这时转身回头,搭弓射箭,力求射中彩球。此外,还有"一飞冲天"表演和"按等行赏"表演。

8. 冰上蹴鞠

冰上蹴鞠是将中国古代流行的蹴鞠转移至冰上进行。"冰上蹴鞠"要求每队安排几十人,以固定位置排列,在皮革制球抛起至落地时,参与者通过滑冰进行抢夺,得球者为胜。在抢夺时,也可以将球踢至其他队友处或者组织对手抢夺。清朝时,冰上蹴鞠是军事训练的一种手段。随后因趣味性较高,在民间流传开来。在 20 世纪 20 年代北京什刹海或者护城河冰面上,时常可以看到老百姓进行此类冰上蹴鞠。

9. 跑冰鞋

跑冰鞋是指早期定居在东北大地的满族人发明的一种冰上游戏。所谓跑冰鞋,即古代冰嬉,也称溜冰鞋,即滑冰刀。冰鞋分为单刀和双刀两种。其中,单刀为鞋底嵌一根铁条,初学者滑起来较难控制平衡。双刀为鞋底嵌两根铁条,滑行时比较平稳,不易摔倒,适合初学者练习使用。与现在冰刀有所区别的是,清代的冰刀后端稍短,在鞋的后跟处有一部分下面没有冰刀,这样可以在需要时用鞋后跟触及冰面以达到减速或者停止滑行的目的,也有利于快速改变滑行方向。

10. 雪爬犁

雪爬犁也称为雪橇,与车相似但无轮,像床但没有腿。曾经是满族重要的交通工具,通常用马或者牛拉着移动。随着社会的进步,雪爬犁目前已经被雪车、雪地摩托车逐渐代替,爬犁已逐渐淡出了人们的视线,成为一种记忆。但在部分地区目前还可以看到马、狗拉爬犁的现象,它可以促进人们的生活与生产。在冬季,东北地面边防战士使用马拉雪爬犁进行巡逻以及运输物品,对于保卫边疆具有重要意义。同时,一些民众娱乐性的爬犁又渐渐出现在人们的视野之中,现代的爬犁在形状上除了有较大改变外,在材料上也由原来的木质换为塑料,将塑料泡沫制成厚板然后用磨具打压成半圆形,人可以坐在上面在冰雪中快速滑行。

雪爬犁演变至今也有其独特的游戏方式,与冰爬犁不同的是,雪爬犁的滑行必须在有一定厚度的雪地上进行,并且需要一定的高度,雪必须厚实,按照从高到低的地势顺势而下。在体验的过程中,游客会体验到紧张与刺激,让人回味无穷。这类游戏活动在哈尔滨松花江附近便可见到。如今的爬犁多为孩子玩耍游戏时使用。周末里,孩子们坐上爬犁外出玩耍,成为东北地区冬日里特有的一道风景。

11. 雪地走

雪地走也是满族妇女喜欢的一项雪上运动。具体方法是妇女穿上满族妇女传统的"寸子鞋"在降雪后的地上行走,比速度。"寸子鞋"是鞋底中央垫有10厘米高的木质鞋跟的鞋,又叫花盆鞋。据说这一项目源自古代满族妇女在农历正月"结伴出行"的风俗,而在现代的少数民族运动会中,该项目在跑道上进行,距离有100米、200米、400米不等,参赛运动员需要脚穿满族传统的"花盆鞋",身穿满族传统旗袍,向终点竞速走,以到达终点的先后顺序判定胜负,在行进的过程中,既要保持身体的平衡,又要保证较快的速度,值得注意的是,雪地走中规定在行进过程中两脚不能同时离地,这一规则与现代奥运会正式项目中的"竞走"非常相似。

12. 雪地赛威呼

与踢行头一样,雪地赛威呼也是一种团体性项目。"威呼"是满语,意思为独木船。赛威呼起源于水上划船,后来满族先民将这一运动形式转移到了陆地,出现了陆地赛威呼。雪地赛威呼,顾名思义,是指在冬季积雪的地面上进行的赛威呼。赛威呼比赛时,五人为一队,其中前四人面向终点,另一人面向起点,每个人双手同时握住身体两侧的竹竿,在听到发令枪响后快速跑向终点,耗时最少者为优胜。

(二)蒙古族传统体育冬季项目

黑龙江省蒙古族主要集中分布在大庆市,其中以杜尔伯特蒙古族自治县最集中。蒙古族精骑擅射,其传统体育冬季项目包括雪地博克(摔跤)、雪地通克(射箭)、雪原驯马、雪地斗鸡、赛骆驼、民族歌舞等。这些项目是蒙古族冬季那达慕大会上的代表性项目,极具竞技性、健身性和娱乐性。

1. 雪地博克

"博克"为蒙古语,意为摔跤,它是蒙古族"男儿三艺"之一,按蒙古族传统要求,参赛选手穿着帆布或牛皮制成的半袖坎肩,腰间系红、黄、篮三色围裙,下身穿着肥大套裤,脚蹬马靴或蒙古靴,比赛在一块平坦雪地上进行。伴随着悠扬热血的"乌日亚"赞歌声,选手们挥舞着强壮的双臂、唱着战歌、跳着战舞入场,比赛时选手腰、腿部动作协调配合依靠扑、拉、甩、绊等技巧进行战斗,如有膝盖及以上部位着地即为败,比赛不限年龄、体重、时间。雪地博克规则简单,观赏性强,可以在不知不觉中将观众带入比赛氛围,深受蒙古族人民的喜爱。

2. 雪地通克

"通克"为蒙古语,主要作为狩猎大型动物的练习靶,通常挂在空中,靶心离地面1.65米,射击距离36米,靶直径32厘米,每环3.5厘米,由四外环与一个直径4厘米的靶心组成;共五种颜色,靶心为红色,由里向外依次为红、黄、绿、白、蓝五种颜色。蒙古弓弓体以竹或木为弓胎,将天然材料牛筋黏合在弓臂上增加弹性,粘贴动物角和动物筋作为弓面,弓体上不能有任何瞄准装置,箭使用传统竹或木质钝头的真羽箭。比赛时采用计分方式,靶心为五环记五分,黄色环为四环记四分,绿色环为三环记三分,白色环为二环记二分,蓝色环为一环记一分,比赛中每名选手共射10箭,以得分高低评定胜负。

3. 雪原驯马

雪原驯马是指每年冬季,剽悍机敏的蒙古骑手在雪原上与烈马的较量。驯马在清朝时又称为诈马,是一项谋生技能,常人难以胜任。在草原上,刚出生的马驹断奶后,被牧民在草地散养,等到马驹长大,由于从未被骑过,性情暴烈,见人连撞带踢,无法驾驭,这类马称为生马。这时就需要剽悍而勇敢的骑手手持套马杆,进行驯马。套马杆杆把选用一根结实而有韧性的木杆,杆头系上皮绳,骑手骑乘骏马接近生马,生马会迅速逃奔,驯马骑乘骏马猛追,接近后用皮绳准确地套在马脖子上,抓住套马杆,奔跑一段时间后,靠近生马,等待机会,敏捷果断地跳上生马马背,生马会狂奔乱跳,而驯马手会随着马的暴跳和狂奔顺水推舟,不断变换骑法来应对。直到生马声嘶力竭,被驯服为止。

4. 雪地斗鸡

雪地斗鸡又称为脚斗士或是斗拐,是一种简单、好玩的雪地游戏。方法是参与者单腿独立支撑,同时将另一腿盘起屈于胯前,双手或单手固定跨上腿,将膝盖自然向外摆出,互相以腰部和肩部顶撞对方。直至一方盘起腿落地、被撞倒在地或被撞出场外。在比赛中不可以使用头、手臂或肘关节等部位攻击对方。这项运动对抗十分激烈,对参与者的身体协调性、灵敏性和耐力有很高的要求。

(三)达斡尔族传统体育冬季项目

达斡尔族主要分布在东北内蒙古自治区莫力达瓦达斡尔族自治旗、黑龙江省齐齐哈尔市梅里斯达斡尔族区、鄂温克族自治旗一带,少数居住在新疆塔城、辽宁省等地。达斡尔族源自契丹人,他们继承了契丹人骁勇善战的骑射本领,在清朝保卫边疆抵抗沙俄入侵时立下了赫赫战功,骑射、摔跤曾是该民族的体育文化精髓。其传统体育冬季项目中最具代表性当属击鞠(曲棍球),冬季夜间开展的火球击鞠项目更为壮观,用棍击打的火球好似长龙戏珠,又像流星飞舞。达斡尔族冬季"凿冰捕鱼"也是一项历史悠久、可追溯到辽代,并且传承完好的体育文化遗产。"凿冰捕鱼"是一项大型的活动,开始前由德高望重的萨满大师跳萨满舞进行祈福,之后在冰面上打出均匀的冰眼,下网捕鱼。捕鱼结束后会在江边唱歌、跳鲁日格勒舞进行庆祝。目前,鲁日格勒舞已被列入国家级非物质文化遗产。达斡尔族人长期的捕鱼以及狩猎生活,造就了其独具特色的民族传统运动,如著名的嘎嘎拉、肯古楞、放爬犁、凿冰围网捕鱼运动、冰上木射等。

1. 嘎嘎拉

嘎嘎拉是达斡尔族特有的抽陀螺活动,达斡尔族的陀螺是选用桦木制作的,选取一大块桦木,将其削成3～5厘米粗、6～8厘米长的圆柱形,再将底部削尖。冬季时选取一块平整的冰面,将陀螺用鞭子皮条缠绕尖部朝下甩向冰面,陀螺落地后会飞快转动,然后用皮条鞭子不断抽打,可使其不停旋转。另外,还可以在面上涂上各种颜色,旋转时颇为美观。

2. 肯古楞

肯古楞是达斡尔族人自制的一种滑雪板,首先选取一块宽约4寸(一寸约等于3.33厘米)、厚约1寸、长约4尺半(1尺约等于0.333米)的坚硬木板,用雄性野猪脊梁上皮的内皮贴紧包在滑板下面并将前端做成尖翘状,包在雪板下面的猪毛在爬坡时如同倒刺一样牢牢抓住雪面防止下滑,在下坡时滑顺的野猪毛可以提高滑行速度。在过去每逢积雪深的时候,如需远行,达斡尔人都会脚蹬"肯古楞"滑雪板,自由地滑行于屯落之间,或者穿行于雪原狩猎追踪猎物。可以说,冬季的达斡尔族小伙子个个都是滑雪健将。

3. 放爬犁

放爬犁是一项非常刺激的冰上娱乐项目,每到冬季,河面结冰,人们会在江边的堤坝上搭起高台,可坐或卧在自制的爬犁上,然后从高台顶端沿着修砌成斜式的冰滑道一路风驰电掣般地滑下江面,滑下时冰爬犁速度会不断加快直至停在江心,可以一个人或是几个人坐在爬犁上一起玩,十分惊险刺激,深受孩子们喜爱。

4. 凿冰围网捕鱼

凿冰围网捕鱼是古代达斡尔族人自创的一种捕鱼技术,其历史起源可以追溯至辽代。在当时,达斡尔族的许多先人中不管是王侯将相或普通老百姓都有"卓帐冰上,凿冰取鱼"(《辽史·营卫志》)的偏爱。在此期间,达斡尔族人依靠自己的聪明才智创造性地发明出了各种各样的捕鱼方式,其中最具代表性的则是"凿冰围网捕鱼"。每逢冬季,河面结冰,届时村落中便会组织一支有20多人的捕鱼团,并且挑选出一个捕鱼经验最为丰富的长者来担任首领,被叫作阿维达。在阿维达的带领下捕鱼团赶着轴辘车向渔场驶去。到达渔场后,阿维达首先要找准鱼群的位置和栖息地,然后使用"得戈"在冰面上做出一个标记,每十步就要做一个标记,捕鱼队员要在标记的位置上凿出一个直径大约1.5米的小型冰眼,最后这些小型冰眼就会在整个江面上形成一个巨大的椭圆形。下网时用一根名为"莫乌"的长木杆绑住一根网绳依次穿过每一个冰眼,每穿过四个冰眼后拉一次网,最后将两个网头汇集到江边的一个收网点。这样江中的鱼群就被围在网中。过去,达斡尔族人凿冰围网钓鱼所使用的网是将这十来张网(每张网长10米、宽4米)连接在一起拼成的大网。

5. 冰上木射

冰上木射是达斡尔族自创的一张类似保龄球的冰上运动,选取一块半径为 10 米、内角为 20 度的扇形冰面,木瓶摆放间隔为 20 厘米,可双人或多人竞赛。比赛时,选手于发球区射球,发球区分为普通发球区(击倒红色木瓶计 2 分,击倒黑色木瓶扣 1 分)、双倍发球区(击倒红瓶计 4 分,击倒黑瓶扣 2 分)、三倍发球区(击倒红瓶计 6 分,击倒黑瓶扣 3 分)。例如,一球击倒多个木瓶,累加分数,最终分数最高者获胜。木射可以说是中国古代的保龄球运动,男女老少均可参与,对人们的身体、心理和思维都有很好的锻炼效果。同时,由于器材和场地设置简单,非常适合面向中小学和社区推广。

(四)鄂伦春族传统体育冬季项目

鄂伦春族主要分布在黑龙江省,集中聚居在黑龙江南岸、大小兴安岭地区,曾经是我国唯一的一个单纯狩猎的森林民族。20 世纪 90 年代禁猎后鄂伦春族走出森林开始从事农耕,但其在长期的狩猎过程中形成的骑射体育项目得以传承,并成为冰雪"伊萨仁"(鄂伦春人的冬季狂欢节)上的代表性体育项目,即耶路里得楞(赛马)、特更色帕然汉、格音那(滑雪)。

1. 耶路里得楞

耶路里得楞指的是雪地骑马,雪地骑马是鄂伦春族一项非常受欢迎的运动,每年正月初二,鄂伦春族人都会在雪地上举行盛大的赛马比赛,比赛中选手不佩戴马鞍,用缰绳使马加速,马儿在雪地中飞速狂奔,每个能跑到终点的选手都会被敬上一口热酒以表敬意。

2. 特更色帕然汉

特更色帕然汉是鄂伦春族人在长期的狩猎实践中发明出来的一种雪上工具,鄂伦春族人将一块未加工熟制的野猪皮钉在普通爬犁下面减小雪面和爬犁的摩擦力,使得爬犁滑行速度大大提高。皮爬犁比赛的方法主要分为两种。一种是比速度,主要是看谁滑得快;另一种是比距离,看谁滑得远。每当比赛之时,也刚好是冬季大雪纷飞的时节。这时,大雪给山川、树林披上了厚厚的银装。在这银白色的世界里,鄂伦春族少年忘记了寒冷,你追我赶地爬上山坡,一个个坐在皮爬犁上,争先恐后地从山坡上往下滑,好似一群野兽托着孩子们从山坡上飞奔而下,十分有趣。由于这项活动速度快、惊险刺激,深受鄂伦春族少年的喜爱。

3. 格音那

格音那指的是鄂伦春语的滑雪,每当冬季大雪纷飞、大雪封山的时节,鄂伦春族人总是以"骑木而行"的滑雪方法作为其生活出行的方式或是锻炼身体的手段,并逐渐演化出了滑雪比赛这一运动项目。滑雪比赛用的滑雪板,鄂伦春语为"亲那",是用桦木或樟子松制成的。一般板滑雪板的宽度为 18～20 厘米,长约为 2 米。这类滑雪板分薄厚两种,在积雪比较深的地方选用厚板,其他情况下一般选用薄板。参与者使用的撑杆是用去掉结子的柳木制成的,撑杆长度与使用者身高大致等同,底端削尖是为了便于插入雪中。比赛过程中,参与者用皮筋将滑雪板绑于鞋底,使用撑杆在雪上滑行,以最先滑到指定地点的一方为优胜。

另外,皮爬犁和滑雪也是鄂伦春族代表性的冬季体育项目。皮爬犁是将有毛的动物皮钉在爬犁底下以减少滑行阻力,竞技的方式主要有比速度和比滑行距离两种。鄂伦春族的族源是室韦,室韦"地多积雪,骑木而行",骑木而行是一种原始的滑雪运动。

(五)鄂温克族传统体育冬季项目

鄂温克族主要分布在俄罗斯、内蒙古和黑龙江齐齐哈尔讷河地区。该族以狩猎为主,酷爱体育运动,与冬季狩猎相适应的体育项目有射箭和滑雪。冬季,鄂温克猎手会进行狩猎比赛,通过射击、埋设暗器的方式获取猎物,狩猎比赛不仅可以提高狩猎本领,还是一项娱乐健身活动。在冬季狩猎过程中,滑雪是必不可少的,鄂温克族自制的滑雪板长为 1.8 米、宽为 18 厘米,前端弯曲且窄,人们乘坐着它在林海中追击野兽,一日可以滑雪 80 千米。鄂温克族每年冬季都要进行滑雪比赛,以教育后代、鼓励青少年学习滑雪。受环境影响,鄂温克族也有其独特的传统冰雪体育运动,如赛爬犁、伊满得西勒都仁以及雪垒。

1. 赛爬犁

赛爬犁是鄂温克族少儿非常喜欢的雪上娱乐项目,每当冬季来临,地面上铺满厚厚的白雪时,孩子们从山坡上或者在雪堆上,坐上自制的爬犁向低处滑下,并以距离和速度判断输赢。

2. 伊满得西勒都仁

伊满得西勒都仁是指滑雪,滑雪是鄂温克族在古代狩猎过程中逐步形成的传统体育活动。滑雪板用鄂温克语叫"金勒",宽约 20 厘米,前端弯曲上卷,板面贴有一层光滑的动物皮,这种贴有动物皮的滑雪板是鄂温克族猎人冬季狩猎时不可缺少的工具。从每年的 11 月下雪后到次年 3 月份,生活在大兴安岭北坡的成年鄂温克族猎手们都要套上一副滑雪板,在 1 米厚的积雪上,轻松自如地追踪野兽。如果在积雪上徒步行走,往往需要 3 天时间,而有了滑雪板,一天可以滑行 80 千米。鄂温克族十分热爱滑雪运动,每年二、三月间,鄂温克族经常举行滑雪比赛,以鼓励青少年学习滑雪。

3. 雪垒

雪垒指的是打雪仗比赛,鄂温克族雪垒比赛场地长为 36 米,宽为 16 米。比赛双方各 7 名队员,分为前锋和后卫;双方手持雪球相互进攻,利用掩体进行躲避,被雪球直接击中身体者出局。比赛一般采用三局两胜制,各队需要制定好合理的战术并合理利用体能,在规定的比赛时间内能率先拔下对方旗帜的一方获胜,或是在比赛结束时被淘汰人员较少的一方才可以取得比赛胜利。雪垒适合各类人群参加,不仅可以提升身体的灵敏性、协调性,还可以提高人们的临场应变能力和增强团结合作意识。

(六)赫哲族传统体育冬季项目

赫哲族世居黑龙江省三江流域,自古以捕鱼为生。赫哲族传统体育冬季项目主要有冬季捕鱼和钓鱼。实际上冬季捕鱼也是东北其他民族冬季最重要的体育项目,如查干湖冬季捕鱼至今仍充满原始东北渔猎文化气息。此外,赫哲族善用狗拉雪橇,古代被其他民族称之为"使犬部",至今"赛托日乞"(狗拉雪橇比赛)仍然是赫哲族独有的民族传统体育项目。赫哲族滑雪运动也独具民族特色,滑雪的撑杆系有弓弦,滑雪时作为撑杆,狩猎时则变成一张弓。该民族在冬季经常开展滑雪比赛,以提高其民族滑雪和狩猎能力。赫哲族有很多游戏和传统体育活动,如赛托日乞、玩冰磨以及恰尔奇克等。

1.赛托日乞

赛托日乞在赫哲族中指的是狗拉爬犁比赛。"托日乞"就是赫哲族人自制的雪橇。"托日乞"的制作方法是选取两根粗细相同的坚固硬质鲜木,将两根鲜木制成中间平、两头上翘的长弓形,平行排好后作为雪橇底部,在两根鲜木的两端上分别设置有一根独立的小小鲜木支撑着作为雪橇腿,在雪橇腿上用和雪橇底相对的两根长木和四根横木连接起来,最后在两根横板上面分别铺设树干和枝条。长期以来,我国各个少数民族中只有赫哲族一直在利用"托日乞"作为交通出行工具或者是运载狩猎猎物、货品,因此"托日乞"在赫哲族的群落中极其常见,赛托日乞也就自然地成了一种冬季里特有的活动。赛托日乞少则只有一条狗,多则七、八条或十几条。赛托日乞一般以拉物多、跑得快者为优胜。

2.玩冰磨

玩冰磨和现代的旋转木马类似,指的是在平整光滑的冰面中间立一根木柱,这根木柱称为冰磨,在其顶端钻一个圆孔,在冰柱的圆孔中穿入一根横柱,横柱长的一端着地并连接一个冰橇,可坐 1~2 人,游戏时横柱的另一端需要用力推动,用力越大,冰橇转得越快,这个项目十分有趣。

3.恰尔奇克

恰尔奇克在赫哲语中为"滑雪"的意思,是指参与者用自制雪板,滑行时手持两根雪杖,找到两个距离相等的山头,距离为 1~1.5 米,同时从其中一个山头滑下并翻越上另一个山头,率先完成的人为获胜者。也可以多人同时出发在平坦的雪地上滑行,先到达终点的人为获胜者。这项运动的特点是娱乐性与实用性兼而有之,不仅可以作为游戏,而且在打猎过程中可以更快更好地追捕猎物,在战争中也可以极大地提升行军速度。

4.打爬犁

打爬犁是指每逢冬季,大雪铺满地面,人们坐着自制的爬犁从高高的山坡上飞速向下滑,最后以滑行距离判断胜负。由于滑行过程中不能控制速度方向极易摔倒,打爬犁有时也在平坦的冰上进行游戏或比赛,两人一组,一人坐在上面,另一人在后面推,在起点线前停止推动,爬犁滑行距离远者为获胜组。

(七)锡伯族传统体育冬季项目

锡伯族是我国少数民族中较为古老的一支,今主要分布在辽宁省和新疆维吾尔自治区,在黑龙江省内主要存在于嫩江流域。根据《中国统计年鉴 2021》,中国境内锡伯族人口数为 191911 人。锡伯族最初游牧于大兴安岭东麓,世代以狩猎、捕鱼为生。锡伯族喜爱骑马射箭。因而,锡伯族享有"射箭民族"的美誉,他们能歌善舞。锡伯族的传统冰雪运动丰富多彩,包括打单脚儿、打冰溜儿以及冰上保龄球等。

1. 打单脚儿

打单脚儿是指用单脚滑行的一种娱乐方式,人们用一块和自己鞋子差不多大小的木板,在木板底部中间安装一根长条粗铁丝,然后将木板绑在其中一只鞋子上,另一只脚穿着普通鞋子并不断用力蹬冰,当速度足够快时,将蹬冰脚抬起,用另一只带着特质木板的脚滑行的方式。

2. 打冰溜儿

打冰溜儿是锡伯族人非常喜欢的一种休闲娱乐方式,是指人在陆地上快速助跑到冰面,然后双脚在冰面上依靠惯性向前滑行,这项运动对身体的平衡力要求很高,最后比较滑行距离或是滑行速度来判断输赢,由于规则简单不需要任何工具而深受锡伯族人喜爱。

3. 冰上保龄球

冰上保龄球是类似于将保龄球运动和冰壶运动相结合形成的一种冰面上技巧性运动。在平坦的冰面上画出一块长为 10 米、宽为 2 米的区域,在区域的一端用 12～15 个冰圆柱摆成一个三角形,参与者在场地另一端掷长方形冰块击倒冰圆柱,击倒一个冰圆柱得一分。该项目规则简单、易学易打、老少咸宜。

(八)朝鲜族传统体育冬季项目

朝鲜族迁居入籍中国始于 1881 年,当时清政府在吉林设置荒务局,在延边地区设置招募局。中日甲午战争之后,日本侵略朝鲜加剧,使得越来越多的朝鲜人迁入东北,并在 1910 年日本吞并朝鲜半岛后达到高峰。朝鲜族传统体育冬季项目主要为滑爬犁、抽冰嘎雪地足球等。

1. 滑爬犁

滑爬犁是儿童特别喜爱的一种雪上娱乐方式,是指一个人坐着爬犁从积满白雪的上坡上滑下,也可以数人坐着一个大爬犁同时滑下。朝鲜族的爬犁外形小巧轻便,人们用粗细差不多的小杆,用火及热气不断烘烤,待其发软后迅速窝成弯形,然后将其排列整齐后穿上横带制成爬犁。最初的爬犁主要用于搬运货物,后来逐渐发展成为一种娱乐用具。

2. 抽冰嘎

抽冰嘎是指用一根木棍绑上一把棕叶或棕绳,做成打陀螺的鞭子,然后用一段很短的圆木头,把它的一头削成圆锥形,在圆锥的顶上钉一个铁钉做成陀螺,然后拿一根绳子在陀螺上绕几圈再将其用力一丢,陀螺就会在冰上转起来,然后用鞭子不停地抽打陀螺,陀螺就会不停地转动下去。这个项目需要很高的技巧性,由于要在冰面上用力挥动鞭子,稍不小心就很容易摔跤,一般更受老年人喜欢。

3. 雪地足球

雪地足球是一项传统雪上体育运动,是在雪地上进行的足球竞技项目。相比于现代的足球竞技比赛,雪地足球赛每边的参与者人数一般限定为五名,足球比赛场地一般设立在平坦的雪地上,采用了五人制的比赛规则和场地,面积相对较小,比赛持续时间也相对短。由于雪地光滑,运动员对球落点和速度以及运动轨迹的判断更难,不易于发挥技战术,观赏性和趣味性相对较强,是一项以锻炼身体、培养抗寒素质为主要目标的休闲娱乐活动,适合各类人群参与。

(九)回族传统体育冬季项目

回族是我国分布最广的少数民族,在全国各地均有分布,我国境内回族人口 2021 年总人数是 11377914 人,主要聚居区是宁夏回族自治区,黑龙江省内的回族主要是从山东、河北、北京等地移民、经商、谋生而来的。据了解,最早的回族是在康熙十五年(1622)移民来黑龙江等县的 40 余户。雍正六年(1728)宁安市有 30 余户回族,大多数是在 1900年以后迁入的。现回族人口大约有 13.9 万人,约 95% 的人口散居在黑龙江省内各城镇,5% 左右的人居住在农村。人口较多的市县有哈尔滨、齐齐哈尔、伊春、鹤岗、佳木斯、牡丹江、双鸭山、阿城。黑龙江省回族人民的冬季体育运动主要有滑冰车及乘冰帆。

1. 滑冰车

滑冰车是回族儿童非常喜爱的冰上运动,器材采用自制的方法,将几块木板横向并排订好,在横向木板的下方再加上两块竖向木板用于增加木板的稳定性,有双刀和单刀之分,双刀的冰车是在木板的下方固定平行的两根冰刀用于支撑滑行,适用于初学者,而单刀的冰车在下方只固定一根冰刀用于支撑滑行,初学者难以控制平衡,比较适合经验丰富的参与者。两种冰车在滑行时参与者双手需各持一根冰锥,然后蹲在滑冰车板上或坐在滑冰车板上,将两根冰锥两头抵在冰上,身体前倾,双手利用冰锥向后用力推送,冰车借力向前推进,滑行动作基本与滑雪相同,拐弯时主要靠冰锥的推动来改变方向。滑冰车也可多人一起进行,在冬季是极受青少年欢迎的冰上项目。

2. 乘冰帆

乘冰帆,也称为冰上快艇,是在冰上航行帆船。冰帆和普通帆船的结构与功能大体一致。传统的冰帆主要由帆、舵、横杆、桅杆、稳向板、船体构成,其中舵和稳向板两个部分是二者之间最重要的差异。现代冰帆船体框架是一个三角或交叉铁架,在铁架 3 个角的底部安装 3 把冰刀用于支撑及滑行,当船帆侧向移动力量被抵消时,帆两侧所产生的压强差形成的"提升力"可以将船往前推,使船逐渐加速。随着船速越来越快,帆两侧所产生的压强差也将越来越大,让船只速度可以逐渐超越风速。由于冰帆行驶时速较快,所以参与者在驾驶冰帆时需要穿上厚厚的外套,带上头盔、防护镜、手套、靴子来抵御寒风以及其他的伤害。

(十)柯尔克孜族传统冰雪运动项目挖掘整理

柯尔克孜族主要分布在中国新疆维吾尔自治区以及邻邦吉尔吉斯斯坦等地根据《中国统计年鉴 2021》,中国境内的柯尔克孜族人口数为 204402 人,黑龙江省的柯尔克孜族人是 18 世纪从新疆维吾尔自治区迁徙而来的,大概有数百人,主要聚集在黑龙江齐齐哈尔市富裕县五家子屯。柯尔克孜族生活上主要依靠牧业,兼营手工业,衣食起居与游牧生活类似。柯尔克孜族的传统体育冬季运动多与民族的生产生活和历史紧密相关,如冰上捶丸以及撑冰车。

1. 冰上捶丸

冰上捶丸通常是在一块长为 10 米、宽为 10 米的正方形的冰面上进行的,冰面应平整光滑,场地中设立 5 个拱形球洞,场地中心的圆形区域为球穴,位于场地四角的扇形区域为击发区。与捶丸一样,冰上锤丸可进行双人或多人竞赛。比赛时,选手在击发区开球,通过击打使球穿过场地中的 5 个拱形球洞,然后将球打入中心球穴,总计用杆数最少的选手获胜。冰上捶丸是适合任何年龄段的人参与的一项运动,它不仅能够培养身体协调性和观察力,还通过合理地设计路线使球过洞,培养了选手的独立性和思考能力。作为一项弱强度运动,它极大地降低了运动损伤的风险,让人们可以充分享受冬季的阳光与新鲜的氧气,达到强身健体、健康生长的效果。

2. 撑冰车

撑冰车是指在用木板制成的冰车下安装两根钢筋棍,控制者盘腿坐在冰车上使用自制的带尖冰杆子撑着冰面向前滑行,通常是几个人同时出发,比较谁能最先到达终点则为胜方。还有一种方法是几个人在一定区域内互相撞击,掉下冰车的人就被淘汰,最后一个人获得胜利。撑冰车项目在儿童中非常受欢迎。

二、东北地区民族、民间传统冬季户外运动项目的特点

东北地区蕴含着丰富的少数民族文化,各民族具有民族特殊性、传统性、地域差异性、教育性和文化传承性等特点。很多传统冬季户外运动项目主要来源于适应大自然以及对生产、生活技能的传承。

(一)具备继承传统项目、发扬民族精神的特点

东北地区有"三小民族",分别是赫哲族、达斡尔族、鄂伦春族。"三小民族"的冬季户外项目各有不同,赫哲族以渔猎生活为主,在冬季他们以滑雪、玩冰爬犁、冬钓和射箭为主要活动内容。曲棍球运动是达斡尔族的"民族之魂",这项运动在达斡尔族十分普及,

无论男女老少,不分春夏秋冬,拿杆就能打,有球就会玩。每逢节日,各部落都要选派高手进行比赛,曲棍球也与达斡尔族人的生活密切相关。皮爬犁是鄂伦春族在冬季特有的传统户外运动项目中用到的工具,用木材制作的雪橇架子,在雪橇下面毛朝外钉上动物的毛皮,目的是减少摩擦力。每逢冬季,孩子们坐着"皮爬犁"顺势从积雪的山坡上滑下来,充满了情趣和刺激,深受青少年的喜爱。

(二)具备增强学生体质、提高抗寒能力的特点

冬季户外运动适合不同年龄的人群,老少咸宜。现阶段,我国中小学生和大学生体质逐年下降,加强冬季户外运动尤为重要。参加冬季户外运动,可提高人们的御寒能力,坚持冬季锻炼的人,抗寒能力比一般人强8~10倍;人们不断受到冷空气的刺激,血液中抵抗疾病的抗体增多,身体对疾病的抵抗能力增强。冬季户外运动,接受阳光的照射。阳光中的紫外线不但能杀死人体皮肤、衣服上的病毒和病菌,对人体还有消毒作用,能促进身体对钙、磷的吸收作用,有助于骨骼的生长发育。对于正在长身体的青少年来说,多参加冬季户外运动尤为重要,可以促进血液循环,增加大脑氧气的供应量,这对消除大脑长期工作带来的疲劳、增强记忆力、提高学习效率等方面都有积极的作用。

(三)具有激发运动兴趣、培养运动能力的特点

民族民间传统冬季户外运动项目的开发与研究激发了东北地区高校、中小学校和群众体育运动的兴趣,人们在冰雪活动中回顾民族、民间的习俗、文化,体验滑冰、滑雪等特色冬季户外运动项目带来的乐趣,通过各种形式的身体活动,锻炼了学生的体魄,激发了学生学习运动技能的兴趣,培养了他们坚强的意志品质和终生体育锻炼的习惯。

三、中国传统冰雪运动的文化特征

(一)地域性和季节性

我国地大物博、幅员辽阔,气候与地形复杂多样,从南到北横跨热带到温寒带等多种气候带,具有丘陵、盆地、高原等多种地形。我国南北方气温具有巨大的差异性。我国北方地区冬季气温可低至零下几十摄氏度,大雪过后不易融化,自然环境变得残酷,给当地居民生活带来了诸多不便。但是,当我国古代北方人民面对这种困难时并没有被自然打败,而是通过不断的观察、学习、实践,学会了在冰雪的环境中生存,最终学会了利用自然,改造自己的生活环境。当古人第一次用滑雪板在雪地上追逐猎物时,冰雪运动由此产生。随着时间推进,我国进入文明时期,人类的生活发生了翻天覆地的变化,随之冰雪活动的意义也发生了变化,不再是人们生产的主要方式,而慢慢成为我国古代北方民族冬季休闲、娱乐的主要途径。可以想象,在寒冷的冬季,冰天雪地,在闲暇之余玩雪、赏雪、冰嬉等,这些冰雪活动给我国北方人民可以带来无限乐趣。

在满足温度要求的同时,还要有有效的降雪,这是开展冰雪运动必备条件。从全球

范围来看,满足开展冰雪运动条件的地区有南北两极、东北亚次大陆、北欧、北美洲北部①。在我国主要集中在东北、内蒙古东北部、新疆西北部、青藏高原等地区,冰雪给当地居民的生活和出行带来了诸多不便,但从另一个侧面却促进了冰雪运动的发展,为居民在冰雪运动中寻觅乐趣提供了条件。我国的季风气候十分显著,气候变化复杂多样,受地域条件的限制,不同地域的冰雪运动文化形成了鲜明比对,呈现出较强的地域性与季节性。

(二)娱乐性和技巧性

我国传统冰雪运动具有一定的娱乐性,历朝历代文人墨客对玩雪、赏雪、冰嬉等活动都有生动的描述。从历史文献记载中可以发现每个朝代的冰雪运动文化都有其突出点。在宋元时期,以赏雪、玩雪为主,如人们喜欢用雪制作"雪花""雪灯""雪狮"等,并进行复杂的装饰后放入金盆供人们赏玩;人们喜欢欣赏自然雪景,腊雪煎茶、吟诗作对,享受大自然带来的视觉盛宴。在明清时期,除了赏雪玩雪之外,人们更喜欢从事冰上活动,如明代皇家贵族冬日里喜欢利用冰床寻求乐趣。清代是冰上运动的鼎盛时期,最具代表性的便是皇家的"冰嬉大典",这样的盛典既是军事国力的体现,又是皇家贵族休闲娱乐的重要时刻。

我国传统冰雪运动鼎盛时期的到来离不开冰雪运动高超技艺的发展。清代时期,我国传统冰雪运动的技术水平和艺术表现已经达到较高水平,由《冰嬉图》描绘的画面可以看出,我国古代传统冰雪运动形式多样、内容丰富,并具有竞技性、技巧性和艺术性等特点。例如,"抢等"项目是速度竞技,不限时间,最先到达终点者胜出;"抢球"项目则以抢球多的一方为胜,这两种项目具有强烈的竞技性;"转龙射球""摆山子"和"冰上杂技"等项目则具有一定的技巧性;"花样滑冰"则富有技巧性、艺术性和娱乐性等特点,主要形式包括燕子点水、哪吒探海、金鸡独立、洞宾背剑、仙猴献桃、青龙回头、大蝎子、鹞子翻身、童子拜观音、双飞舞跑等。

(三)民族性与民俗性

我国拥有 56 个民族,各民族的风俗各不相同,都有着本民族的特点,在信息快速传播的今天,加强各民族间的交流与交往,有利于民族的发展和本民族文化的推广。我国冰雪运动开展主要集中在东北、西北等高纬度寒冷地区,有的地区寒冷冰雪期能够达到 8 个月,生活在严寒地区的民族在长期与冰雪对抗的过程当中逐渐学会了利用冬季的冰雪环境开展娱乐、生产活动。许多民族都发展出具有本民族特色的冰雪运动项目,如鄂伦春族冬季伊萨仁、蒙古族冬季那达慕大会等。这在彰显民族文化特点的同时,体现了本民族人民的智慧与凝聚力,人们通过合理利用冰雪资源,打造更优质的品质生活和健身运动,丰富人们的物质文化生活,同时,也为国家培养了优秀的竞技冰雪运动人才。

---

① 刘花香,贾志强,刘仁辉. 中国冰雪运动文化的流变与当代建构[J]. 体育文化导刊,2017(12):13-17.

（四）濒危性和异化性

冰雪是高海拔、高纬度寒冷地区的独有物质，是自然界赐予我们的巨大财富，也是特定地区的天然产物。中国传统冰雪运动文化是非物质文化遗产的重要组成部分。[①] 由于历史的原因，我国传统冰雪运动从清代以后逐渐走向衰落，我国传统冰雪运动形式的发展是我国历代北方地区人民优秀品质、热爱生活和民族凝聚力的表现，传统冰雪运动文化更是我国优秀传统文化的重要组成部分，在文化强国的建设过程中离不开对传统冰雪文化的建设。因此，应从传统冰雪运动项目的保护开始，让更多的人参与传统冰雪运动项目、了解传统冰雪运动文化内涵，建立传统冰雪运动文化自信。

随着文化强国国家战略的实施和北京冬奥会的成功举办，人们对冰雪运动的热爱程度逐渐增加，冰雪运动项目在我国快速发展，其中包括我国传统冰雪运动项目。文化强国和冬奥会背景是发展传统冰雪运动的有利条件，但是在发展过程中不能急于求成，应扎实地走好每一步，避免出现异化现象，要在正确的道路上建立我国传统冰雪运动文化自信，并让全世界了解我国优秀传统文化的魅力。

第三节　东北地区少数民族传统冰雪运动项目开发与传承

一、东北地区少数民族传统体育冬季项目开发现状与存在的问题

东北少数民族传统体育冬季项目是东北少数民族体育的精华，是在东北冬季长达120天左右的严寒天气条件下形成的，是各少数民族在传统生产生活方式中形成的文化遗产。这些项目最初或源于生产生活，或用于军事训练，或为了娱乐祈福。但随着时代的发展、社会的进步，东北地区少数民族传统的生产生活方式都发生了巨大变化，东北地区少数民族传统体育冬季项目逐渐淡出了人们的视线，甚至很多项目濒临消亡。

目前，东北地区少数民族传统体育冬季项目受到了各级政府的重视，很多项目被列入国家级、省级、区级、市级、县级非物质文化遗产名录中而被保护，如鲁日格勒舞已被列入国家级非物质文化遗产；萨满舞被东北很多少数民族（如满族、赫哲族、鄂温克族、达斡尔族、鄂伦春族）分别申遗加以保护；还有些项目被同一民族不同地区申遗而保护，如延边地区的朝鲜族和牡丹江地区的朝鲜族将一些共有的项目（如顶水舞、长鼓舞、扇子舞、农乐舞等）分别申遗保护。很多地区、很多民族对于申遗非常重视，但不重视保护，有些地区甚至连非物质文化遗产的基本概念都不甚清楚。

---

① 白晋湘,万义,龙佩林. 探寻传统体育文化之根　传承现代体育文明之魂:非物质文化遗产视角下民族传统体育研究述评[J]. 北京体育大学学报,2017,40(1):116-128.

一些民族自治州、自治县、民族乡的学校也积极将其本民族传统体育项目纳入学校体育教学中,如延边一些朝鲜族中小学、哈尔滨市红旗满族乡中心小学等。但整体来说,东北少数民族传统体育在学校体育教学中的开展十分有限,其中冬季项目更少。

东北地区少数民族传统体育冬季项目在发展过程中面临着以下问题:首先,目前受西方现代体育的影响,缺少对东北地区少数民族传统体育冬季项目的实际重视。其次,东北地区少数民族传统体育在其发展历程中所形成的多种多样独具特色的冬季体育项目,因其所生存的环境土壤的消失而消亡或处于消亡的边缘,很多少数民族传统体育冬季项目所需要的器材道具都是代代相传的工艺制作,目前这种传承日渐衰弱,越来越多的年轻人放弃了传统体育工艺制作的传承,导致很多冬季项目开展的工具市面临失传。最后,近年来朝鲜族迁居中国沿海发达城市的趋势进一步导致东北朝鲜族人口锐减,东北朝鲜族人口锐减使得朝鲜族传统体育开展极为困难。

二、东北地区少数民族传统体育冬季项目开发对策

在现代社会步伐越来越快的今天,如何传承和保护东北地区少数民族传统体育冬季项目文化已经成为亟待解决的问题。我国少数民族传统体育项目文化的发展,离不开文化自觉和文化创新。① 对于民族传统体育冬季项目的传承,不能拘泥于其原有的生存土壤,当原有的狩猎、渔猎条件不具备的时候,可以将其移植到其他适合的传承载体上,例如借助旅游平台将各民族的冬季体育项目进行再次传承和发扬。例如,查干湖冬捕则是借助旅游平台将渔猎项目进一步传承发展的最好实例。再如,呼伦贝尔举行的冬季那达慕大会也是将蒙古族冬季体育项目与旅游相结合的发展典范。民族传统体育冬季项目的传承并不意味着一成不变的继承,实际上民族传统体育项目经过长年累月不断的修改和完善才形成的。

此外,当前东北地区少数民族日益汉化和现代化,各民族之间相互通婚、相互融合。对于民族传统体育冬季项目的传承不应该仅限于本民族,东北地区少数民族都有权利和义务去传承、去发展。例如,各土著民族的滑雪、滑冰项目不仅可以在东北土著民族群体间开展,也可以在汉族等其他民族之间开展;不仅可以在乡村开展,也可以在城镇开展。近年来,东北地区各县市冬季都在城市内或周边建设滑雪场、滑冰场,因此可以将东北地区少数民族的冰雪项目引入其中,为滑雪场、滑冰场营造健身娱乐的氛围。

东北学校冬季体育教学中课程资源不足,一些学校冬季体育课开展情况不好,冬季体育课有"自由化"的倾向。我国民族传统体育资源丰富,尚有众多体育活动流行于人们的生活中,它不仅是人们娱乐、健身的主要手段,也是高校体育课程的后备资源。民族传统体育内容丰富,娱乐性、健身性非常强,非常适合青少年参与。学校是民族传统体育传承和推广的重要场所,让东北地区少数民族传统体育冬季项目走进学校课堂,通过现代化教育手段在学生中对东北地区少数民族传统体育冬季项目进行普及。将东北地区少

---

① 王玉侠,郝旭伟. 高校体育与民族传统体育文化融合发展研究[J]. 大学:教学与教育,2022(6):172-175.

数民族传统体育冬季项目引入大、中、小学校体育教学中,不仅可以解决东北地区学校冬季体育课程资源不足的问题,而且能更好地传承发展东北地区少数民族传统体育冬季项目。例如,哈尔滨市南岗区红旗满族乡将满族传统体育冰雪项目引入学校体育教学中,取得了良好的教学效果。

三、少数民族冰雪文化发展传承的现实困境与时代机遇

(一)地域限制——既是绊脚石也是金石之计

少数民族是一个蕴有较为深厚文化内涵的群体,在民族传统文化发展中更是衍生出一系列的体育文化,冰雪体育项目更是如此,可见传统冰雪体育文化对地域有很强的依赖性。我国冰雪资源主要聚集于东北三省以及内蒙古、新疆等地区。不同地区的冰雪资源差异性很大,如吉林雾凇、青藏高原的冰川学峰等自然奇观。在冰雪文化发展过程中,少数民族占据了不可或缺的地位,形成了独具特色的民族传统节日,如达斡尔族的冰雕节、黑龙江地区的鲁冰花之冬冰雪节、蒙古族的冰雪那达慕大会等。众多冰雪体育文化融入其中,成为各少数民族谋求发展的"金石之计"。传承是一种优秀文化得以发展的媒介,也是加强中国传统冰雪运动文化建设和顺应时代发展的要求。就目前而言,传统冰雪运动项目一方面作为北方冬季体育健身项目得到了传承;另一方面,在大众冰雪旅游中作为体验游乐项目得到了一定开发。另外,在少数民族民俗活动中得以一定留存。由此可见,其他层面的传承形式有待进一步进行深入和全面研究。

(二)交叉融合——创新的催化剂与时代机遇

随着我国民族传统冰雪文化的发展,衍生出基于经济和教育发展而来的一系列复合型产物,如冰雪旅游、学校体育、竞技体育等,积极推动了具有先天地理优势的少数民族经济的发展。冰雪旅游以寒冷的冰雪天气资源吸引旅游者,可感知少数民族民俗,体验各个冰雪运动项目的参与感和刺激感。此外,冰雪旅游产业逐步融休闲、餐饮、娱乐、健身等活动于一体,受到了国内外游客的喜爱。中国的冰雪旅游雏形可追溯到1963年,作为中国冰雪文化艺术摇篮的哈尔滨率先举办了冰灯游园会,之后每年冬季都会在兆麟公园举行,每年用冰量高达2000立方米左右,一系列冰景作品受到了世界各地旅游及冰雪爱好者的青睐,同时哈尔滨冰灯游园会也是世界上规模最大、形成时间最早的冰灯艺术展。[①] 1985年,哈尔滨举办的首届冰雪节标志着中国冰雪旅游的开始。1996年,由哈尔滨承办的亚洲冬季运动会标志着中国真正意义上冰雪旅游新发展的开始。[②] 从1963年以来,经过接近60年的飞速发展,冰雪旅游已与现代社会融为一体,展现出不止冰雪本身的价值。

① 范家玮,宋智梁,张成欢. 东北少数民族传统冰雪文化传承保护方略与创新发展[J]. 高师理科学刊,2021,41(11):63-67.

② 张丽梅. 旅游文化产业视域下冰雪旅游与文化融合研究[J]. 学术交流,2013(10):106-109.

另外,国家为大力发展与普及冰雪运动发布了一系列文件。国务院印发的《全民健身计划(2016—2020年)》中提到,要大力普及冰雪运动,推动冰雪运动进商场、学校等,积极鼓励各地结合当地自然资源开展形式多样的冰雪运动,使冰雪运动更具群众性。[①] 在国家的大力倡导下,传统冰雪运动逐步进入高校、中小学校园,学校体育课程方面也与传统冰雪运动产生了多方面的交叉,促进了学校体育项目的开发和利用,培养了一批社区以及竞技体育的专业人才。2022年冬奥会圆满结束,大多数运动队采用了跨项的方式选拔人才。为了促进中国冰雪运动的持续发展,学校不仅是培养竞技运动员的后备根据地,还是发展与传承冰雪文化的主力军。由此可见,少数民族冰雪运动文化的发展仅靠冰雪文化本身是远远不够的,要自始至终抓住时代机遇,广开思路与其他领域共同发展进步,找到其相互连接的媒介点才是冰雪文化的发展方向,使交叉的"打开方式"有更为广阔的发挥空间。

(三)濒危抢救——传统与现代的博弈

传统冰雪运动项目历史悠久,种类繁多,具有很高的文化价值和健身价值。早期我国冰雪项目发展氛围较好,参与程度较高,最早有文字记载的传统冰雪比赛是据金梁所辑《满洲老档秘录》记载:1625年正月初二,努尔哈赤在位于今沈阳浑河地区的天然冰场上举行了跑冰鞋和冰上蹴鞠比赛。人们在参与运动的过程中体会冰雪运动的魅力,增强体质与意志。冰雪文化之所以传承下来,需要具备特有的地理、人文因素等条件,但随着人们生活节奏的加快,科技的高速发展,使本来就依托于生产生活的传统冰雪文化受关注的程度逐渐降低,同时外来冰雪文化的冲击与现代经济的因素也必将影响其发展。正因如此,冰雪文化的多样性特征正处在濒危甚至消亡的阶段,从本质上来讲,文化保护才是传承的前提,否则一切无从谈起。建立完善的保护措施已是当务之急,只有施加外力的辅助才能使濒危的文化焕发出新的生机。

四、东北地区少数民族传统冰雪文化传承方略

(一)传统冰雪项目数据库的建构理论模型

建立传统冰雪项目数据库可以使更多传统项目随着时间的推移而得到保存,主要针对以前一些地区对传统冰雪文化不够重视,各部门不能系统宣传、规范、落实的问题,为了今后能完整留存项目的数量,了解项目主要参与者,相关运动的规则、种类、使用的工具等,挖掘及整理少数民族传统冰雪项目,能使数据库用户直观地看到相应的图片、视频资料,并得到VR技术或全息投影等技术支持,达到传承的目的。

(二)体教融合视域下冰雪文化传承模式

2020年8月,国家体育总局、教育部联合印发的《关于深化体教融合 促进青少年健

---

① 孙伟,杨朝升."冰雪运动进校园"的现状研究[J].冰雪运动,2019,41(2):66-70,96.

康发展的意见》指出,推动青少年文化学习和体育锻炼协调发展,加强学校体育工作,体教融合运行模式不仅是相互协同、相互共生的开放模式,也是适应市场经济、知识经济信息时代的新需求。[①] 自中华人民共和国成立以来,我国体育与教育关系大致分为三个阶段,即体教结合阶段、教体结合阶段、新时代体教融合阶段。体育回归教育是现代体育的必然要求,是把青少年的文化学习与体育锻炼进行有机融合。学校体育是传承少数民族传统冰雪文化的重要途径,在授课时围绕传统冰雪文化的历史由来以及文化内涵进行深入讲解,充分实现体育和教育有机融合,不仅能够丰富学生的文化内涵,还能起到传播与传承文化的良好效果,这与体教融合的本质相一致。作为新时代的体育教师应该努力学习相关的文化知识,在政策背景下挖掘体教融合的多方面功能,促使体育更好地回归教育。学校和教育主管部门应借国家体教融合政策组建传统冰雪文化的传承模式,使传统冰雪的运动项目、历史渊源、文化发展在该模式下得到进一步发展与传承。

(三)构建传统冰雪体育与全民健身融合发展的传承模式

《"健康中国2030"规划纲要》和"全民健身计划"中提出要开发出适合不同人群、不同地域特点的民族传统体育运动项目,增强国民体质。[②] 在全民健身背景下,实现传统冰雪体育传承方式与全民健身共同发展进步显得尤为关键。一方面,由于传统冰雪项目具有对体能和技术要求不高、简单易学、不需大量资金投入等特点,青少年及老年人都可以参与其中,使传统冰雪运动成为普适于大众的载体;另一方面,全民健身将体育文化融入国民健身体系,将各种赛事作为宣传媒介,弘扬奥林匹克精神和中华体育精神,发展传统体育文化。在实际操作过程中,最重要的是选拔一批优秀的传统冰雪文化指导员,使其不断强化传统冰雪类运动技能,提高业务水平和范围,提高组织能力。另外,因传统冰雪项目具有一定的地域性特点,选拔传统冰雪体育指导员时应尽量在文化发源地进行,各地民族传统冰雪体育活动源于地方人民生活生产、习俗文化的积累和沉淀,当地民众对其有着较强的认同感与责任感,有利于在群众中加以推广与传承。在整个过程中要结合全民健身的实际情况,充分精准地把握传统冰雪体育与全民健身的关系和角色定位,营造浓厚的冰雪文化氛围,强化社会体育组织人员体系建设,以此更好地促进传统冰雪文化的传承。

(四)制定相关政策助力传承

当下,要想扭转民族传统冰雪运动发展不乐观的局面,仅仅依赖社会团体或是个体的力量显然是不够的,加强对传统冰雪运动的整理和保护工作必须加强顶层设计,需要政府机关的重视以及各体育职能部门的大力倡导、支持。坚持政府的宏观调控和传承手段的核心地位,弥补实践缺位差距。首先,出台传承、发展少数民族聚集地民族传统冰雪

① 汪晓赞,杨燕国,孔琳,等. 历史演进与政策嬗变:从"增强体质"到"体教融合"——中国儿童青少年体育健康促进政策演进的特征分析[J]. 中国体育科技,2020,56(10):3-10.

② 柯海宝. 全民健身战略下民俗体育传承与国民健康协同发展对策[J]. 科技资讯,2020,18(34):249-251.

运动的相关政策,明确民族传统冰雪运动的学习机制。这不仅可以为民族传统冰雪运动提供保障,还照亮民族传统冰雪运动传承、发展的前进之路。其次,政府以及各体育职能部门还应加强对民族传统冰雪运动的投入工作,尤其是加大镇、乡一级的投入工作,在国家越来越重视冬季运动的情况下,为推动民族传统冰雪运动应做到以下三点:第一,将民族传统冰雪运动纳入社区体育中,社区是一个庞大的载体,它承载了社区中居民日常的健身、娱乐文化等活动。随着人们生活质量的提高,人们已经开始越来越重视身体健康,将民族传统冰雪运动纳入社区中,必将极大推动其发展。第二,投入人力、物力、财力,发挥黑龙江省冬季漫长的优势积极开展体育竞赛、健身娱乐类传统冰雪体育活动,利用短视频、新闻媒体等方式进行广泛的宣传,吸引更多的人关注民族传统冰雪运动。第三,在少数民族自治区、自治县可以尝试将民族传统冰雪运动比赛引入学校,在此类比赛中获取奖励可以为考学加分,并获取相应的荣誉、奖金,用外力驱动青少年学习民族传统冰雪运动。再次,可以利用数字化信息技术将我国优秀的民族传统冰雪运动资源进行整理、汇编,建立起现代化数据库,形成资源体系,这样可以更好地促进我国民族传统冰雪运动的传承、发展。因此,我们要分民族、分类别地对我国民族传统冰雪项目进行挖掘、整理、归类,同时利用数字化设备对其主体进行拍照、录像、添加文字说明等处理,形成可永久保存的电子档案。最后,加强有关我国民族传统冰雪运动相关网站的建设,拓宽内容来源、宣传渠道,达到资源共享。让人们能够随时随地了解我们优秀的民族传统冰雪运动。目前,我国主要是采用书籍文献来对民族传统冰雪运动进行保护,而且没有形成类别体系。现代科学技术飞速发展,互联网已经将世界连接成一个整体,让人们的沟通交流更加方便,我们也应该与时俱进,利用互联网的强大功能对其进行保护。

(五)借助旅游资源助力传承

黑龙江省是中国纬度最高、经度最东的地方,冬季寒冷且漫长。每年冰雪期持续4～6个月,冰雪资源丰富,省内有冰雪大世界、雪乡、亚布力滑雪场、北极村等旅游胜地,每年冬季都会吸引一大批游客涌入这里,直面大自然感受冰雪世界的魅力,因此我们可以借助这德天独厚的自然资源来开展观赏性、竞技性比较强的民族传统冰雪运动,使外来游客在欣赏冰雪美景的时候也能被我国优秀的民族传统冰雪运动的魅力所感染,从而主动了解、喜欢上民族传统冰雪运动。

第三章 高校冰雪运动的传承与发展

第一节 体教融合理念下北方高校冰雪运动教学设计

一、新时期体教融合理念的内涵

2020 年,在中央全面深化改革委员会第十三次会议审议通过,经国务院同意,国家体育总局和教育部联合印发的《关于深化体教融合 促进青少年健康发展的意见》中,强调了深化体教融合对目前推动青少年全面发展和社会主义现代化建设的重要意义。[①] 体教融合是目前我国一项重要的战略任务,其原则是"一体化设计,一体化推进",文件还提出了要加强学校体育工作、完善青少年体育赛事体系、加强体育传统特色学校和高校高水平运动队建设、深化体校改革、规范社会体育组织、大力培养体育教师和教练员队伍、强化政策保障、加强组织措施等八大项重要意见。[②] 笔者主要针对体教融合理念的内涵进行分析,结合北方高校冰雪体育教学的具体情况,提出一些体教融合理念下北方高校冰雪体育课程设计的策略,以期为提升高校冰雪运动教学做出有益的探索。

大学生是国家栋梁、民族希望,高校要重视大学生的体质健康,[③]开展冰雪运动是促进大学生体质增强的良好途径。体教融合首先是体育和教育的和谐共生、相互促进、彼此依存,因此将体育视为文化课学习的对立面是不可取的。体教融合不是简单地将体育和教育进行的结合,而是两者的高度契合,如用体育的手段起到教育的目的,用科学的教育方法促进体育竞技水平的提高。高校要深刻理解体教融合精神,优化学校体育工作,要认识到从事体育锻炼的目的不仅是为了强身健体,更重要的是为了增强意志品质,追求健全人格的塑造和综合素质的提高。[④]

二、北方高校冰雪体育教学设计的现状

高校冰雪运动的发展存在困境,具体表现为冰雪运动的认同危机、冰雪文化发展滞后、冰雪资源不足、教学设计不完善等多方面。[⑤] 教学设计在教学活动中扮演着重要的角

---

① 朱岩. 体教融合理念下北方高校冰雪体育教学设计[J]. 冰雪运动,2021,43(6):67-71.
② 国家体育总局,教育部. 关于深化体教融合 促进青少年健康发展的意见[Z],2020.
③ 骆艳斌,高欣欣,邹吉玲,等. 我国国民体质研究的热点与展望[J]. 冰雪运动,2018,40(5):93-96.
④ 毛振明,程天佐. 理解体教融合新精神思考学校体育新工作[J]. 体育教学,2020,41(10):13-14.
⑤ 张昌盛,王向东,王松. 冬奥会背景下校园冰雪运动发展的当代困境与消解[J]. 冰雪运动,2018,40(4):63-68.

色。教学活动是从传授知识出发，深化学生对世界的认识，同时培养学生的品格、精神、锻炼学生各方面能力的过程。传统的"满堂灌"的教育方式不符合新时代对教学的要求，教学的内容、模式、教姿教态各方面都需要进行精心安排和详细准备。冰雪运动在教学内容上最基本的要求是准确、安全，体育教学与文化课教学有所不同，教师在准备教学内容之前要更加清楚地了解目前学生的情况，如运动的水平、疑难点、接受程度的高低等。在教学模式上，应该跟随目前时代发展的潮流，借助互联网技术，建立共享平台，从以往以教师为主体的课堂转变为以学生为主体。目前我国的高校冰雪体育教学设计还存在内容单一、教授过程枯燥等方面的问题。

(一)运动项目单一,课程设置单调

北方地区具有天然的发展冰雪运动的优势，早期开设冰雪体育运动的高校也集中在北方地区。高校的冰雪体育教学基本上分为两大板块。一类是普通院校非体育专业的学生，另一类是冰雪运动专业的学生或高水平运动队伍。但高校在开设冰雪运动课程时相对保守，主要原因有两个：一是可选择的项目不是很多。由于各种因素的限制，如基础设施、师资力量、课程体系不完善等，北方高校的冰雪教学设施仍然不够先进和多样化。二是由于学生个体的冰雪运动基础不一，体育课程的难度难以把握。针对一些特殊的冰雪运动，如花样滑冰，在培养学生的音乐鉴赏能力、舞蹈技能强化、增强肢体语言表达等方面还有待加强。教学设计的创新与课程设置密切相关，紧密结合实际情况的教学设计能够让课程的内容更加丰富，课程的形式更加多样有趣，针对不同冰雪运动项目的教学设计也要有所不同，对运动特点的把握还有待加强。

(二)观念固化,缺乏对体教融合的正确认识

改革必然要经历一些困难，出现一些问题，解决问题和克服困难的过程也是进步、发展的过程。在落实体教融合观念的过程中也有一些难点，从根本上说是思想意识没有转变。尽管目前国内广泛宣传体教融合，但是一些师生仍然缺乏对体教融合理念的深刻理解和理性认识。一部分学生只重视文化知识，希望获得更好的成绩，选择一些容易"得高分"的选修课，不是真正根据自己的兴趣出发去学习体育运动。体育专业的运动员由于面临就业等方面的压力，不能意识到日常训练的重要性，逃避某些训练，在课下不能积极主动地进行自主训练。在教学设计中，教师对学生的心理状态、学习兴趣等方面的带动和激发还不够。体教融合绝不是给体育生多上一些文化课，给普通学生多开一些体育课，而是找到体育和教育的共通点和平衡点，让其融合，学校里也可以培养出高水平运动员，专业运动队伍里的运动员也应具备较高的文化素质修养。因此要加强宣传，打破固有观念，促进人们对体教融合的正确认识，切实落实体教融合。

(三)教学内容不够精练、教学体系有待完善

理想的教学设计应能够使用合理有效的教学模式和方法，将学习内容进行精炼概

括,详细认真地安排教学过程,以达到知识传输和能力培养的目的。冰雪运动的一些项目对于场地、教材和教练员的要求比较高。目前我国十分缺乏综合能力过硬的高校冰雪运动教学专家,这极大地影响了高校冰雪运动课程体的建设,教学的内容也存在东拼西凑、目标不明确、技术动作要点缺乏联系的现象。冰雪项目种类繁多,包括速度滑冰、花样滑冰、高山滑雪等各种各样的运动,而目前的高水平教练员多集中于运动队,教学的方式方法与普通高校学生适应的体育课教学存在一些差异。高校体教融合的目标是期望学生也能够具备较高的运动水平,基本保障是学校拥有高水平的、能够培养出冰雪运动人才的教师。因此体教融合要求设立学校教练员岗位,学校、体校师资互通,由优秀的退役运动员担任教练等。目前北方高校在师资力量方面还有待发展,而且需要思考在现有师资力量下,如何完善教学内容、提炼出精炼的教学材料、搭建丰富的教学体系。

(四)教学形式保守,系统性有待提高

教学形式非常多样,除了最基本的课堂教学之外,还有课下疑难问题的解答、信息化教学等多种形式。冰雪体育的教学设计要在多样化的同时增强针对性,如课堂教学的目的要清晰,即本节课的教学目标要十分明确。例如,在花样滑冰技术训练课上,可以将课堂的时间分为不同的时间段,如在第一个时间段进行演示和讲解,在第二个时间段进行练习和纠错,在最后一个时间段进行展示。每一个教学时间段都具有清晰的目标,有利于学生自主检验自己的学习情况。每次的重点不宜过多,目标要清晰明确,如某节短道速滑课的重点可以是进出弯道技术训练,可以是蹬冰姿势改进,可以是接力训练,这些教学目标可以相互融合,但不可混乱,要做到清晰明确。尽管目前我国北方高校冰雪运动课堂教学基本上都具有清晰的课程安排,但是从整体来看,对于系统的教学设计体系的建立还有所欠缺。不同年级、专业的学生的冰雪运动教学目标设置零散,缺乏系统性。另外,信息化、多媒体等技术的利用还可以进一步提高,应真正发挥科学技术在教育当中的积极作用,如采用翻转课堂模式,利用网络平台对学生的学习情况进行跟踪和阶段性总结。

三、体教融合理念对于北方高校冰雪运动教学设计创新的启示

教学设计是传授知识能力的具体实施方案,完整的、体系化的、清晰明了的、具备可行性的教学设计是教学质量的基本保障。北方高校冰雪运动教学不仅需要有科学的依据,还需要全面的教学设计;当然,保守的、封闭的、落后的教学设计也不利于学生的全面发展,因此探索紧随时代、贴近学生实际情况的教学设计进行创新是提高冰雪运动教学质量的要求。目前高校冰雪体育教学实际中很多学生的身体素质不佳,体能水平不足,在冰雪上站立或行走都成问题,[①]因此,在教学设计中,教师可以在内容上增加体能训练,结合实际采取有效的策略。竞技是体育的一部分,但体育绝不只有竞技。除了刻苦的训

---

① 白冰. 我国高等院校冰雪体育教学危机研究[J]. 冰雪运动,2017,39(3):65-69.

练,体育也具有有趣生动的一面,如团队合作中集体意识的培养、友谊的建立等。体育的最终目的在于让大家都可以公平地参与其中,享受运动带来的身体和精神方面的益处。体教融合要打破体育和教育割裂开来的壁垒,让学生能够实现德智体美劳全面发展,强调学生的主体地位和全面发展。那么在北方高校进行冰雪运动教学设计时就不能因循守旧地使用传统的教师传输式的教学方法,学生应在教学活动中发挥主观能动性。

(一)换位思考,广泛收集建议及数据

较强的学习动机有利于增强学习效果,身体素质、自信心、教师职业素养等是影响学生学习动机的重要因素,因此在教学设计中要重视了解学生的实际情况,注重培养学生的自信心等。[①] 要让教学设计生动有趣,教师就需要具备换位思考的能力。从事高校冰雪体育运动教学的教师本身对冰雪运动已经非常了解且已经具有较高的运动水平,而学生则不一样。站在学习者的角度思考问题,能够帮助教师合理安排教学内容,制订教学计划,更好地传授运动知识。增强换位思考能力,可以先从收集和采纳学生的意见开始。总结之前的课程设计,通过学生的反馈,有针对性地改进目前的教学计划。教师在做教学设计之前,要多方地聆听和收集意见及建议,对以往的冰雪运动训练进行总结归纳,避免训练的枯燥无味影响了学生的学习兴趣和效果。有研究提出,要对速滑运动员常用的生理生化训练监控指标进行分析总结,这能够为教练员提供关于运动员水平的参考,深入全面了解目前训练水平、训练强度、疲劳恢复、机能状态等,进而科学合理地安排训练计划,从而提高运动表现。[②] 高校冰雪运动教学设计中也要重视对数据的监测,数据是进行科学合理教学设计的基本保障。

(二)重视观念培养,激发竞争意识和自主学习意识

落实体教融合要从观念的转变开始。一要加强宣传教育,让从事冰雪运动的专业运动员重视文化课的学习,使高校的普通学生主动参与冰雪运动训练。因此要充分利用冬、夏令营活动,对北方高校来说,尤其是冬令营活动,这正是发展冰雪运动的好时机。学生在冬令营活动中可以参与多种多样的竞赛活动,可以利用体育产业资源,为学校冰雪运动做相应的补充,给学生提供一些实践机会。普通高校可以和体育特色学校加强交流,彼此联系,进行资源共享,开拓学生的视野,转变思想观念,认识到体教融合的必要性和重要意义。二要通过一些手段来激励学生,如可以选拔优秀人才进入国家队,以此激发学生的竞争意识,也可以为竞技体育提供丰富的后备人才。通过健全竞赛机制,让压力驱动学生成长,激发竞争意识。三要完善竞赛制度,同时做好赛前赛后的保障工作。运动员赛前训练应遵从个性化、专项化、训练负荷强度与量的特点和变化原则,并通过各

① 曹杰,关富余,童桂英,等. 对黑龙江省高校体育教育专业学生学习动机的研究[J]. 冰雪运动,2018,40(3):55-59.
② 张蓝予,梁珊珊,刘建军. 速度滑冰运动员常用训练监控指标的应用[J]. 冰雪运动,2016,38(5):1-3,9.

项生理生化指标对训练进行合理的监控。① 四要完善训练中心,体校要与当地其他学校加强合作,在提供专项技能培训服务的同时传播冰雪文化,加强对体校学生知识文化的培养。

(三)完善教学评价,重视奖励机制

体教融合的具体措施中提到,教育和体育部门要为在校学生的运动评价制定统一的标准,这是一体化评价、一体化管理的体现。目前高校中对于冰雪运动的评价体系还不够完善,从事高校冰雪教学的教师需要依据国家统一的标准对学生进行评价,同时要在教学设计中建立细化的、有针对性的评价体系。一是健全阶段性评价,如根据不同的课程重点对学生的运动表现、理论知识等做出评价;二是增加客观评价,除了主观论断类的评价之外,教师在进行冰雪运动教学时,还要关注学生的运动数据,如乳酸、肺活量等数据指标,通过对客观指标分析来把握学生的运动水平变化情况。三是重视多主体评价,教师的评价只是一部分,冰雪运动具有一些团队合作项目,如花样滑冰、短道速滑等,要重视搭档、同伴之间的互相评价,以及自评,这有助于学生多角度地了解到自己的情况。教学评价是教学设计的一部分,可以在教学活动之后进行,既能够帮助教师和学生掌握目前的学习情况,又有助于今后的学习和训练。奖励是激发学习主动性的重要手段。教师要根据评价结果及时对学生进行奖励,健全双方奖励和评估机制,如积分奖励、奖牌等。在教师日常教学的过程中,也可以奖励一些表现优秀的学生对应的冰雪运动装备、冰雪运动比赛门票等。奖励的形式可以多样化,但要从实际出发,且与冰雪运动相关,以更好地提升学生对冰雪运动的热情。

(四)利用共享资源,提高课程灵活度

体教融合重视对高水平运动员的培养,而优秀的教练和丰富的比赛经验是高水平运动员培养的基础保障。目前北方高校冰雪运动存在师资不足问题,高校要进一步重视并加强退役运动员进校园、优秀高校教师进体校的措施,让师资力量可以共享,实现体校和普通高校均衡协调发展。高校非体育专业的学生具有文化课学习、课程实践、实习实验、论文工作等多方面的压力,因此强迫所有的学生参与过多的冰雪运动课程是不可取的,反而会扼杀他们对冰雪运动的兴趣。北方高校在进行课程设置时可以采用必修课和选修课相结合,建设体育俱乐部、社团等,让学生能够结合自身兴趣,尽可能多地参与到冰雪运动中去。可以利用多种教学途径,灵活多样的方式不仅能够丰富学生的学习内容,还能够为冰雪运动的普及提供一定的课时保障。② 体育课程设计也不能仅仅局限于如何上好一节训练课,而是要把训练渗透到学生的日常生活中去,课程设计要注重将实践性与理论性相结合,重视学生的主体地位,把学生的训练展示作为重要的课堂环节。课程

① 代瑞锋.运动员赛前训练的原则与负荷控制[J].冰雪运动,2018,40(3):33-35.
② 刘艳.花样滑冰在中学体育课推广的可行性研究[J].冰雪运动,2017,39(4):67-70,74.

的灵活度体现在课程形式、课程效果、课堂和教学反馈等方面,每一个环节都要给学生一定的自由和选择的权利。这样会更有利于督促学生主动思考,使用适合的训练方法,促使他们关注自己冰雪运动水平的变化情况,及时地总结成功经验、分析问题,解决技术动作、团队合作等方面的难题。

(五)重视学生实践,加强教学反思

教学过程是双向的、互动的、变化的,采用单一的教法无法达到真正"学"的目的。体教融合给予北方高校冰雪运动教学改革的政策保障,要求加强场地设施的共享利用,这为冰雪运动的学习提供了更多的实践机会。良好的教学设施有利于学生感受运动的氛围,只有学生参与到运动中去才能在实践中达到"学练结合"的目的。在教学设计中要给予学生更多的实践机会,拒绝不流汗的训练。纸上谈兵不能真正达到学习的目的,被动接受也不能提高学生的综合能力。训练课要重视前后训练之间的内在关联性,任务、内容、手段、负荷都要具体且有可行性,做到科学有序。[①] 在完成教学任务后,及时、全面的反思有利于教师教学设计能力的提高。训练日志能够帮助学生和运动员了解自己的运动情况;教学日志能够帮助教师总结教学设计的优势与不足,思考出现问题的原因,在之后的训练课上有则改之,无则加勉。这是教师提升教学能力的重要途径,也是教学设计创新的基础要求。

四、总结

体育不仅是狭义的竞技体育,也是全部群体进行体育锻炼、参与或观看比赛、增强体质、陶冶身心的一种方式。高校在教育和文化传承中具有明显优势,其教育教学过程不仅让学生学习知识,还提高学生文化素养。[②] 竞技体育人才文化水平有限、人文素养缺失、社会适应能力不足等是制约我国竞技体育人才资源可持续发展的主要因素,体教融合能够避免这种现象,随着体教融合的深入,越来越多的高水平运动员将被遴选自普通院校、人民大众。高校体教融合理念的落实强调体育和教育的互通互利,如果学校体育能够发挥重要作用,真正落实体教融合,那么高水平运动员的培养也绝非难事。全民运动水平的提高为高水平运动员的出现提供了肥沃的土壤。目前我国冰雪运动的高水平运动员数量还不够多,即使在国家队专业运动员中,也只有少数的佼佼者。如果能够通过体教融合,在高校建立冰雪运动学院,大力发展冰雪运动,会有更多有潜力、高水平的运动员脱颖而出,这不仅可以提高我国的冰雪运动竞技水平,还有益于我国体育事业的发展。高校开展冰雪运动课程,可以促进大学生身体、心理、精神品质和社会适应能力的全面发展,也可以促进冰雪运动项目后备人才的培养和全民冰雪健身。冰雪运动中包含着对于学生合作、竞争、拼搏意识的培养,有助于高校学生健康心态的发展,提高抗挫折

---

①　王刚. 训练课的结构与内容安排[J]. 冰雪运动,2017,39(5):49-51.
②　庄茂花,李波,张笑昆. 高等院校对我国残疾人冰雪运动发展的效用研究[J]. 冰雪运动,2018,40(3):47-51.

能力,促进良好综合素质的培养。要拒绝"无育之体育",发挥体育的教化和育人作用,一是提高学生的体质水平,二是健全学生的人格,促进学生全面发展。科学的教学手段、完善的训练机制和丰富的竞赛体系有助于发展高校冰雪体育事业。因材施教、个性化教育、重视实践等各种现代化理念的渗透,会让北方高校冰雪体育教育更加有活力。体教融合要经历一定的过程,北方高校在进行冰雪运动教学设计时既要避免急于求成的思想,不可揠苗助长,又要结合社会、高校和学生的实际情况,落实符合当下发展要求的措施和计划,细化评价标准和教学体系,让冰雪运动教学真正做到有据可依。北方高校冬季体育教学中冰雪体育教育的社会化功能尚未得到充分发挥,因此必须在深度理解体教融合的基础上,正确认识目前北方高校冰雪运动教学存在的问题;重视冰雪教学设计,推动课程改革,打造浓厚的冰雪文化氛围,发挥冰雪运动在人才培养中的价值。

第二节 东北地区高校冰雪运动发展的
困境与对策研究

随着人们的生活理念从注重物质需求转向注重精神追求,越来越多的人注重自身的业余体育生活,特别是 2022 年北京冬奥会的成功申办,更是点燃了人民群众参与冰雪运动的热情。为了积极响应国家号召,奥委会推动"冰雪进校园""冰雪阳光运动"等项目,为助力于冬奥会的推广奠定扎实的群众基础。高校作为校园冰雪运动的重要组成部分,就目前的发展现状而言,学生群体的参与度较低,这对冰雪运动的发展十分不利。因此,本书在探究高校冰雪运动发展现状的基础上,揭示了现阶段高校冰雪运动发展的困境及存在的客观原因,在从学生、教师、学校管理、国家扶持等方面提出合理化对策的同时,更为合理利用冰雪资源、科学有效地发展高校冰雪运动提供参考。

一、高校开展冰雪运动的意义

对于大学生来说,此阶段是身心发育的成熟期,学生社交群体交往能力和勇于面对困难的精神都需要在相应的运动中进行培养。冰雪运动在高校开展时,多数是在室外场地进行的,气候较为寒冷,可以提高学生抵御寒冷的能力,学生通过课程的学习还可以提高学生的速度、力量、协调等身体素质,并且参加冰雪运动能培养学生克服外界困难、坚持不懈的意志品质,能够更好地处理突发事件和来自社会、生活、人际交往中的压力,对提高学生的心理素质也有着重要作用。

二、高校冰雪运动发展现状

(一)高校冰雪运动组织机构

通过对高校冰雪运动的组织机构进行调查得知,体育专业院校的组织机构设设置较为完善。沈阳体育学院、吉林体育学院设有专门的冰雪教研室及冰雪专业比赛队伍；东北师范大学体育部设有冰雪教研室但未建设冰雪专业比赛队伍，其余高校未设置有冰雪运动教研室。可见，高校在冰雪运动的组织机构并不齐全（表3-1）。

表3-1　高校冰雪运动的组织机构

高校名称	冰雪运动组织机构
沈阳体育学院	冰雪教研室、专业队
沈阳师范大学	体育教学部
东北师范大学	体育教学部
吉林体育学院	冰雪教研室、专业队
辽宁师范大学	体育教研室
东北大学	体育部

(二)高校冰雪运动课程设置

冰雪运动课程是北方高校冬季独具特色的课程，已经被许多学校列为季节性必修课。冰雪运动课程的主要学习内容包括速度滑冰、轮滑和花样滑冰。冰雪运动课程设置会受到教师教学水平、学生兴趣、场地规划、国家扶持等因素的制约，且在学习过程中，由于动作难度较大、危险性相对较高，多数高校都不愿开设此类课程。冰雪运动走进北方高校，可以追溯到20世纪80年代末，沈阳体育学院率先开设冰雪类相关课程，教学内容等较为规范。由于20世纪90年代刘洪波、薛瑞红在我国冬奥会速度滑冰比赛中取得了优异的成绩，国家体育委员会相继将越野滑雪、跳台滑雪等国家队设立在沈阳体育学院，越来越多的学校开设了冰上课程，冬季以速度滑冰为主，夏季以轮滑为主。由调查结果可知，高校开设最多的是轮滑课程，其次是滑冰课程，滑雪课程开设率最低，这也从侧面反映出专业院校开设课程的全面性。高校冰雪运动课程设置情况见表3-2。

表3-2　高校冰雪运动课程设置情况

学校名称	滑冰课程	滑雪课程	轮滑课程
沈阳体育学院	√	√	√
沈阳师范大学			√
东北师范大学	√		√
吉林体育学院	√	√	√
辽宁师范大学			√
东北大学	√	√	√

（三）高校冰雪运动竞赛举办频率

高校在提升学生冰雪运动的参与度时，需要注重校园文化建设，为改善冰雪运动课程提供良好的校园氛围，确保学生能够接受更好的冰雪运动教学，定时开展冰雪运动竞赛来激发学生的学习兴趣、课堂参与度等。从表3-3中可以看出，只有沈阳体育学院每半年举行一次冰雪运动竞赛，东北师范大学、吉林体育学院、东北大学这3所学校每一年举办一次。可见，冰雪运动在高校的普及度较低，活动开展较少，可持续发展道路依然存在诸多困境。

表3-3 高校冰雪运动竞赛举办频率

学校名称	举办频率		
	半年	一年	随机
沈阳体育学院	√		
沈阳师范大学			√
东北师范大学		√	
吉林体育学院		√	
辽宁师范大学			√
东北大学		√	

（四）高校冰雪运动经费来源

冰雪场地的持续使用需要高投入和定期维修，项目经费也成为高校冰雪运动长期发展的保障。由调查结果可知，两所高校有国家经费扶持，4所高校有学校转款专项经费，4所学校得到了本专业的经费支持，而沈阳师范大学几乎没有相应的经费支持，缺少相应的经费扶持会使运动场地减少，满足不了正常的教学使用，严重制约了高校冰雪运动的发展（见表3-4）。

表3-4 高校冰雪运动经费来源

学校名称	经费来源			
	国家支持	学校支持	专业经费	几乎没有经费
沈阳体育学院	√	√	√	
沈阳师范大学				√
东北师范大学		√	√	
吉林体育学院	√	√	√	
辽宁师范大学			√	
东北大学		√		

三、高校冰雪运动发展的困境

(一)高校冰雪运动场地设施不完善

随着北京冬奥会的成功申办,全国各地都掀起了冰雪运动的热潮,尤其是东北地区,雪上运动更是成为一种时尚运动。① 高校作为冰雪运动发展的基础保障及重要因素,其场地设施不完善的原因主要有三方面:第一,近几年高校多数为了能够在招生中得到优势,新建教学楼、扩充绿色场地,导致运动场地被占据。第二,随着全球气温升高,冬季缩短,教学时长不能保证,从而影响了学生的学习效果。第三,冰雪场地的高投入和保养维修费用也使得硬件设施相对齐全的高校对冰雪课程开展的积极性并不高,没有达到一定的教学效果。从整体调查结果来看,发展冰雪运动亟待解决的问题仍然是场地设施的不足,而东北地区经济发展相对滞后,冰雪运动设施的完善还存在较大的阻碍。②

(二)高校冰雪运动师资力量薄弱

由于冰雪运动自身在教学过程中存在一定的难度和危险,高校冰雪运动教师不仅要有娴熟的运动技能,更要有对课堂中危险因素预判的能力。现阶段,高校教师不仅在质量上不能满足冰雪运动发展的需求,而且在数量上也远远不达标。师资力量薄弱的关键点在于竞技体育理念背景下高校在培养过程中并没有建立起完善的冰雪运动教师的培养体系,导致冰雪教师的运动技能和教学能力没有更好地融合,在很大程度上制约了冰雪运动的发展。③

(三)高校冰雪运动课堂教学模式不得当

冰雪运动教学要求冰雪教师对课堂有较高的掌控力,不仅要让学生学会运动技能,更要教会学生如何保护自己。因此,有效的课堂教学模式是教师需要深入思考的问题。现阶段冰雪运动教学模式与学生主体需求并不相符合,体现为以下几点。第一,教学忽略学生的主体感受,冰雪运动受气候条件、教学场地、学生认知等因素制约,因此教师对于教学不能运用单一的教学模式,应采用形式多样、内容丰富的教学手段提高学生的兴趣。第二,教学中保护帮助不到位,冰雪运动具有一定的危险性,学习一项新内容对学生来说是一项身心考验,保护若不完善、不及时都会让学生身心承受着一定的压力,导致学习兴趣降低,造成课堂的安全隐患。此外,多数高校的冰雪教师是由退役运动员和兼职教师担任,这在一定程度上制约了教学模式的优化,对未来冰雪运动的发展也将带

① 朱立斌,刘丽辉.东北地区高校冰雪运动推广的理性思考[J].冰雪运动,2015,37(3):42-45.
② 李金锁,张艳芳.以冬奥会为契机审视我国冰雪运动的发展现状[J].内蒙古师范大学学报(自然科学汉文版),2017,46(2):308-312.
③ 王紫娟.我国与世界冬季体育强国差距及发展路径选择研究[J].冰雪运动,2015,37(4):44-52,57.

来不利影响。

四、高校冰雪运动发展的优化对策

(一)在"三亿人参与冰雪运动"的背景下,合理规划场地设施

随着冰雪运动的发展和高校课程的增加,学生参与冰雪运动的机会越来越多,因此对场地设施的需求也呈现上升趋势。东北地区有地理优势,更要多角度地满足学生日益增长的运动需求。然而,从高校对冰雪运动场所的投入建设情况看,多数学校仅能满足日常教学所需,有的学校甚至连最基本的教学都满足不了。① 可见,学校应把解决场馆设施缺乏的问题作为发展冰雪运动的重中之重,利用陆续出台的冰雪运动相关政策,积极宣传校园冰雪运动文化,利用软实力的影响去改善学校资金缺乏的困境。

(二)教学目标的设置要从学生的主体性出发

冰雪运动是一项技术型项目,学校开展冰雪运动,难度系数较大,原因在于:一方面冰雪运动本身的技术难度大;另一方面学生的技术参差不齐,如很多南方学生,接触冰雪运动的机会较少,最基本的站立姿势都不会;然而有些北方学生从小就自学或者报班学过冰雪运动,已经可以在冰雪上快速滑行。② 对于这种情况,教师应该采取分层教学方法,将同一层次的学生分为一组,给每组学生设立不同的教学目标。这样做既不影响初学者的兴趣培养,也不影响有一定基础的学生继续进步。科学合理地编排课程是教师完成教学目标的关键,在分层教学过程中,教师要及时地获取不同层次的学生学习的反馈结果,针对结果做出调整,重新设立目标,让每个学生都在各自的学习区得到最好的发展,真正发挥教师的主导作用。

(三)严格规范日常教学,避免学生意外伤害

提高冰雪运动的教学效果,需要师生的相互配合。从学生的角度看,兴趣是最好的学习动力,只有对所学内容充满兴趣,才会在课堂中表现出积极的态度。严格规范日常教学,是避免意外伤害与保证课堂安全性的前提。在教学开始前,充分的准备活动可以减少意外伤害。例如,一些技术动作存在一定的危险性,教师要提前说明活动中会出现的情况,进行相应的安全教育,让学生学会有效的自我保护本领,预防意外伤害的同时,保证学生更顺利地学会动作。此外,通过模拟摔倒对学生进行保护教学,因为在冰雪运动中,摔倒是不可避免的,学生要懂得安全摔倒的方式方法。这些避免意外伤害的学习不是简单的一节课可以完成的,需要教师严格规范日常教学,在教学中渗透安全教育,增强安全意识,避免意外伤害。

---

① 姬雪朋. 2022 年北京冬奥会背景下我国冰雪运动的发展研究[J]. 辽宁体育科技,2018,40(2):13-15.
② 李尚滨,王沂,王淑华.冰雪运动的校园文化内涵及其对大学生冬季体育生活的影响[J].冰雪运动,2009,31(5):78-81.

(四)校园定期开展竞赛,积极推广冰雪运动

学校通过开展竞赛,可以巧妙地引导学生了解相关知识,体育竞赛时教学成果的呈现,对学生的心理品质和能力的提升有着重要的作用,而比赛的未知性和竞赛的突发性会锻炼学生处理问题的能力,让教师的教学成果与学生能力更好地进行融合。东北高校应积极举办冰雪运动的竞赛,向有运动赛事经验的学校和社会企业学习。按照赛事类型划分,竞赛可分为竞技型、趣味型和理论知识型,这样的竞赛方式既可以体现出冰雪运动专业性、娱乐性、普及性,也有助于选拔竞技人才、提高学生参与度。与此同时,竞赛是营造校园体育文化最好的契机,高校可以利用竞赛来宣传冰雪运动的理论知识和文化精神,积极推广冰雪运动,让更多的学生有机会了解和参与此项运动。此外,校园体育文化氛围需要学校的建设与推进,高校管理者要为师生创建良好的校园体育文化氛围,促进冰雪运动在良好的氛围中有序发展。

第三节　东北地区高校冰雪体育课程建设研究

一、东北地区高校冰雪体育课程建设的现状

(一)教学内容单一,缺乏明确的教学目标

对东北地区高校冰雪课程的现状进行调查,不难发现,教师在对学生进行教学时,往往只重视对实践经验及技巧的传授,而忽略了对相关理论的学习。同时教学时间较少,大多为16课时,这使得学生并没有充足的时间进行冰雪运动的学习,难以取得预期的教学效果。就教学目标而言,师生应通过一定时间的知识讲授和学习达到所渴望的结果和目标,如果教师没有明确的教学目标,就很难开展有针对性的课堂教学,导致冰雪课程流于形式,难以发挥其应有的积极作用。

(二)教材内容难以满足冰雪课程开展的需要

以应试教育为主的教学模式下,无论是学校、教师还是家长,都更加重视考试分数,而忽视了对学生其他能力的培养,尽管学生能在考试中获得优异的成绩,却无法在日益激烈的竞争中拥有更多的优势。人们对体育运动缺乏足够的重视,使得教材的质量和数量很难适应冰雪课程的需要。如果高校教师编制教材的能力较低,教材内容比较陈旧,就会严重阻碍冰雪运动的进一步发展。

(三)缺乏足够的教学场地,存在一定安全隐患

教学场地是冰雪课程的一个不可或缺的因素,其在很大程度上决定了教学的质量。

目前大多高校为了解决场地不足的问题,选择到校外的滑雪场、滑冰场进行教学,虽然这在一定程度上缓解了场地紧缺对教学带来的不利影响,但不可否认的是,校外滑雪场、滑冰场的质量有时难以满足教学的需要,更为严重的是,它还存在一系列的安全隐患,给学生的身心健康带来较大的危险。

(四)缺乏专业的教师

教师始终奋斗在教育的第一线,只有他们才真正知晓冰雪运动的重要意义,从而在教学实践中切实推进冰雪课程建设。然而很多高校由于受经济、观念等因素的制约,缺乏专业的冰雪人才来开展冰雪课程,从而使冰雪课程教学流于形式。人才因素已经成为阻碍高校冰雪课程开展的一个重要问题,我们必须采取行之有效的措施加以解决。

二、东北地区高校开展冰雪课程的重要意义

(一)提高学生的身体健康素质,避免心理问题的产生

快节奏的生活在给人们带来便利的同时,也产生了很多的负面影响,心理问题便是其中之一。相关研究证明,人们在经过体育锻炼后会真正释放自己的压力,从而以更加旺盛的斗志来面对学习与生活。学生参加冰雪运动,一方面有利于提高他们的身体健康水平,能够以强健的体魄来面对困难与挑战,另一方面有利于缓解他们的心理压力,减少心理问题对学生的不利影响。

(二)提高班级的凝聚力,创造良好的学习环境

冰雪运动既包括个人项目也包括团体项目,通过开展一系列的团体冰雪活动,一方面有助于学生加深对彼此的了解,从而为学习创造良好的外部环境,另一方面有助于学生认识到团结协作的重要意义,提升他们的团队合作能力,从而在未来的工作与生活中能够更好地实现自己的人生目标。

(三)形成独具特色的课程体系

冰雪课程作为东北地区高校所特有的教学内容,其在东北地区高校中被加以推广后有利于最大限度地利用冰雪资源,形成极具东北地区高校特色的课程体系,进而提升东北地区各高校的竞争力,使他们在未来的竞争中具有更大的优势。

三、东北地区高校冰雪课程发展对策

(一)加大人才培养力度,建设专业的人才队伍

现在的国际竞争本质上是人才和技术的竞争,因此相关高校不仅要发挥其在人才培

养中的重要作用,对专业课程设置、教学内容、教学手段等进行革新,从而为冰雪课程的开展输送源源不断的人才;还应当对现有的体育教师进行培训,使他们能够掌握更加丰富的有关冰雪运动的知识,从而为学生提供更加科学的指导。教育部门要对各高校的冰雪课程开设情况进行指导和监督,确保冰雪课程建设落到实处,真正发挥其提高学生身体健康素质的重要作用。此外高校教师在冰雪课程的实际教学过程中,必须对教学内容、教学手段加以革新,使冰雪课程既具有时效性,又不失趣味性,使更多的学生参与到冰雪课程中来。更为重要的是教师要对课堂的安全性给予高度重视,在课程开始前对场地、设备等进行严格的检查,消除一切危险因素,避免意外情况对学生的身体健康造成伤害。

(二)加大资金支持,确保场地设备等满足实际的需要

有关部门应从冰雪课程的实际情况出发,设立专门的基金,并由专门的管理人员负责,确保专款专用。至于基金的来源,则需要依靠财政、企业、校友资助等。同时对资金的管理人员进行严格的监督,并对其履职情况进行密切的观察,避免以权谋私等现象的发生。唯有这样,才能使东北地区各高校特别是经济欠发达地区高校的场地、设备等外部条件满足冰雪课程开展的需要。除此之外,高校要加强与企业之间的沟通与交流,有选择地与企业进行合作,既有利于学生将学到的理论知识与实践相结合,更好地适应未来的工作;也有利于学校吸收更多的社会资金,将资金对于冰雪课程的影响降到最低。

(三)加强宣传,形成良好的社会氛围

有关部门要发挥其主导作用,开展一系列的宣传活动,从而形成良好的社会氛围,为冰雪课程的开展创造良好的外部环境。学校及教师要适应时代发展的潮流,切实推动冰雪课程的建设。学生应以高度的热情参与冰雪课程,真正领略冰雪运动的魅力所在。

(四)吸收其他国家的优秀经验,提高冰雪课程的竞争力

我国东北地区高校冰雪课程建设已经取得了一定的成效,但不可否认的是,其仍然存在着一些问题,阻碍着冰雪运动的繁荣发展。为了缩小与其他国家的差距,我们应该在吸收其他国家有关优秀经验的基础上,对东北地区现有的冰雪课程进行改革,从而切实提高冰雪课程的竞争力,使更多的学生乐于参与冰雪运动。

冰雪运动作为体育运动的重要一环,其对于学生的全面发展具有重要的作用,为了提高冰雪运动在东北地区高校中的推广程度,我们必须提出具有针对性的解决方案,调动一切积极的因素,使更多的人领略到冰雪运动的魅力。

第四节　东北地区少数民族传统冰雪运动项目
进入高校课堂的可行性研究

东北地区少数民族传统冰雪体育是指东北地区少数民族开发的具有浓厚本民族文化色彩和特征的冰雪体育运动,它展示了民族文化的纵向传承关系和横向融合关系,是本民族的一种教育手段。在华夏五千年文明发展史上,东北地区少数民族由于地理环境、风俗习惯和生活方式的不同,根据生产需要发展出了以狩猎、捕鱼、采集等为主要内容,多姿多彩的具有浓厚的东北少数民族风格和独具地方特色的传统冰雪体育项目,如满族的滑冰、滑雪、雪地走、雪地摔跤、雪地射箭、雪地爬犁、打冰爬犁、抽冰尜、雪地足球等,这些冰雪运动的形式纷繁多样,内容缤纷多彩,趣味醇厚,简便易行,具有独特的民族艺术风情。不仅培育了人们坚强的意志和勇敢向上的精神,而且为中国乃至世界冰雪运动做出了显著的贡献。所传承的滑雪、滑冰项目也成了速度与力量的象征和强者的表现,向世界展示了人类独特的运动之美,在历史发展进程中发挥出强身健体和高尚娱乐及技击对抗的重要作用,充分展示了东北地区少数民族传统冰雪体育文化枝繁叶茂,具有强大生命力的特点。

一、东北地区少数民族传统冰雪体育项目在高校课堂传承的必要性

目前我国高校体育教学改革正不断深化,其中体育课程的改革日益成为改革的重点。从 21 世纪知识经济社会及其发展的视角出发,以现代教育思想、观念的理论研究为基本方法,可以看到当前高校体育教学主要是现代各种竞技体育的单一教学模式主导着高校的体育教学活动,因此导致高校体育教学内容进入单一性误区。东北地区少数民族冰雪体育项目形式多种多样,内容多姿多彩,使高校体育不拘一格、丰富多变,迎合了高校大学生活泼好胜、进取向上的特点和师生的身心、情感、愿望的需求,能够丰富学生的校园文化生活,陶冶身心,改善生活质量,提升全面素质。所以,把高校体育与东北地区少数民族传统冰雪体育相融合是高校体育教学改革发展的需要,是建立具有中国特色的高校体育教学新体系的历史必然。

二、东北地区少数民族传统冰雪体育项目在高校课堂的可行性

高校作为科学文化教育的主要阵地,使得传承东北地区少数民族传统冰雪体育文化颇具可行性。第一,东北地区少数民族传统冰雪体育文化融合了民族文化精粹,具有可传承性,形成了高度综合的文化样态。把东北地区少数民族传统冰雪体育项目融入高校体育教学课程,能够传承东北地区少数民族冰雪体育文化,使学生的体育教育和健康教育与优质的体育文化相得益彰,完成高校体育的育人功能。第二,能够改善单调呆板的

传统体育课堂教学内容。东北地区少数民族冰雪体育项目的多样性,决定了在体育课中开展这些项目可以丰富高校体育课的教学内容,增加学生选修课种类,促进学生强健体魄,培养学生人文内涵,促进学生全面发展。第三,能够培育学生的终身体育意识。学校体育是基础教育、素质教育、终身体育的重要组成部分,东北地区少数民族传统冰雪体育项目纷繁多样,易于练习、推广和普及,能够适应各种性格、不同体质学生的需要,学生可按照自己的爱好和运动方式、运动强度等方面任选适合自身特点的运动项目,从而使学生掌握适合终身锻炼的技能,使其在今后工作、生活中乃至退休养老时都能够进行体育锻炼,进一步实现学校体育与终身体育目标的融合。

第四章　社区冰雪运动传承与发展

第一节　社区冰雪运动概述

一、什么是社区体育

(一)社区体育的含义

关于社区体育的概念,专家学者和实际工作者先后有过多种表述,随着社区体育活动的开展,人们对它的认识也在逐步加深。目前,社区体育对于现阶段的中国来说,更多的是在城市的语境下所使用的概念,农村社区体育相对于城市来说,由于其资源和认识有限,发展比较慢,其研究力量也略显不足。卢元镇对社区体育的定义是从城市的角度来界定的。他认为,城市社区体育主要指在人们共同生活的一定区域内,以辖区的自然环境和体育设施为物质基础,以全体社区成员为主体,以满足社区成员的体育需求,增进社区成员的身心健康,就近就地开展的区域性的社会体育。

社区体育的这一界定体现了三层意思:一是提出了社区体育的范围和参与的主体;二是指出了社区体育的主要目的;三是指出了社区体育的性质。在农村,社区体育是以乡镇、自然村、自然居住的生活环境和体育设施为物质基础的。在分析社区体育概念时,还需要进一步明确社区的界限。国内理论界对社区与社区体育在具体界限的认识上不尽相同,一部分观点认为应该以整个城市的范围作为一个社区;有的学者认为应根据实际工作和研究的需要,操作性地确定社区体育的界限;还有一部分观点认为应该以居民住宅小区作为城市社区体育中社区的界限。学者们大体认同社区体育是发生在一定区域内的社会现象。本章中社区体育中所谈及的社区,是以人们共同生活的一定区域为基础的。

在我国,社区体育有两个含义:一是社区范围内进行的体育活动,包括在本社区工作、学习但不在该社区居住的人口以及由本社区居民自发组织的体育活动;二是社区组织的各种娱乐活动。由于城市规模的持续扩大,家用轿车的普及,人们的活动空间不断加大,人们的活动范围不一定局限在本社区,社区体育的概念将发生一些微小的变化:社区体育将由在社区范围内开展的健身活动,发展成由社区组织的各种体育娱乐活动,如社区间的竞赛活动、社区组织的体育旅游活动都将成为社区体育的组成部分。

从社区体育与社会体育、社区服务、群众性体育运动的联系中，可以进一步把握社区体育的内涵。社区体育不同于社会体育，但两者又有联系。从社区体育与社会体育的关系上看，社区体育是社会体育的重要组成部分，是社会体育在社区领域里的延伸。社区体育是我国社会体育发展中一个新兴的、非常活跃的活动形式，它打破了行业系统等纵向关系，建立起了新的社会体育横向联系，创造了社会体育的新模式。从某种程度上说，社区体育是社会体育的最佳组织形式。社区体育是全民健身运动的具体体现，是国家社会体育的组成部分。社区体育与社区服务紧密相连。从我国社区服务内容上来讲，社区体育属于社区文体服务这一序列，包括社区体育设施的设置、社区体育活动的开展、社区体育教育的实施、社区与社区之间的体育活动、体育赛事的举办、国家体育大事的参与、地区体育事业发展的响应等内容。过去，我国主要依靠政府通过行政来发展体育。随着体育产业化的推行，政府体育主管部门将具体操作改变为宏观管理，实现竞技体育职业化，社会体育、公共体育商业化，体育逐步由政府办体育转为社会办体育，社区的体育服务也体现了这一转型。

（二）社区体育构成要素、层次和类型

1. 社区体育的构成要素

社区体育作为一个完整的系统，由一系列要素构成，包括：①社区成员；②为保证社区体育正常开展而建立的体育组织；③必要的场地设施；④一定数量的社会体育指导员；⑤各种具体的体育活动；⑥一定的经费保证。

2. 社区体育的层次和类型

社区体育不同于社会体育中纯粹的商业体育、休闲体育，也不同于竞技体育、职业体育（如足球俱乐部），而是带有公益性和商业性、两重性、多层次、多类型的群众体育。

社区体育的层次和类型，按专业水平的不同要求划分如下：

（1）专业体育。专业体育是竞技体育和职业体育在社区体育中的体现。例如，社区内举办的各类少儿体育培训班，不仅丰富了少年儿童的课余生活，为中小学减负、加强素质教育提供了社会环境，而且对教练的要求较高，承担着国家和社会竞技体育、职业体育启蒙和输送人才的功能，社区内的体育协会（如足球协会、武术协会等）是社会体育的基础和延伸，属于专业体育范畴。

（2）健身体育。健身体育是以锻炼身体、增强体质为目的的社区体育，它不像专业体育那样追求技术水平的提高、要求动作规范。健身体育种类繁多，每个人都有自己的一套方法，不求一致，社区体育要为健身体育提供条件，如近年来许多社区都装上了露天群众健身器材，供居民闲时锻炼身体之用；社区组织老年人晨练太极拳、木兰拳、舞扇等，水平高不高好不好看是其次的，重要的是实现了大众参与、强身健体。

（3）休闲娱乐体育。休闲娱乐体育是满足社区居民休闲娱乐需要的社会体育服务。

休闲娱乐体育一般是要收费的,其种类繁多,许多体育活动及其变异均可用于休闲娱乐之用,常见的如台球、棋牌、乒乓球、舞蹈等,休闲娱乐体育很普及,参与的面很大,在社区发展将相对多一些。

(4)民间体育。民间体育是社区内居民自己创造的体育项目,其特点是体育项目内容丰富,参与的人很多,不需要复杂的器材等,灵活方便。

(5)体育配套。体育配套是指为体育服务的配套服务,如设施、器材等,是社区体育在硬件方面的准备。

二、社区冰雪运动

(一)社区冰雪运动定义

社区冰雪运动是社区体育的一种,社区体育属于区域性的体育运动,是在社区这一特定的区域内从事的体育运动,社区体育的主体是整个社区内的成员,开展社区体育运动所依赖的物质条件是社区内的基础体育设施和社区内部的天然环境以及社区所在的地理空间。社区冰雪运动是在社区这个特定的区域范围内从事的、以满足社区成员运动需求为目的的、以社区内部的基础体育设施和天然环境以及所在的地理空间为依托的社区体育运动。

(二)冰雪运动的内容

冰雪运动多种多样,包括滑雪、滑冰、雪橇、冰上溜石、冰球等冰雪竞技项目和冰橇、雪地足球、雪地摩托、溜冰等冰雪娱乐项目。滑雪、滑冰、雪橇是比较常见的也是比较受人们欢迎的冰雪运动项目,可重点开展。各个社区可以根据社区本身的特点和所在的地理位置开展适合的冰雪运动项目。条件允许的社区还可以建室内冰雪运动场所。社区应调查社区成员的喜好,根据社区成员的需求开展相应的冰雪活动。

(三)社区冰雪运动的组织管理

社区冰雪运动的组织和管理应该由社区内部自行管理。社区内部可以成立社区冰雪运动协会、街道冰雪运动协会。各组织内部要建立相应的管理制度和工作制度,管理好社区内部的冰雪活动,积极带动社区成员参加户外冰雪活动,组织好多种多样的社区冰雪活动。利用好社区内部的地理空间和自然环境,建立一些室外滑雪道和雪橇道。社区内开展的冰雪活动要有相应的指导人员负责,有效地指导和管理社区冰雪运动,提高社区冰雪活动的质量。

第二节　我国社区冰雪运动发展的现状与对策

一、我国社区冰雪运动发展的现状

(一)部分地区冰雪运动发展状况良好

随着我国经济的不断发展以及人民生活水平的不断提高,人们参加冬季冰雪运动的热情越来越高涨。为了满足人们冬季户外运动的需求,我国北方许多城市都相继开展了冬季冰雪活动。我国北方冬季比较寒冷而漫长,冰雪运动是北方冬季的特色,既能使人们强身健体,又能娱乐身心、陶冶情操。尤其是我国东北地区社区冰雪运动开展得较好,东北地区利用当地得天独厚的气候条件,建设了多种多样的冰雪运动设施,提供配套的餐饮、休闲娱乐等服务。东北地区的社区为社区成员提供了多种多样的冰雪活动项目并组织社区成员积极参加各种冰雪运动,有些社区还修建了室内冰雪运动场所,方便社会成员进行冰雪运动。在冰雪运动环境建设、冰雪运动设施的维护、冰雪资源的保护、冰雪运动的组织和管理方面都做了大量的工作取得了突出的进展。[①]

(二)我国社区冰雪运动发展存在的问题

尽管我国体育发展迅速,但是我国仍然处于社会主义初级阶段,许多地区冬季冰雪运动项目的发展还存在许多困难和问题,包括社区冰雪运动的参与范围比较小,许多地区对冬季冰雪运动并不重视,群众的健身意识不够强,冬季健身的人数很少,社区的体育设施不足,缺乏体育运动指导人员,社区的体育运动的管理机制不健全,体育运动经费不足。城市人口不断增长,社区内部的运动场所有限,以至于用于开展冰雪运动的空间就更为狭小,制约了社区冬季冰雪运动的开展。

冬季体育运动项目具有广阔的市场前景和巨大的开发潜力,但是冬季运动项目产业缺乏大量的专业的体育人才,而社区更是缺少专业体育人才,缺乏社区冰雪运动的经营者、组织者和体育指导人员,缺乏冰雪运动器材的维护人员,这些问题都严重阻碍了社区冰雪运动的开展。

二、促进我国社区冰雪运动发展策略研究

(一)扩大群众的参与范围

加大社区冰雪运动的宣传提高人们参加社区冰雪运动的意识,让人们广泛地了解冬

---

① 武俸羽. 如何开展社区冰雪运动　促进我市冬季群众体育发展[J]. 黑龙江科技信息,2016(7):102.

季冰雪运动的价值,调动广大人民群众参与社区冰雪活动的热情,提高社区成员参加社区冰雪运动的主动性和自觉性。社区冰雪运动是建立在广大的社区成员的基础上的,社区不仅应重视大多数年轻力壮的成员,还应该兼顾社区中的弱势群体和中老年人群,为他们组织适合的冰雪活动,开展一些休闲的、健身的冰雪活动项目。冬季社区冰雪运动是惠及广大人民群众的活动,应该使每一个社区成员感受到冬季冰雪运动带来的乐趣和益处,使广大社区成员在冰雪运动中强身健体、娱乐身心,促进冬季体育运动项目的发展。

(二)加强合作开展竞技冰雪运动

社区之间以及社区与学校、政府、志愿者组织之间,体育指导人员培训基地可以开展广泛的合作,扩大社区冰雪运动的规模,扩大社区冰雪运动的影响力。社区之间也可以合作开展竞技冰雪运动。以社区为单位开展竞技冰雪运动,可以增加社区冰雪运动的趣味性,提高号召力,优异的冰雪运动比赛成绩会提高社区成员的集体荣誉感,激起广大社区成员参加社区冰雪运动的热情。社区与各个组织之间可以开展合作,开发多种多样的冰雪运动新项目,根据社区成员的年龄、职业健康状况开发出适合各种社区成员的冰雪运动项目,丰富冬季社区冰雪运动的形式推动社区冰雪运动的持续、健康发展。

(三)加强社区体育专业人才的培养

社区体育活动的开展离不开体育专业人才的指导,要提高社区体育指导人员的专业水平,提高体育指导人员的专业技能和专业素质。社区应经常对体育指导人员进行培训,提供高等培训的机会,锻炼体育指导人员的能力,培养技能型的体育指导人员。体育指导人员自身要具有强烈的创新意识和创新理念,创新社区冰雪活动的内容,丰富冰雪活动的项目,使社区成员体会到冰雪运动的益处,彻底融入社区冰雪活动。社区应积极引进能力高的体育指导人员,打造一支专业技能高、服务意识强的冰雪运动指导者、管理者、服务者,能切实地指导社区成员更好地从事冰雪运动。

第三节　民族传统冰雪运动与城市社区
冬季健身模式契合发展研究

一、新时代我国城市社区冬季健身模式发展特征与现实困境

(一)发展特征

北京市在 2004 年率先提出了"体育生活化社区建设"的新理念。[①] 这符合社区居民

---

① 李波,王麟,梁陈,等. 共生理论视域下民族传统冰雪运动与城市社区冬季健身模式契合发展研究[J]. 成人教育,2020,40(12):35-38.

追求高品质的、健康的生活方式的愿望。社区体育集聚了多方面的体育资源,集合了不同阶层、不同职业、不同年龄的人群,拥有独特的社会发展需求,体现了新的社会团体构成。社区冬季冰雪体育运动的开展重在培养和加强人民群众的参与意识。制约社区冰雪运动发展的因素很多,体育指导员的缺乏就是重要因素之一,这将影响社区冰雪运动的开展和开发,影响人们对社区冰雪运动各方面的了解与参与。

1. 转换社区职能

随着社会发展,体育运动的承办单位正逐渐由原来的企业、事业单位转向社区。随着人文环境的改善,人们日益追求更高品质的生活,渴望得到更多、更广的体育运动知识,随着冰雪运动热的到来,社区冰雪运动的开展和开发有了新的方向,社区教育的作用越来越显现出来。

2. 优化社区协调关系

社区的功能逐渐完善,承载着人口、区域、环境、经济、文化等社会关系的协调功能,社区所承担的作用越来越全面。随着经济社会的发展,更多的劳动力被解放出来,人员的流动性更大,不再局限于企、事业单位,而是成了自由职业者。为方便管理,政府赋予了社区越来越多的职能,社区对于居民的生活环境优化及居民素质优化起到了推动作用。民族传统冰雪运动的社区传播,也为冰雪运动大众化的开展起到了助推的作用。

3. 社区开展冰雪运动的定位

以社区为单位,意味着居民的生活范围及活动半径是在一定的区域内的,且距离适宜,交通便利,便于居民活动与健身。随着人们生活水平的提高,人们对于现代化高品质生活的追求逐渐提高,社区为丰富人们闲暇时间体育健身活动的内容,满足人们追求更高层次的生活方式的意愿,满足广大人民群众对冬季体育运动的需求做了大量的工作。例如,结合时代特点,提高不同层次人群的生活质量,合理开发冰雪资源,以不同的模式、形式动员社区居民参与运动,在扩大社区职能的同时,兼顾居民需求与冰雪运动发展的规模要求,整体提升社区冰雪运动的号召力和普及程度。

(二)现实困境

1. 人文素质与受教育水平

冰雪运动的发展受自然环境、地域特点及社会因素的影响。居民的年龄、经济收入、工作性质也是影响其参与冰雪运动的显著因素。社区冰雪运动的发展在一定程度上拓宽了发展思路,但是冰雪运动普及的途径与方式有待改进,居民对于冰雪运动的认知相对来说较少,这与居民受教育程度有直接联系,与社会阶层、家庭收入、个人的周工作时间等因素也息息相关。[①] 各地经济的差异,以及地区之间缺乏联手与资源共享,导致区域

---

① 李骁天,邢晓燕. 社会分层视角下中国城市社区居民体育锻炼行为分析——基于 CGSS 数据的实证研究[J].北京体育大学学报,2014,37(9):17-25,32.

合作很难进行,冰雪运动的开展在基层很难实现。合作不畅、各自发展是目前制约冰雪运动大众化发展的瓶颈,严重影响了冰雪运动大众化发展的进程与规模。[①]

2. 缺乏专业指导

社区居民需要冰雪运动指导员给予正确、科学的指导,从而减少运动意外损伤,以科学、正确的方式参与冰雪运动,才能体会到其中的乐趣。冰雪运动从业人员的专业性成为不可或缺的资源。从管理人员到健身指导人员,都肩负着对冰雪运动知识进行传播、传递的使命,应打造更专业的从业人员团队,提高从业人员的各项素质,助力冰雪运动的社区开展顺利进行。

3. 设施安全与维护

公共体育健身器械缺乏维护与管理,这也是不争的事实,在各个社区都存在这样的问题,只是居民的素质不同,器械的损坏程度有所不同。设施的完全性与完整性是保障居民健身安全的基础,冰雪运动是一项危险系数较高的体育运动,消除一切安全隐患是更好地开展冰雪运动的前提。必须有效、合理、负责地保障运动设施的安全运转,才能保证冰雪运动的完美传播与传承。

二、民族传统冰雪运动在社区冬季体育发展中的作用

(一)丰富冬季体育活动形式

冰雪运动渗透到城市社区的生活中,融入居民的生活娱乐,成为满足人们衣、食、住、行基本生活保障之外的另一种可利用的空间资源,经过探索、研究、实践,逐步得到了完善。在北京冬奥会成功申办后,以社区为单位的活动群体迅速形成,集合社区居民走上冰场、雪道参与冰雪活动,通过实际行动来诠释冰雪运动的魅力。因地制宜选取场地,鼓励社区合理利用现有冰雪资源,通过举办各种与冰雪运动相关的活动、竞赛、知识培训等形式,营造浓厚的冰雪运动文化氛围,使居民在社区这个大家庭获得幸福感。体育运动的魅力在于能集结有识之士,享受体育魅力,同时体现了体育强大的凝聚力,冬奥会之后的残冬奥会,同样促进了另一群体的冰雪运动的开展。社区在推动冰雪运动发展的同时,也要加强无障碍设施的建设与完善,重视残疾人冰雪运动的开展,让残疾人感受到冰雪运动的乐趣、社会的认同、民众的支持,享受冰雪运动的独特魅力。推动残健融合,为残疾人更好地融入社会生活、享受平等创造有利条件,保障残疾人的合法权益。

(二)增加冬季体育活动内容

每到冬季来临,在自然条件允许的情况下,人们纷纷走到户外,参与各种各样喜爱的冰雪运动,青年人朝气蓬勃的年龄特点造就了他们喜欢从事刺激性、惊险性、竞技性的冰

---

① 赵萌. 黑龙江省冰上群众体育项目发展优势与产业发展制约因素分析[J]. 冰雪运动,2016,38(1):21-24.

雪运动项目;年龄小的少年儿童则进行一些难度小、趣味性强的冰雪运动;老年人则在身体允许的情况下进行抽冰猴、冰上垂钓等低强度冰雪活动,达到锻炼身体的目的。没有自然冰雪条件支持的地区,可以利用高科技手段,发挥人造冰、人造雪的作用,为无雪区开展冰雪运动创造机遇,也推动了模拟冰雪运动的开展。

(三)提升冬季体育文化品质

以社区为单位,结合气候特点、地理优势、民族民俗特色,合力打造品牌社区冰雪活动,开展冰雪嘉年华、大众冰雪运动竞赛、冰雪运动知识讲座及冰雪运动高科技体验等形式的活动,借助实体的力量完成冰雪运动的筹划与推广工作,推广适合民众参与的运动形式,使居民冬季健身模式多样化,达到全民健身的目的,形成本地区或本社区独一无二的运动品牌、优势品牌,形成特色的冰雪旅游资源。在冬奥会这一契机的引领下,倡导对全民健康意识的培养,大力发展冰雪运动,拓展冰雪运动文化内涵,把"弘扬冬奥精神,普及冬奥知识"作为传播冰雪运动的主题,将体育文化内涵融入冰雪运动,激发居民的参与热情,使居民能够认识冰雪运动、参与冰雪运动、欣赏冰雪运动、创新冰雪运动。以冰雪文化推进社区体育文化的改善与提升,辐射周边,带动更多的居民体验冰雪运动、助力冬奥,打造形象名片。

(四)发展冰雪运动技能,加大社区居民培训力度

《2018中国冰雪产业白皮书》显示出我国参与冰雪运动的人口数量正在逐年递增,但存在着相当大比例的一次性冰雪体验者,他们缺乏冰雪运动技能,只是以体验为目的,还没有成为真正意义上的冰雪运动爱好者。所以普及冰雪运动技能,提高冰雪运动的参与质量,能够更好地发展冰雪运动。社区承载培训、普及冰雪运动的职能。

三、民族传统冰雪运动与社区冬季体育发展共生的可行性

(一)特定的地域性

民族传统冰雪运动一般出现在东北或西北寒冷、雪期较长的少数民族地区,我国北方地区聚居着很多的少数民族,冰雪运动的开展具有地域性、民俗性的特征。利用社区这一平台,促进民族传统冰雪运动的开展,形成特殊的冰雪文化,逐渐演变其功能,形成具有地域性的民俗冰雪运动品牌。

(二)民族传统冰雪运动的传承与社区发展

民族传统冰雪运动的发展起源于原始生存的需要,发展于社会的进步和人们的智慧结晶,创新于经济的发展与科技的进步,传承于对古代文明的继承与发扬。在演变发展过程中逐渐褪去其生存的功能,向健身、娱乐的方向发展。发挥社区的作用,演变部分民族特色冰雪项目的形式与功能,对于宣传民族的生活特点、民俗习俗,弘扬民族文化,有

很好的推动作用。打造民族特色冰雪运动,传承民族传统项目,体现了我国多民族传统冰雪运动文化的多样性、民族性、民俗性和历史性,使其成为非物质文化遗产,具有深远的意义。

四、民族传统冰雪运动与社区冬季体育发展共生的契合要素

(一)社区居民认同要素

欲使冰雪运动进社区,需要转变人们的思维观念。任何一种活动的开展都需要经历一个相互适应的过程,能够满足居民的生活、健康、娱乐、健身的需求,并且能够得到居民的认同。提升社区工作者的职业意识和专业技能,完善社区的功能建设,有助于实现人们的互动、交往与社区资源的完美融合,给居民带来心理安全感。马斯洛需求层次理论指出,"安全需求"是对个体的生存影响最重要的层次。社区安全感会令居民对社区更有认同感。

(二)场地设施器材适应要素

合理利用社会各方的力量来改善社区场地与器材等条件,政府与相关企业起着至关重要的作用。根据各取所需的利益分配、互惠互利的原则,制定合理的联合方案,满足居民参与冬季运动的愿望与诉求。社区可以依托与冰雪俱乐部合作、借助学校的场地等方式,开展冰雪运动的各种活动,根据具体情况确定活动的规则与方式。管理人员发挥监管的职责和作用,保障冰雪运动配套设施的良好运转,制定严格的规章制度,使得冰雪运动的管理有法可依,有法必依。

(三)满足社区不同居民需求要素

社区居民的年龄跨度大,社区应针对不同的年龄段,组织相应的娱乐性、趣味性、竞赛性的比赛活动,满足不同职业、学历、经济状况人群的健身需要,办好娱乐性、趣味性的家庭冰雪活动,满足各种年龄段人群的需求,使他们通过参与活动促进家庭和睦。加强系统性大众冰雪运动竞赛的联赛制度建设,使其成为品牌赛事,并且不断地完善赛制与规则,以吸引更多的民众参与其中。

(四)社区居民冰雪体育继续教育要素

以社区为单位举办冰雪运动是文化传播的过程,同时也是社区居民冰雪运动的普及与继续教育的过程。借助冬奥会的有利契机,大力普及冰雪运动的相关知识,达到普及大众的目的,弘扬民族传统冰雪运动文化。社区教育服务打破了肤浅、陈旧的居民认识与观念,教育的社会属性会越来越多地融入社区治理职能,潜移默化地促进社会的整体进步,满足居民继续教育的需求。

五、民族传统冰雪运动与城市社区冬季体育契合发展对策

(一)加大宣传力度

宣传的目的是让人们广泛了解、认识、参与冰雪运动,要充分发挥现代化通信、媒体的优势,开展立体、全方位的宣传,让冰雪文化活动成为既"接地气"又"有人气"的社区冬季体育活动。邀请冰雪运动专业人士进行冰雪知识与技能的普及,消除人们对于冰雪运动危险的恐惧心理,正确理解冰雪运动的活动原理与健身功效,充当好冰雪活动使者的角色,发挥冰雪文化宣传引领作用。

(二)完善社区独特的冰雪文化体系

由于冰雪运动文化具有强烈的地域性特点,在广泛开展过程中很难被复制,尤其是具有民族特点的地区,形成了独一无二的冰雪运动文化民俗,有利于这一民族冰雪运动的发展与传承,作为城市特有的运动项目,较易创造出独特的品牌效应。[1] 社区可以利用现有特色资源进行冰雪产业开发,形成独特的冰雪文化体系,传递历史、进步、奉献、友善的特性,促使更多的民众参与到冰雪运动中。

(三)全民健身与全民健康融合

实现全民健身与全民健康融合是发展社区体育的目标。全民参与,全员共建,深刻认识全民健康的重要性,合理有效地利用运动技术相通的原理,合理利用社区闲置的空地,探索全民健康发展的途径,体现融合的功能与效果。配合专业指导,科学有效地推广健身方式与方法,增强人们的健康意识,使健身上升为健康的大范畴。

(四)促进和谐社区建设和社区体育多元化发展

第一,充分发挥社区冰雪运动多元化的功能,发挥民族传统冰雪运动的魅力,建立和完善各种活动内容,逐步达到社区居民冰雪运动参与社会化。在社会环境下,人的社会分工不同,所处的社会地位不同,在社区冰雪运动的各项活动中,也会给人们带来不一样的社会资源。第二,发挥社区的组织功能,融合冰雪运动的特点,体现人与人之间的友好、信任、和谐、沟通的良好人际关系,实现社区冰雪运动健身活动的多元化与交流化功能,促进城市社区冰雪运动持续发展。

---

[1] 王清海. 冰雪文化的发展演变[N]. 哈尔滨日报,2010-01-19(7).

第四节 民族传统冰雪运动在社区中的传承与创新

一、尝试建立以城镇街道办事处为中心的联动型模式

以城镇街道办事处为中心的联动型模式的内涵为:街道作为辖行政区域的社区体育组织者、实施者、监督者、协调者,以社区体育服务及社区体育文化为着眼点进行的各种体育休闲、体育文化、体育活动性社区体育俱乐部。总结北京、上海、江苏和成都等城市的社区体育组织管理经验,展望哈尔滨市社区冰雪运动,对组织管理提出如下建议:街道办事处相关职能科室按行政方式布置、检查社区冰雪运动体育工作。各组织机构包括在社区内以企事业单位组成的地区冰雪运动协会、街道社区冰雪运动协会,由某条街为区域范围组成的冰雪运动一条街或自发性社区冰雪运动组织。各组织机构建立健全工作制度,加强管理人员队伍建设,提高社会体育指导人员素质,促进群众冰雪运动蓬勃开展。社区冰雪运动主要活动场所可以是企事业单位运动场地、公园、公共空地等。

二、建立依托高校或中小学进行的体育活动型模式

此类体育活动型模式的内涵为:驻地高校和中小学校作为区域性社区体育的组织者、协调者,利用自身办学资源和优势进行校外活动。现在北方大、中、小学校普遍开设了冰上课,但广大学校的冰雪运动场地设施对外开放率却很低。建议以高校和中小学为主体组织本校或社区内的高校、中小学的学生参加各种形式的冰雪运动,并向社区居民开放校内冰雪运动活动设施,在学校放假期间充分利用学校的冰雪运动设施开展相关冰雪文化活动。这种模式对促进社区冰雪运动的发展,解决社区冰雪运动活动设施匮乏的问题有重要作用。这种模式可以为社区培养大量的冰雪运动指导员,提高社区冰雪运动质量,促使学校体育更好地走向社会。

三、建立以社区为边界的冰雪场馆规划模式

北方冰雪运动体育场地设施匮乏是制约社区冰雪运动发展的因素。在开展群众性体育活动经费不足的情况下,应把冰雪体育场馆设施建设纳入北方城市社区建设整体规划之中,使冰雪体育场馆同社区文化、娱乐、休闲、生活设施结合起来,达到"发展体育事业,弘扬先进文化,促进社会和谐"的目的。

第五章　冰雪旅游、节庆与
冰雪运动传承与发展

第一节　冰雪旅游概述

一、冰雪旅游景观

冰雪是高寒地区或寒冷季节才能见到的气象景观。我国江南只有在冬季寒潮来临之际才可能降雪。冰雪旅游有"白色旅游"之称，断桥残雪就是西湖胜景之一。而素有"冰城"之称的哈尔滨，每年冰雪节都会举行大型的冰雕、冰灯和雪雕展出活动。

(一)冰雪文化

冰雪景观是冰雪文化的重要组成部分，是寒冷地区人与自然对话和沟通的形式，并伴随着寒冷地区人们的生产和生活发展而来。[①] 虽然冰雪景观是一个相对较新的艺术门类，但我国冰雪文化发展历史悠久。

中华民族在两江流域的肥沃平原繁衍生息，而冰雪文化则是发源于中华文明的北方之地，作为中华民族大家庭重要成员的北方少数民族，因气候与地理环境的影响，形成了各种不同形式的冰雪文化形式，如赫哲族的滑雪和打爬犁、鄂伦春族的滑雪和皮爬犁、鄂温克族的滑雪和赛爬犁、朝鲜族的坐雪爬犁等。这些形式多样的冰雪文化，发展成为上述少数民族中传统冰雪运动、地域文化和独特风景。

冰雪景观是当代冰雪文化的主要形式之一，在世界范围内形成了以中国哈尔滨、日本札幌、加拿大魁北克和北欧挪威等为主的冰雪景观聚集地。另外，韩国、美国、法国等世界上很多符合条件的国家和地区，每年都会举办举世瞩目的冰雪文化节，涉及冰雪景观、冰雪娱乐、冰雪运动等多种冰雪文化形式。我国当代的冰雪文化自 1963 年的哈尔滨兆麟公园冰灯游园会肇始，各地区根据地区、气候和地理特点，于自然中采集冰块，进行艺术加工，制作成冰雕和冰灯等冰雪景观环境艺术品，提供给市民和游客观赏游玩。冰雪景观美化了人民民居环境，丰富了城市文化内涵，拉动了旅游产业发展，已成为哈尔滨等城市当代新型城镇化发展的重要组成部分。哈尔滨冰雪大世界、太阳岛雪博会和牡丹

---

① 杨洪,秦趣. 地学旅游原理与典型景观欣赏[M]. 北京:北京理工大学出版社,2020.

江雪乡特色小镇等的冰雪景观,作为当代冰雪文化的杰出代表,常有冰灯、冰雕、雪雕、冰雪建筑、冰雪景观环境等景观艺术形式,其中,冰雕雪雕是开发最早、最为成熟的景观艺术形式。

(二)冰雪旅游

冰雪旅游属于生态旅游范畴,是以冰雪气候旅游资源为主要的旅游吸引物,体验冰雪文化内涵的所有旅游活动形式的总称,是一项极具参与性、体验性和刺激性的旅游产品。冰雪旅游很大程度上依赖天然的冰雪资源,通过滑雪等体育竞技活动以及雪景欣赏等观赏性活动吸引游客。冰雪旅游主要集中在欧美国家,如加拿大、瑞士等地都是著名的冰雪旅游胜地。我国冰雪资源丰富的地域集中在东北和西北,新疆的阿勒泰是滑雪最早的发源地。新疆丝绸之路国际度假区入选"2017—2018年冰雪季滑雪旅游区十强",是第十三届全国冬季运动会高山滑雪赛场及闭幕式举办地,目前已成为中国具有举办国际赛事能力的滑雪度假区,被誉为"最温暖滑雪度假胜地"。

1.冰雪旅游的特征

(1)参与性。冰雪旅游的参与性体现在两个方面:一方面由冰雪旅游的起源决定,对冰雪资源的开发利用最早源自古老民族的日常活动;另一方面由游客的旅游需求决定,在寒冷的冬季,仅有静态的观赏冰雪美景是不够的,游客更期望能够参与冰雪运动,在冰天雪地里痛快酣畅地玩耍。

(2)体验性。在东北地区,游客可以看到北国风光,千里冰封,万里雪飘,纵情于白雪之间,体验冰雪旅游的真谛,尽情享受冰情雪韵;在林海雪原间激情滑雪,尽享自由快感;在无垠的雪原冰湖上驾驭雪地摩托飞驰,体味北国银白世界的神韵;在辽阔的雪原上跨上骏马驰骋,感受游牧民族的生活情趣;坐狗爬犁奔跑在冰雪上,饱览北国风光。

(3)时间长。冰雪旅游具有极强的参与性和体验性,游客的游玩时间相对较长,从而带来了较高的旅游消费。冰雪旅游相对于传统的观光旅游而言,属于高消费的旅游活动,如参与滑雪运动需要在装备等方面投入一定的成本,而观光旅游更需要担负较高的餐饮、住宿费用。此外,冰雪旅游拥有较高的重游率,回头客多,重复消费率较高。尤其是滑雪运动,作为一项体育活动,很多人有可能成为滑雪的终身爱好者。

(4)依赖性。冰雪旅游的开发对资源具有较强的依赖性,必须同时具备寒冷的气候条件和适宜的地形条件。有条件开展冰雪旅游的国家和地区,在地理位置上,其旅游区必须处于寒温带或中温带,每年的1月份和2月份的平均气温为−30℃～−18℃,且山地面积多于平地,一般是坡度平缓,雪期长。如果只具备寒冷的气候条件,缺少坡度适宜的山地,也无法建设滑雪场,山地众多而纬度偏低也没有出现自然降雪的可能。

(5)健身性。冰雪运动是冰雪旅游的重要组成部分。参加体育活动,可以锻炼身体、消除疲劳、有利于健康。对于长期居住和工作在城市里的人们,可以调节快节奏工作带来的压力,有助于摆脱生活的单调与烦恼。在得天独厚的冰雪环境中锻炼身体,既可以增强人们的御寒能力,提高体质,又可达到放松心情、调节生理和健身休闲的目的。

2. 冰雪旅游的类型

（1）冰雕。冰雕（展）以冰为原材料，按照具体的需求分为装饰冰雕、注酒冰雕、婚礼冰雕、冰雕容器、冰雕酒吧、节日冰雕等多种形式。国内较为出名的有每年一次的哈尔滨冰雕节、冰雕大赛等。

（2）冰灯展。冰灯融冰雕艺术和灯光艺术为一体，分为室内冰灯展和室外冰灯展。例如，地坛冰灯展，是常年室内冰灯展，融入了中外雕塑艺术的精华，展出面积约 1500 平方米，共有作品 30 余组，共计 100 余件。冰灯作品有反映中国传统民间故事的十二生肖、东北三宝、五谷丰登等；有小朋友喜欢的童话故事人物，如白雪公主和七个小矮人、猴子捞月亮等；有著名的天安门城楼、华表；具有异国风情和欧陆情缘的冰建筑；有南方冬天难得一见的树挂、冰凌等东北自然冰雪风光。又如，哈尔滨冰灯节，在公园展出，旅游者除了可以参观一年一度的冰灯节外，还可以加入东北令人目不暇接的各类雪上活动（如乘冰帆、打冰橇、溜冰、滑雪等），或参加冰上婚礼、冰雪文艺晚会等。

（3）冰瀑。瀑布在寒冷季节凝结成美丽的冰瀑，如北京京都第一瀑布在冬季凝结为冰瀑，以及四川九寨沟冰瀑、辽宁龙潭冰瀑等。

（4）雪雕。雪雕又称雪塑，是把用雪制成的雪坯通过雕刻塑造出立体造型艺术，与冰灯、冰雕并称冰雪雕塑艺术。压缩的雪坯有硬度，可以雕刻，加上雪有黏度，又可堆塑，使雪塑既有石雕的粗犷敦厚，又有冰雕的细腻圆润，形式厚重，空间感强，银白圣洁，富有光泽，雅俗共赏。尽管雪雕的寿命和其他雕塑作品相比十分短暂，但雪雕作品比石雕、泥雕更有灵气。2019 年 12 月 23 日，第二十一届哈尔滨冰雪大世界正式开园，园区总占地面积 60 万平方米，用 20 余万立方米的冰和雪打造出了一座冰雪主题公园，共计 21 个冰雪景观群，园区互动娱乐项目 20 余处，冰雪赛事、冰雪娱乐等活动连续不断。此外，园区进一步升级景观，首次打造东西向 600 米主轴线，设置东西两大舞台结构；[①]主塔首次采用"双子塔"设计，气势恢宏；采用充气膜加喷射复合冰的方式建造环形冰雪餐吧；首次将冰建的观景功能与娱乐功能相结合，设置了单车城堡、滑梯城堡、迷宫城堡、生肖城堡四大主题城堡；首次引入互动灯光控制技术，提高了动态灯光比例，实现了人与景观的互动、景观光效与声效的互动、光效与游客运动的互动；首次实现了园区主要景观的灯光联动。

（5）雾凇。雾凇俗称树挂，是由于雾中无数在零摄氏度以下而尚未结冰的雾滴随风挂在树枝等物体上不断积聚冻粘的结果，表现为白色不透明的粒状结构沉积物。雾凇现象在我国北方是很普遍的，是北方冬季可以见到的一种类似霜降的自然现象，是一种冰雪美景，在南方高山地区也很常见，只要雾中有过冷却水滴就可以形成。吉林的雾凇号称中国四大自然奇观之一，每年都吸引了数万中外游客前来观赏。

（6）冰雪运动项目。冰上竞技运动项目主要包括速度滑冰、短道速滑、花样滑冰、冰球、雪橇运动，以及冰车、冰壶等运动项目。雪上竞技运动项目主要包括单板滑雪、双板滑雪、自由式滑雪、高山滑雪、越野滑雪、跳台滑雪、飞雪、花样滑雪、特技滑雪、雪上芭蕾、

---

① 杨洪，秦趣. 地学旅游原理与典型景观欣赏［M］. 北京：北京理工大学出版社，2020.

技巧速降、带翅滑雪、多项滑雪、森林滑雪等现代滑雪项目。其他休闲运动类项目主要指的是除竞技运动项目之外的与冰雪相关的运动休闲类项目,如攀冰、冰上风火轮、登雪山、仿真滑雪、仿真溜冰、雪地足球、冰钓、冬泳等。

(7)节庆。节庆是景区提高自身知名度和吸引力的重要手段,冰雪旅游也不例外,尤其是结合各地民俗而打造的一些节庆类冰雪活动,更是为冰雪旅游拓展了更大的市场。和冰雪旅游相关的节庆有冰雪旅游节、冰雕艺术节、雪雕艺术博览会、冰灯节、冰瀑节、冰钓节等。

(8)冰雪旅游场(园)。冰雪旅游场(园)集观光与娱乐于一体,是一个综合性冰雪休闲之地,它往往包含多种娱乐场所,如攀砂岩、滑雪场、冰球场及雪地摩托车等高档娱乐项目设施。其本身作为吸引物,是较为独立的冰雪旅游项目,对地区甚至全国游客都有较大吸引力。例如,大兴安岭加格达奇冰雪游乐园景区内的冰雪游乐项目包括:雪上游乐项目,如雪地爬犁、马拉雪橇、狗拉雪橇、雪圈、雪地摩托、雪地自行车、雪地卡丁车、雪地滚球、雪雕、打雪仗等;冰上游乐项目,如冰爬犁、冰壶、冰橇、冰帆、冰猴、冰上单刃滑车、冰上卡丁车、冰上坦克车等;其他游乐项目,如雪地飞车、滑雪体感机等。

(9)冰雪演艺类活动。冰雪演艺类活动包括冰雪文艺演出、冰上舞蹈、冰上体操、冰上模特秀、冰雪驯兽等。冰雪节开幕的以冰雪为主题的文艺演出就包括了冰上舞蹈,如冰上芭蕾、冰上交际舞等。第九届哈尔滨冰雪大世界文艺表演中,冰雪大世界首次与北方森林动物园合作推出"北方冰雪驯兽表演",雄狮与猛虎在冰雪中一展凶猛与狂傲,黑熊的诙谐令游客捧腹大笑,小猪在驯兽员的指挥下乖巧可爱,等等。冰上演艺的丰富延伸将冰雪演艺推向高潮。

随着休闲旅游的兴起,冰雪旅游也开始冲破传统的冰雪观光,演绎着新的体验方式,如冬季采摘、雪地温泉、冰雪酒店、冰雪博物馆、冰雪高尔夫、雪上飞碟、雪地射箭等。

二、中国十大冰雪旅游胜地

(一)雪乡——中国冬天最浪漫的童话小镇

雪乡其实不是一个正式的称呼,它的学名叫双峰林场。雪乡旅游风景区是国家AAAA级旅游景区,位于黑龙江省海林市西南部,是大海林林业局下属的一个林场。这里雪期长,降雪频繁,积雪期长达7个月,雪量堪称中国之最,且雪质好,素有"中国雪乡"的美誉。

雪乡堆积着层层叠叠的积雪,百余户居民区犹如一座相连的"雪屋",随物赋形的积雪在风力的作用下可达1米厚,其状好似奔马、卧兔、神龟……千姿百态,仿佛是天上的朵朵白云飘落。雪乡从初冬冰花乍放的清晰,到早春雾凇涓流的婉约,无时无刻不散发着雪的神韵。

(二)雾凇岛——奇特树上挂满晶莹雪花

雾凇岛是松花江上的一座小岛,位于吉林省吉林市龙潭区乌拉街镇,其中韩屯、曾通屯等村落是雾凇最为集中的地方,也是观赏和拍摄雾凇的最佳地,当地有"赏雾凇,到曾通"之说。这里冬季几乎天天有树挂,有时一连几天也不掉落。这里树形奇特,沿江的垂柳挂满了洁白晶莹的霜花,江风吹拂银丝闪烁,景色既野又美。

(三)长白山——中国的新雪乡

雪乡位于中国黑龙江省牡丹江市海林市长汀镇,雪乡景区坐落于长白山脉张广才岭与老爷岭交汇处。冬天的长白山,雪期长、雪量大、雪质好,堪称中国的新雪乡,是北国大地上的一幅水墨画。山峰、池水、森林、草地都覆盖着白雪,洁白、静谧、深厚、纯净,万树银花,洁白的雪浪此起彼伏,分外生动,仿佛一个白色天国。在长白山国际度假区有亚洲一流的滑雪场,还有温暖融心的雪域温泉,在佛库伦冰雪世界可以玩冰上碰碰车、冰上自行车、冰球、冰壶、雪橇、马爬犁、雪地高尔夫、狩猎等雪上运动项目,总之,能想象到的一切雪上乐趣在长白山都可以找到。

(四)北极村——中国最北端的魅力雪村

北极村位于黑龙江省大兴安岭地区漠河市漠河乡,是国家 AAAAA(5A)级旅游景区,是我国大陆最北端的临江村庄,与俄罗斯阿穆尔州的伊格娜恩依诺村隔江相望。此外,还有一个真正意义上更北的村庄——北红村,在中国最北点默默伫立在乌苏里浅滩的一角。最北的邮局、最北一家、最北哨所、最北金融机构……从踏上漠河的这片土地开始,就不由自主地开启了一场寻北的征程。漠河冬季的历史极端最低气温曾达$-52.3℃$,$-40℃$以下的低温更是家常便饭。

如果想在北极村体验最朴素和最地道的东北人家生活,那就一定要往旧村里走了。旧村环境与北红村相当,木屋、木栅栏、木柴堆,还有那些在白雪映衬下显得分外红的灯笼,都充满着浓浓的东北味。在这里,可以找到很多特有的乐趣,如和当地人一块去凿冰下网捕鱼、去圣诞邮局写下最北边的问候等第二年圣诞寄给自己、找到各种写着"北"的石头、在结冰的江面上滑冰、到乌苏里浅滩寻找祖国最北点、吃一碗滋补营养的鳕鱼炖豆腐、带回一袋大兴安岭的榛子等,这一切都会让人感到乐趣无穷。

(五)哈尔滨——充满冰雪奇缘的冰城

"冰城"哈尔滨,素来有"东方小巴黎"的美誉,滑雪赏冰再好不过。冰雪大世界是哈尔滨冬天最吸引游客的地方,它的冰雕原材料都取自松花江,由此雕成各式各样栩栩如生的冰雕、巧夺天工的冰灯,让人忍不住想去亲近,其中,1000 米高的冰滑梯不可错过,还有世纪大钟,每个人都可讨一个新年好彩头。

冰雪产业博览会(简称雪博会)有各种各样的雪雕,它们体积庞大,是众多雪雕师共同的杰作,每一件都栩栩如生,难得一见。当然,除了冰雪大世界和雪博会之外,冬天来哈尔滨还可以逛俄罗斯风情街道,寻觅古老建筑,如中央大街、果戈理大街、圣索菲亚教堂、呼兰天主教堂,就像来到雪的童话世界,温暖浪漫;还可以到松花江上感受天然的冰场、皑皑的白雪,让人仿佛置身于冰雪奇缘里的场景。

(六)伊春——如梦如幻的雪国仙境

有着"中国林都""红松故乡""森林氧吧"美誉的伊春市,地处黑龙江省东北部小兴安岭腹地,黑龙江、松花江两大水系之间,与俄罗斯隔江相望。伊春是夏天的避暑胜地,冬天银装素裹、雪玉冰清。

伊春大平台的雾凇、红星地质公园的石海、汤旺河的石林、大菁山上被雪覆盖的大风车、库尔滨河畔等,每一处景观都让人为之叫绝,仿佛如梦如幻的仙境。

(七)亚布力——中国滑雪的招牌地

亚布力原名亚布洛尼,是黑龙江省尚志市的一个小镇,境内有很多滑雪场。亚布力滑雪旅游度假区是国家4A级景区,整个滑雪场处于群山环抱之中,林密雪厚,风景壮观。在世界公认的冰雪、森林、海洋三大旅游资源中,亚布力占有冰雪和森林两项。

(八)阿勒泰——喀纳斯美景与乌伦古湖冬捕

在新疆的阿勒泰地区,喀纳斯冬天美丽的雪景、乌伦古湖有趣的冬捕节,都是被摄影爱好者发现而受人关注的。自2006年举办了首届冬博会之后,阿勒泰地区逐渐成为冬季赏雪、玩雪值得去的地方。

在阿勒泰地区,冬季雪量大、雪期长、雪质好,被称为"人类滑雪最早起源地"。阿勒泰作为滑雪爱好者的天堂,目前已建成了5个滑雪场,刷新了吉尼斯纪录的长达260米的冰滑梯就落户阿勒泰市将军山滑雪场。

(九)呼伦贝尔——美丽的林海雪原

说起呼伦贝尔,人们首先会想到一望无际的世界第一草原——呼伦贝尔大草原。那一眼望不到边的绿色,让人惊叹。冬季,这里没有夏天的绿色清爽,没有秋天的收获金黄,而是一望无际的茫茫银白。

这里不仅有婀娜的雾凇、蒸腾的不冻河、天下第一曲水——莫日格勒河、额尔古纳湿地、莫尔道嘎森林公园、中国冷极根河,还可在大兴安岭森林寻找生活在冷极的中国最后一个狩猎部落——敖鲁古雅鄂温克族部落。关于雪的一切想象,都可以在这里找到。

(十)西藏——天堂的雪是最美的

多数人都在夏天去西藏,然而被称为雪城高原的西藏,冬天才是最迷人的,无论何处都染上了雪的白,冷峻、素雅、迷醉人心。拉萨、大昭寺、林芝、色拉季山、南迦巴瓦、巴松措……任何一个地方都会让人想起"千回百转始初见,疑似仙境在人间"。冬天去西藏,可以避免拥挤,可以看到最美最神圣的高原雪景,可以享受其他地方没有的雪山温泉,而且还比较温暖。

第二节　冰雪节庆体育活动研究

一、冰雪节庆活动

关于节庆的概念,国外学者盖茨(Gezt)认为,节庆是有主题的公共庆典活动。[①] 麦克道涅尔(Mc Donnell)提出,节庆活动是指一些特定的仪式或有意识的规划和创造的,记录某一特定事件的庆典活动。戈尔布莱特(Goldblatt)认为,节庆互动是以典礼或仪式方式,庆祝某一特定时刻,用以满足某一特定需要。这些定义和观点的共同之处在于节庆活动是某些典礼和仪式的庆祝活动,是对某种文化和某个地方的反映,中文译为节日和特殊事件,简称节事。

国内学者一般认为,节庆是节日庆典的简称,其形式包括各种传统节日以及在新时期创办的各种节日。李力、崔卫华从广义和狭义两个角度解释了旅游节庆,广义的节庆不单指发生的事件,还指一些内涵丰富的旅游项目,包括节日、地方特色产品展览、轻体育比赛等具有旅游特色的活动或非日常发生的特殊事件。狭义的旅游节庆指周期性举办的,一般是一年一次的节日等活动,但不包括各种交易会、展览会、博览会等文化、体育方面一次性结束的特殊事件。

冰雪节庆活动是指以冰雪作为活动的文化载体,体现北方独特的冰雪资源,具有较高知名度和影响力的地方节日庆典活动。

无论从开发历史还是从规模上,东北地区凭借其良好的自然条件,充分展现了本区域独特的、具有优势的冰雪资源,成为我国冰雪旅游发展最早也是最为成功的地区,其开发规模和影响程度"独占鳌头",在国际旅游市场上具有较大的影响力,是中国冰雪旅游的代表性区域。中国·哈尔滨国际冰雪节是中国历史上第一个以冰雪活动为内容的区域性节日,它与日本札幌雪节、加拿大魁北克冬季狂欢节和挪威奥斯陆滑雪节并称世界四大冰雪节,在国际上享有很高的声誉。黑龙江的冰灯、冰雕、雪雕等冰雪旅游产品已成为全国冰雪旅游项目中的精品。东北区域在冰雪节庆活动方面具有很强的竞争力。但近几年,随着冬季旅游的升温,其他省份在原有冰雪活动的基础上也开始开发冰雪项目,如四川的南国冰雪节、九寨沟冰瀑节、冰雪温泉文化节,北京的延庆冰雪旅游节、密云旅游冰雪节,乌鲁木齐的丝绸之路冰雪风情节,等等。全国正在形成以东北为主,其他省份争先开发冰雪市场的态势。但冰雪节庆活动必须充分发挥当地丰富的自然资源优势,并与当地的历史文脉相统一,才能充分体现当地特色,突出品牌,促进当地旅游事业的全面发展。

---

① 伊恩·约曼,马丁·罗伯逊,简·艾黎-凯特,等. 节庆活动的组织管理和营销[M]. 吴恒,孙小珂,金鑫,译. 沈阳:辽宁科学技术出版社,2005.

二、冰雪节庆活动的特性

(一)周期性

冰雪节庆活动是周期性举办的活动。冰雪资源只能在严寒的冬季才能形成,周期性变化非常明显,季节规律较强。由于受季节的影响,冰雪节庆活动一般在每年12月至次年的2月间举办,历时50多天。部分节庆创办历史较长,如中国·哈尔滨国际冰雪节截止到2021年已举办了37届,成为中国历史上第一个以冰雪活动为内容的区域性节日,每年1月5日定为冰雪节日,成为地方性法定节日。

(二)地域性

由于冰雪资源的形成和存在要受到地理环境的影响和制约,因此,冰雪节庆活动具有明显的地域特征。正是由于冰雪资源的这种地域性,使它变成了一种地域优势资源。在我国,冰雪资源主要分布在东北、华北和西北等地区,特别是在东北地区分布非常广泛,为开发冰雪旅游创造了很好的资源条件。冰雪佳节,是新的民俗节。各种冰雪节庆活动,既是冰雪习俗的升华和凝聚,又是冰雪习俗的集中展现。东北地区是一个以汉民族为主体的多民族地区,具有北方少数民族所特有的民俗风情,成为东北地区重要的民俗旅游资源。东北的地域特色是冰雪节庆活动的魅力所在,能否最大限度地展现地域的独特性是冰雪节庆活动的关键所在,也是节庆策划应首先考虑的问题。

(三)文化性

东北长达半年的冰封雪冻气候为雕冰塑雪和开展冰上、雪上活动提供了取之不尽、用之不竭的冰雪资源。冰雪既是一种独特的自然资源、旅游资源,也是一种文化资源。冰雪中蕴含着丰富的人文内涵,节庆的文化内涵越深,节庆的文化价值越高,节庆的生命力就越长久。冰雪文化正是人们在冰雪自然环境中,以冰雪生态环境为基础,所创造出来的具有冰雪符号的生活方式。因此独特的地方文化是冰雪节庆活动得以系列化延续的保证和源泉。冰雪节庆活动应该反映主办地传统的独特魅力和文化意境,冰雪节庆活动安排应该突出展示地方独一无二的文化,揭示更深层的文化内涵和历史渊源。对外地游客来说,独特的、有差异性的文化能激起他们的参与欲望;对本地居民来说,独特的、有差异性的文化能增强他们的文化自豪感。

(四)群众参与性

节庆本身是一项具有社会效益的活动,广泛的民众性是节庆活动赖以成功的基础。一个节庆要想吸引游客,首先必须得到当地人们的认可、支持和喜爱。冰雪节庆活动的参与性极强,这不仅取决于冰雪资源的特性,而且与冰雪旅游需求的特点有关,在寒冷的冬季,游客并不满足于单纯地、静态地观赏,它能够带来丰富的体验,更期望能够在冰天雪地里痛快酣畅地玩上一把,体验冰雪活动所能够带来的强烈刺激感与新奇感,但无论是滑冰运动还是滑雪运动,都需要具有一定的运动技能,在发掘冰雪节庆活动的娱乐、休闲功能的同时,还应注意群众参与、学校教育的功能。群众的广泛参与是节庆活动蓬勃发展的基础,也是节庆活动保持持久生命力的源泉。脱离了群众性这个根本导向,节庆活动将成为无源之水、无本之木。

(五)综合性

冰雪节庆活动的内容丰富多彩,不仅局限于冰雪活动,还包括冰雪艺术、冰雪体育、冰雪饮食、冰雪经贸、冰雪旅游、冰雪会展等。冰雪节庆活动能集中展现北方少数民族的习俗文化、服饰文化、休闲娱乐文化和饮食文化等方面。随着冰雪节的开幕,各种活动的开展,表现出综合性的特点,使冰雪节庆活动演变成一个新兴的经济形态和产业形式。因此,冰雪节庆活动是融旅游、文化、经贸于一体的综合性地方节庆活动。

三、冰雪节庆活动对地方经济与文化的双重载体功能

资源作为效益的来源,必须经过开发利用,才能成为旅游产品,发挥其价值,并产生相应的经济和社会效益。冰雪节庆活动是以冰雪为主题的公众性庆典活动,它是被作为旅游吸引物而开发出来的旅游产品,它对提高区域的知名度、传播区域文化、塑造区域旅游品牌、促进对外经济合作、带动区域经济的发展具有重要作用。

(一)冰雪节庆活动对拉动地方经济的发展起显著作用

冰雪节庆活动对地方经济运行的推动作用,首先表现在它能带来直接的投资效益和巨大的商业消费。2020年第36届中国·哈尔滨国际冰雪节的隆重启幕及各项活动的陆续开展,使哈尔滨市接待游客量大增,累计接待国内外游客7833.7万人次,实现旅游总收入1105.7亿元人民币。哈尔滨的冰灯游园会、冰雪大世界、雪博会以及各大滑雪场成为冰雪节庆活动的品牌项目,给当地带来了直接的经济效益。亚布力、二龙山等知名滑雪场游客量同样火爆,消费者集中消费激发了冰雪市场火爆的经济潜力,从节日效应中整合各种节日文化资源,凸显节日消费的亮点,冰雪节庆活动已成为北方城市一年中对旅游经济拉动力最强的重大节庆。冰雪旅游能够促使人流、物流、信息流、资金流交相融会,拉动内需,刺激消费。其次,冰雪节庆活动为地方提供了潜在的经济发展机遇。政府部门一直本着"冰雪搭台,经贸唱戏"的宗旨,在冰雪节期间开展经贸洽谈会,借助冰雪资源的开发,使国内外的投资者更多地了解情况,增加投资兴趣和信心。为本地企业、商家与国内外客商的合作开发创造了巨大的商机。有实力的客商往往借观节赏庆之机,考察当地的自然资源、人文环境、投资环境、民俗风情等,进行经营战略的酝酿和决策。节庆文化活动的举办地则以融洽的氛围、诚挚的态度把握那些潜在的商业机遇。最后,冰雪节庆活动带动相关产业的发展。冰雪节庆活动期间,包含了元旦、春节、元宵节、情人节四个主要的节庆活动,可谓节中有节,节中套节,既有中国传统的节日,又有受到青年人

追捧的西方节日。尤其春节黄金周旅游旺季,数以万计人流的涌入,对当地的旅游、餐饮、购物、住宿、交通、广告、通信、娱乐等行业起着拉动性效应,能有效地促进举办地各行各业的消费需求增长,形成以冰雪节庆活动为核心的"同心圆"式经济圈。冰雪节庆活动融历史、文化、艺术、体育、经贸、旅游、科技等为一体,演变成一个新兴的经济形态和产业形式。冰雪旅游对拉动地方经济的发展起到了显著作用。

（二）冰雪节庆活动塑造城市的形象

我国的冰雪旅游开发地主要集中在以黑龙江为核心的东北地区。进入 21 世纪以来,华北、西北、西南等地也纷纷开发冰雪旅游,逐步形成了较为广泛的旅游开发态势,冬季冰雪旅游市场也在迅速升温。冰雪旅游业的快速发展加剧了旅游客源市场的争夺和区域间旅游业的激烈竞争。各省区市通过媒体宣传地方特色的冰雪节庆活动,加强举办地的城市宣传,提高城市的形象和知名度。文化是一个城市个性凸显和展示的内在基础,是城市的灵魂,城市的独特个性和文化内涵影响着冰雪节庆活动的延续与发展。比如,哈尔滨依托中国·哈尔滨国际冰雪节被评为"中国十大节庆城市",成为名副其实的"冰城"。哈尔滨的城市文化既有中华民族传承的,又有外来的,集中体现了中西文化的兼容性,在建筑方面表现为拜占庭式、哥特式、犹太式、阿拉伯式等各式建筑,林林总总地散落在城市当中,被誉为"东方的小巴黎"。这种独特的异国格调在冰雪辉映下必然会给游客带来前所未有的体验。在冰雪节庆活动期间,区域的开放、游客的涌入本身就是文化传播,同时带来了文化交流、融合或冲突等一系列文化事件。游客在满足吃、住、行、游、购、娱的基本需求后,对异国、异域、异地文化的兴趣,也有利于地方特色文化的传播,因此,具有浓郁的地方特色和民族特色的开发应作为节庆活动中旅游资源开发的基本出发点。而冰雪节庆活动更强调游客的亲身参与和体验,追求人的全面发展和自我完善。游客既是文化交流的主体,又是一定的文化载体,他们跨越文化空间,在旅游过程中相互进行文化交流。游客在旅游中主要是去感知冰雪文化所带来的体验与乐趣,同时把自身的文化和他们所感受到的文化,有意或无意地传播给了当地的人们。冰雪文化有两层含义:一是冰雪文化的主体,即生活在冰雪自然环境中的人们。二是创造出的具有冰雪符号的生活方式。因此冰雪节是一项全民参与的综合性节庆活动,地方特色冰雪文化的挖掘和展现能增强本地居民的自豪感、归属感、认同感,这些都将有利于冰雪节庆活动的良性发展。因此,冰雪节庆活动强调的是群众的参与。

第三节　冰雪节庆活动对经济与文化的促进与传播

一、哈尔滨冰雪节:创造城市新价值

冰雪节为哈尔滨带来了无上的光荣和更多的梦想,已经成为哈尔滨市发展过程中创造城市价值的新载体,成为哈尔滨走向世界的一个知名品牌,更是世界认识中国和了解哈尔滨的窗口。

(一)增强城市发展的新动力

中国·哈尔滨国际冰雪节一年共接待国内外游客 700 多万人次,旅游收入为 70 多亿元人民币。消费、投资、外贸是拉动哈尔滨市 GDP 增长的三大动力。冰雪节是推动城市进入消费时代的重要手段。巨大的商机吸引了许多大企业投资冰雪产业,仅亚布力就开工建设了 2 个五星级和 1 个四星级宾馆;冰雪节带动了冰雪产业的发展。冰雪节使哈尔滨市宾馆、餐饮酒店、商场、交通、电信、银行等部门的接待和服务水平得到了很大提高,不仅让游客感到服务上乘,还大大促进了这些行业的发展,使哈尔滨市第三产业中的服务业比重加大,经济结构更加合理,城市竞争力加强。冰雪节期间举办的黑龙江文化艺术之冬、刘老根大舞台、冰哥雪妹评选以及国际冰球赛、哈啤雪地足球赛等文体活动,促进了城市文化产业的发展,提升了城市品位,为城市创造了新的价值。各主要景点都引进了 LED 环保节能灯技术,不仅大力发展旅游产业,而且节约电力,保护环境。

(二)向世界展示的窗口

从 1963 年举办第一届哈尔滨冰灯游园会到现在的冰雪大世界,哈尔滨已经成为国际知名品牌。哈尔滨冰雪大世界是集观赏性、娱乐性、参与性、趣味性为一体的世界冰雪迪斯尼乐园,不仅气势磅礴、景色壮美,而且在冰雪建筑的高度、长度、占地面积、用冰数量上都居世界第一。哈尔滨的冰灯、雪雕景观丰富了世界冰雪艺术的内涵,也创造了独具魅力和特色的冰雪人文景观,使哈尔滨成为世界冰雪旅游名城。在国际冰雪旅游方面,哈尔滨引领了世界潮流和方向。在哈尔滨冰灯雪雕国际品牌基础上发展起来的中国·哈尔滨国际冰雪节,不仅成为中国家喻户晓的十大节庆活动,而且也与日本札幌雪节、加拿大魁北克冬季狂欢节、挪威奥斯陆冰雪节并称为世界四大闻名的冰雪节。

二、冰雪节庆对区域经济文化的促进传播

(一)经济的促进

冰雪节庆对区域经济文化的促进传播表现在直接的投资效益和消费效益上。2009年第 24 届世界大学生冬季运动会在中国冰雪名城哈尔滨举行,使哈尔滨旅游收入在 16 个重点旅游城市中排第六位。各大滑雪场也激发了冰雪市场的火爆经济潜力。

(二)文化的传播

文化是一个城市个性凸显和展示的内在基础,是城市的灵魂,城市的独特个性和文化内涵影响着冰雪节庆活动的延续和发展。哈尔滨被评为"中国十大节庆城市",是名副其实的"冰城"。它的中外民族特色的兼容特性使这座城市给各地旅游者带来了前所未有的体验。

第四节　东北地区冰雪旅游资源整合开发研究

社会经济的迅猛发展,使旅游产业迎来了全新的发展机遇。随着人们物质生活水平的不断提高,人们对旅游的需求也越来越旺盛,并且朝着多元化的方向演进。为了有效促进旅游产业核心竞争力的提升,我国区域旅游资源的整合成为大势所趋。旅游资源的整合符合经济发展的规律,具有普遍共生性、空间层次性。东北三省是我国冰雪资源最为丰富的地区,凭借着区位优势和气候特征,对以冰雪资源为核心的特色旅游资源进行了开发。冰雪旅游是东北地区最具特色的旅游资源,是东北地区旅游的招牌,在整个地区的发展过程中起到了支柱产业的作用,有力地促进了区域经济的发展。随着东北地区冰雪旅游产业的发展,我国华北、西北甚至一些南方地区也开始紧随"潮流"而致力于打造"冰雪旅游热",尤其是随着北京冬奥会的成功举办,北京、张家口和河北、新疆、内蒙古等省区市都相继开展了冰雪旅游项目,利用冬奥会辐射的旅游效应,对于冰雪旅游资源进行综合开发。在国内外竞争态势愈演愈烈的背景下,我国东北地区冰雪旅游资源的整合开发逐渐被寄予了越来越高的期望,同时更是发展东北地区旅游产业的重要举措。冰雪旅游资源是冰雪旅游业的基础,其特征在很大程度上决定着冰雪旅游业的发展。对旅游资源实施规模开发使其升值、发展,是旅游业发展的核心。冰雪旅游业具有综合性强、关联度大、产业链长、涉及行业广等特点,是区域实现经济增长和结构调整的有效切入点。东北地区冰雪旅游资源在保持差异性的基础上,通过对冰雪旅游资源与产品进行整合开发,实现区域冰雪旅游资源的优化配置,促进东北地区冰雪旅游发展整体合力的形成,已成为当前的迫切需要。

一、东北地区冰雪旅游资源现状与整合开发的必要性

东北地区由我国辽宁省、吉林省和黑龙江省构成。从地理层面看,东北地区的纬度较高,气候特征属于寒温带、温带大陆性季风气候,主要表现为冬季漫长且寒冷,夏季短促且温暖。辽宁省与吉林两省冬季时长约 6 个月,黑龙江北部一些地区冬季时长可延至 7~8 个月。寒冷的气候使得东北地区冬季多流域封冻,大部分地区从当年 11 月开始至次年 3 月份均为雪季。

东北地区的冰雪质量在很大程度上直接取决于不同地区的不同气候条件,在气温较高的情况下,冰雪质量因具有较重的地黏性对滑行速度造成影响;在气温较低的情况下,冰雪质地脆硬。从东北三省的实际状况来看,黑龙江省冬季温度最低,雪期也最长,这样的气候特点决定了黑龙江省具有冰和雪的双重优势;吉林省冬季温度与雪期相对于黑龙江省较低且短,并且寒风少,地理位置也介于两省之间,相比黑龙江虽然雪量略小和雪期短,但雪质软硬适中,降低了吉林省冬季户外运动门槛,相对具有一定的优势;辽宁省的冬季气温优势则稍显落后,冰雪留存期相对短暂,冰雪旅游项目的开发需要依赖于适当

的人工降雪,但温泉冰雪旅游项目特色突出。除此之外,黑龙江省与吉林省的山地资源相对丰富,因此基于山地的滑雪旅游项目开发也就拥有了更多的优势。辽宁也建设有一些滑雪场,但规模较小,在发展温泉滑雪旅游方面具有优势。整体来看,虽然我国具有丰富的冰雪资源,但多分布在东北、华北和西北地区,东北地区凭借更多的优势成了冰雪文化的发祥地。

东北地区冰雪旅游资源整合的根本目的是服务于冰雪旅游营销,打破区域障碍,把冰雪旅游的各种相关资源要素整合开发为具有统一功能的整体,使丰富多样的冰雪旅游资源得到有效的开发利用,实现区域冰雪旅游资源市场价值最大化和综合效益最大化,使发挥地区优势的冰雪旅游项目成为东北地区经济发展的增长点,改善区域冰雪旅游总体形象。整合东北地区冰雪旅游资源优势具有战略意义。东北区域三省紧邻,受到多方面的历史性与空间性的影响,东北三省已经成为相对独立的整体经济区,加之国家发展东北老工业基地战略的深化,更为东北区域经济的一体化发展提供了良好的硬性支持。在此背景下,旅游产业的发展有必要顺势而为,将目标定位在对空间布局的改革层面,通过对冰雪旅游资源组合的优化形成东北地区冰雪旅游资源的整体效应,借规模化发展扩大影响力和知名度,促进冰雪旅游定位和档次的提升,形成核心竞争力。

二、东北地区冰雪旅游资源整合开发策略

(一)建立东北地区冰雪旅游经济联合体

于规模经济、分工经济以及网络联系的功能,使得旅游企业通过企业集群起到了很好的协调功效,减少了恶性竞争,形成了良好的旅游市场秩序。通过政府出台政策、制定规划、创新管理和完善法律法规等保障,加强东北地区冰雪旅游产业的联合和合作,建立东北地区冰雪旅游经济联合体,进行以企业为主体、以产业为构架的市场整合,充分调动各方面积极性,对东北地区不同类型的冰雪旅游资源实行联合开发,利用东北地区最优质的冰雪旅游资源在时间、空间上布局黄金冰雪旅游区,打造极具吸引力的东北地区冰雪旅游无障碍目的地,加强区域内各种冰雪旅游要素整体联动,加强资源共享、产品互补、信息互通、客源互换,增强整体合力和形成整体效益,实现多赢合作的东北地区冰雪旅游经济一体化发展。

(二)完善东北地区冰雪旅游产品体系

创造东北地区冰雪旅游特色品牌,形成以区域特色和优势冰雪旅游产品为龙头的东北地区冰雪产业的完整体系,避免产品盲目开发和市场无序竞争造成的损失。利用冰雪与地理位置的不同特点,从高纬度到低纬度打造不同纬度地带下不同的冰雪旅游体验,开发系列东北地区优势互补差别化冰雪旅游及配套产品,推出品牌线路,促进产业链延长和产品附加值增长,推动东北地区冰雪产业的市场化、规模化、品牌化。

(三)打造东北地区冰雪旅游人才培养和设备研发制造基地

东北地区冰雪旅游产业的发展需要高素质人力资源的支撑,尤其是需要能够进行冰雪旅游产品整合设计、开发、经营管理和市场运作的人才。由于冰雪产业自身特点对于人才要求较高,现在市场上冰雪产业的复合型人才十分稀缺。因此,应充分发挥东北地区产、学、研发、制造优势并进行有效整合,打造东北地区冰雪旅游人才培养和设备研发制造基地。

(四)树立东北地区冰雪旅游整体文化形象

文化的渗透成为旅游产业发展的最强竞争优势。东北地区作为我国冰雪文化的发源地,冰雪旅游资源整合开发应当对冰雪文化予以高度重视,将整合的重点放在冰雪旅游产品和特色文化结合的层面,进一步树立冰雪旅游整体文化形象。[①] 一方面,将冰雪旅游形象塑造与地域文化紧密结合。用地域文化激活冰雪旅游,赋予冰雪旅游文化以灵魂。冰雪文化是在特定的时空里,由地理环境、经济发展、社会制度、民俗习惯等多种因素所形成的,生产、生活、文化、思想观念的文化表征。在东北区域旅游形象的传播中,黑龙江哈尔滨的国际冰雪节、亚布力滑雪场、牡丹江雪乡等,吉林的滑雪、雾凇,辽宁的冰雪温泉世界等,在整合过程中必须紧密联系地域文化,包括冰雪资源与历史、民族、风俗、社会、经济、生态、建筑等的相互影响,以此开阔东北地区冰雪旅游资源文化的视野,构建冰雪旅游整体文化形象。另一方面,丰富冰雪旅游产品的文化内涵和表现形式。东北地区应当整体提高对冰雪旅游形象打造的重视程度,并充分发挥各自地区所具有的冰雪旅游资源优势。打破区域障碍,打造具有国际影响力的冰雪旅游体系,做到一站式娱乐,加大冰雪旅游的丰富程度。大力发展"冰雪+",如冰雪+民族风情,冰雪+温泉,冰雪+节庆,冰雪+渔猎等,提高冰雪旅游文化品位,进一步丰富冰雪旅游产品的文化内涵,丰富与深化冰雪文化的表现形式,把冰雪文化渗透到冰雪旅游资源开发的各个层面,将其设计、开发和转化成东北地区冰雪旅游既有差异又一体化的系列文化产品,从而树立东北地区冰雪旅游的整体文化形象。

第五节　新时期东北地区冰雪旅游与文创产业融合发展策略

一、新时期冰雪旅游文创产品的开发情况

(一)冰雪旅游产品缺乏准确定位,市场竞争力不足

现阶段,一些冰雪旅游地区并未形成特色化的经营品牌定位,市场发展仍然处于摸

---

① 吕博,张博. 东北地区冰雪旅游资源整合开发研究[J]. 冰雪运动,2017,39(2):75-77.

索阶段。根据相关调查发现,东北地区(如黑龙江省、吉林省)虽然整合开发了冰雪旅游产业,但是往往存在同质化现象,缺乏当地特色。如果冰雪旅游行业无法结合当地特色,没有科学地制定产业发展的具体方向与方案,将不利于后期的经营,难以塑造出特色化的市场形象。对文创产品的研究相对较少,缺乏细化开发,仍然处于一种盲目模仿跟风的经营状态,市场竞争力相对薄弱。

(二)冰雪旅游产品缺乏开发深度,文化内涵不足

对于冰雪旅游产业来说,在发展的初级阶段,往往更注重经济效益,在开发旅游行业的后期,才开始注重文化特质。因此,挖掘冰雪旅游的内在文化价值,摸清冰雪旅游文创产品的文化定位,拓展旅游资源,能够进一步推动冰雪旅游产业的可持续发展。然而,对于一些冰雪旅游地区而言,一提到文创产品,人们往往习惯性地会想到雪糕、冰棍、糖葫芦,缺乏当地的特色。可见,产品挖掘层次不够,深度不足,开发水平相对较低,缺乏一定的文化内涵;对文创产品的设计创新度不够,大多数旅游文创产品千篇一律,只是在相互模仿。

(三)冰雪旅游产品营销管理水平低,缺少完善配套设施

对于一些地区的冰雪旅游产品,缺少创新性营销策略,只是照搬全抄过去的经营模式。殊不知,当前人们对旅游的需求相对较高,并且在搭上互联网快车之后,越来越多游客开始更加注重旅游体验和文创产品的内在含义与历史价值。但是,由于冰雪旅游开发管理人员综合素质不高,服务经营水平低,缺乏服务意识与人才支撑,导致冰雪旅游体验不佳,文创产品没有给游客留下深刻的印象。除此之外,一些冰雪旅游地区缺乏完善的服务设施,交通通信设备相当落后,冰雪旅游场地接待住宿条件相对较差,娱乐设施开发不足,对文创产品的投入相对减少,并未形成特色化的产品定位。

(四)缺少冰雪旅游产品战略指导,市场发展不均衡

冰雪旅游市场的开发需要政府的引领和有效的指导规划。但是对于一些地区的冰雪旅游企业来说,仍然采取着单一化的管理模式,不仅规模小,缺乏先进的管理经验,而且在实践开发过程中过度模仿其他地区,严重浪费了人力资源、物力资源,致使冰雪旅游文创产品开发质量相对较低,缺乏创新样式,不够多元化。同时,各地冰雪旅游文创产品的恶性竞争,严重影响了市场秩序,无法充分利用区域优势,导致市场发展相对滞缓。

二、冰雪旅游文创产品开发具备的特征与条件

(一)冰雪旅游文创产品的特征

冰雪旅游文创产品,主要是指一些旅游者在参与冰雪旅游项目的过程中要带走的纪念物。冰雪旅游文创产品具有如下特征:一是具有纪念性。不同地区的冰雪旅游文化不

同,所创造的文创产品能够彰显出一个旅游地区的地域特征与文化特色。当游客带走旅游文创产品之后,可以起到纪念的作用,可扩大旅游地的影响力与知名度。二是具有观赏性。对于大多数冰雪地区的文创产品,都具有一定的观赏作用,如乌鲁木齐举办的"冰雪世界欣赏冰雕和雪貂王国"的游园活动,其中可以利用周围的雪景、雪松、冰河等元素,制作出一些精美的冰雪旅游文创产品。当游客接触到这些文创产品后,也会提升自身的审美能力,带给游客不一样的美的感受与体验。三是具有丰富的体验感。冰雪旅游文创产品,通常是一种参与性的旅游模式,按照一些地区的冰雪旅游条件开发出不同的旅游项目(如马拉爬犁、雪圈、滑雪、雪橇等),游客在参与过程中愉悦身心,同时这些旅游用具可作为文创产品送给旅游者。此外,一些旅游场地还可以开发雪地高尔夫球、雪上越野、冬泳等相关的冰上娱乐项目。在这些具有体验感的娱乐项目开发之后,可以结合一些当地的冰雪资源开发出体育赛事活动,促进冰雪旅游事业的进一步发展。

(二)新时期冰雪旅游文创产品的开发优势

新时期冰雪旅游文创产品的开发优势包括:一是政策条件扶持。对于一些寒冷地区来说,开发冰雪旅游能够带动一个地区的经济发展,为当地创造更多的经济收益。所以,我国对于一些冰雪旅游城市出台了相关的旅游扶持政策,以加快旅游业的开发,创造出更多的冰雪旅游产品,彰显冰雪风情,增强游客的美好体验。二是人文资源条件优渥。大多数冰雪旅游城市,都具有一定的民族特色,蕴藏着鲜明的地域文化与民族风情。例如,乌鲁木齐三面环山,大雪飘飘的地理优势,能够为开发冰雪旅游奠定良好的基础。在开发冰雪旅游文创产品时,可借助"丝绸之路"这一重要的历史主题,增强文创产品的文化底蕴,提高文创产品的文化价值,吸引更多游客的注意。

三、新时期冰雪旅游文创产品的开发策略

(一)结合发展规律,明确定位特色旅游产品

不同地区在发展过程中都有其规律,因此当地旅游资源也具有一定的差异,应按照不同资源,明确自身的旅游特色。冰雪旅游资源是开发冰雪旅游文创产品的核心,依托冰雪旅游文创产品的开发,能否占据一定的市场,主要受冰雪旅游资源利用效率的影响。只有文创产品具有吸引力,才能够抓住消费者的心。因此,冰雪旅游文创产品的开发,应该坚持个性化的原则,在开发冰雪旅游文创产品的过程中,全面考虑到当地旅游资源的内在特征。可以将冰雪旅游与一些重要的赛事或者文艺演出建立有效联系,增强冰雪旅游文创产品的内在含义。不同地区应该设计出更丰富的旅游项目,区别于其他地区,建立起具有层次化、特色化的冰雪旅游系统,并借助当地的地缘优势与气候条件打造符合自身发展定位的旅游形象,增强旅游核心竞争力。比如,一些地区为了发展自身的冰雪旅游项目,可建立一定的旅游主题或者旅游IP。然而,开发冰雪旅游文创产品始终是影响旅游行业长远发展的一项内容,一些地区要充分发挥自身的优势,开展冰雪旅游体育

活动,如"中国·哈尔滨国际冰雪节"举世瞩目,成了一种国际型的冰雪节日。开发冰雪旅游文创产品,可以借助这个活动生产出一批有针对性的冰雪纪念品或者文创艺术作品,借助于这个国际性节日,冰雪旅游也能够在国际市场中,树立冰雪旅游的品牌形象,让地区冰雪旅游成为世界游客都喜爱的旅游场地。可见,冰雪旅游如果将体育赛事或者文化节日作为载体,将开发出更多的冰雪资源,拓宽文创产品的发展市场,提高冰雪旅游产业的竞争力。

(二)挖掘当地冰雪文化内涵,提高旅游文创产品的文化附加值

一些区域的冰雪旅游具有鲜明的地区特色,所以开发冰雪旅游文创产品应该与当地的民俗文化建立联系。同时,结合当地的冬季饮食文化,保证冰雪旅游文创产品具有文化意义。通过开发冰雪旅游文创产品,为不同冰雪旅游地区创建出集娱乐、民俗、生态、体育等多种元素于一体的文化综合体。所以,在开发冰雪旅游文创产品中,要注重对本土文化的利用与开发,树立文化特色,树立全局化的理念,按照细分市场的不同,开发具有自己特色的冰雪旅游产品。在这一过程中,要将冰雪旅游文化与本地区的民俗文化相关联。比如,一些东北地区盛行滑雪橇、滑雪造冰等运动形式,在开发体育文创产品的过程中,可以将一些冰雪和雾凇等元素融入文化创意产品,生产出一批具有东北特色的冰雪场地设备或者小物件。就饮食文化而言,东北盛行铁锅炖、冰棍儿以及性价比较高的雪糕,那么在开发冰雪旅游文创产品的过程中,应该保证产品的个性化与丰富化特征。利用多元化的东北民俗文化,保证文创产品更具有文化意义与审美价值,满足游客对冰雪旅游文化的需求。

(三)政府加大扶持力度,媒体扩大宣传力度

发展冰雪旅游成为一些地区的重要经济项目,政府应该加大政策扶持,完善相关政策法规,为一些地区开发冰雪旅游产业发挥引导作用,调整冰雪旅游产业的内在结构,实现目标运行。与此同时,企业应该坚持市场导向,结合市场消费者的需求与变化情况,开发适销对路的特色化冰雪旅游文创产品。处于互联网信息化大时代,冰雪旅游应该与社会发展同频共振,及时了解社会发展的热点话题。为了吸引更多游客的注意力,可以借助于电视广播、抖音、快手等媒介,将一些特色的冰雪旅游文创产品推销出去,扩大知名度,向更多的群众传播文创产品背后的冰雪文化价值与内在含义。在国际市场进行推广活动,吸引国内外更多的游客,将地区冰雪旅游产业做大做强,开发出更具有文化价值的冰雪旅游文创产品。

(四)均衡区域冰雪旅游资源,开发赛事,提高市场竞争力

冰雪旅游深受国内外各界人士的喜爱与青睐,因此开发本土化冰雪旅游文创产品,可以借助于一些重要的节庆活动或者体育赛事,展现冰雪文化的内在特征。考虑到我国冰雪旅游文化开发进程较为迟缓,文化培育存在一定不足,如滑雪规模相对较小,不利于

资源整合与综合开发。所以,为了凸显不同地区的冰雪旅游特色,扩大旅游吸引力,可以将冰雪旅游推上国际化发展轨道。地方政府可以打造国际冰雪节,邀请各国优秀的冰雪旅游体育项目爱好者参与其中,开发出不同档次的、不同类型的冰雪旅游文创产品,满足不同冰雪旅游爱好者的特色化需求。同时,当地相关部门应该积极完善配套设施,有效解决旅游景区交通环境差的问题,联合铁路、航空、公路等相关管理部门,拓宽冰雪旅游发展渠道,开发出更具特色的冰雪旅游文创产品。

第六节 东北地区冰雪旅游业发展的新格局及路径探索

一、东北地区冰雪旅游业发展新格局

东北地区冰雪旅游优势突出,冬奥会的成功举办为其提供了强大助力,产业布局、产业规模、产业结构都在有序推进和逐步调整,对新格局的产生有一定的影响。

(一)产业布局向全域统筹规划演进

东北地区冰雪旅游资源丰富,具有得天独厚的优势:①地势面貌类型多样,以山地、丘陵和平原三大板块为主;②冬季时间长,从每年11月到次年3月,冰雪期达100天以上;③降雪量大,山区积雪厚度为40~50厘米,雪质松软,附着力强;有多个冰雪旅游知名景区。东北地区一直致力于打造冰雪旅游特色景区,开发重点突出,整体布局从点线开发向全域统筹规划演进。中国旅游研究院发布的《中国冰雪旅游发展报告(2021)》显示,东北地区有4个城市位列2021年冰雪旅游十佳城市排名中的前五位,包括哈尔滨市、沈阳市、吉林市和长春市,其中哈尔滨市居首位。东北地区的滑雪设施建设具有绝对优势。据《2020年中国滑雪产业白皮书》滑雪人次统计数据显示,2020—2021年吉林省以202万人次位居全国滑雪人次第二位,黑龙江省以149万人次排第四位。东北地区独特的地理优势、资源优势为冰雪旅游业的快速发展奠定了坚实的基础。黑龙江省亚布力滑雪旅游度假区是全国唯一获得"中国最佳滑雪胜地"称号的滑雪度假区,吉林省长白山国际度假区是全国首批国家级旅游度假区,吉林省净月潭瓦萨国际滑雪节获得"国家体育旅游精品赛事"殊荣,查干湖冰雪渔猎文化旅游节、吉林国际雾凇冰雪节和哈尔滨国际冰雪节等入选2017—2018年"中国十大最具影响力冰雪旅游节事"。目前,东北地区依托区域优势已实现了冰雪旅游业的多点布局,产业布局向全域统筹规划加速演进。

(二)冰雪旅游产业规模不断扩大

2018—2019年,东北地区冰雪旅游产业保持增长态势。2018年春节期间东北地区冰雪旅游业接待游客10418.56万人次,实现旅游收入1703.25亿元。黑龙江省2018年

元旦冰雪旅游产业同比增长显著,哈尔滨太阳岛风景区接待游客 1.52 万人次,同比增长 17.8%;冰雪大世界接待游客 11.68 万人次。仅春节黄金周黑龙江省接待国内游客量就达 1122.67 万人次,同比增长 11.21%,实现旅游收入 136.32 亿元,同比增长 13.16%。辽宁省仅 2018 年元旦小长假,旅游总收入就达到 31.3 亿元,接待游客 447.1 万人次,特别是抚顺冬季旅游市场域外游客同比增长 40% 以上;春节黄金周接待游客 2032 万人次,同比增长 11.5%,实现总收入 145.12 亿元,同比增长 12.1%。[①] 2018 年 11 月—2019 年 3 月,吉林省接待游客 8431.84 万人次,同比增长 16.08%;实现旅游收入 1698.08 亿元,同比增长 19.43%。[②] 2019 年以来,冬奥会经济效应初步显现,冰雪旅游热情持续高涨。以吉林省为例,2019 年春节黄金周期间全省接待游客 1471.51 万人次,同比增长 16.52%;实现冰雪旅游收入 142.85 亿元,同比增长 19.6%;人均花费 970.77 元,同比增长 2.67%;人均停留时间 1.92 天,同比增长 0.34%。近三年,虽然冰雪旅游业受到新冠肺炎疫情的不利影响,但复苏较快,实现持续稳定增长。2021 年,吉林省春节假日共接待游客 820.36 万人次,同比增长 69.70%;实现旅游收入 74.59 亿元,同比增长 49.28%。[③] 2022 年,吉林省春节假日期间接待游客 934.14 万人次,同比增长 13.9%;旅游收入 83.85 亿元,同比增长 12.4%。[④]

(三)冰雪旅游项目火热开展

东北地区冰雪旅游项目种类较多,滑雪场、温泉度假区、冰雪主题公园、滑冰馆等数量居全国前列。据统计,东北地区共有 171 家滑雪场开放,占全国总数的 34%,其中仅黑龙江省就有 94 家滑雪场。东北地区冰雪主题公园、专业滑冰馆、冬季室外冰场等支撑冰雪旅游业发展的基础设施也较多,分别为 6 个、18 个、260 个。以吉林省为例,长白山景区位于吉林省东南部,是中国十大名山之一,区域面积达 52.42 平方千米,获评国家 5A 级旅游景区;长白山被誉为世界三大滑雪胜地之一,因降雪具有干燥、松软、结实的特点,是名副其实的优质粉雪。长白山致力于打造体验式深度旅游模式,开发了世界级专业滑道、魔幻漂流、雪地摩托车、狩猎文化和火山温泉等项目,引领了冰雪旅游业发展的新风潮。

(四)市场经营模式多样

东北地区冰雪旅游业快速发展,经营模式不断创新,主要体现为冰雪旅游度假模式、冰雪赛事模式和冰雪节庆模式。其中,冰雪旅游度假模式以集中化、多元型运营为主,产

---

① 田虎. 冰天雪地变金山银　山东北三省冬季旅游迈向世界级[EB/OL]. (2018-02-08). [2022-11-2]http://travel.People.com.cn/n1/2018/0208/c41570-29813668.html.

② 丁宝秀. 吉林"冰雪丝绸之路"建设稳步推进[EB/OL]. (2019-11-13)[2022-11-2]https://www.chinanews.Com.cn/cj/2019/11-13/9006450.shtml.

③ 2021 年吉林省春节假日文化和旅游情况统计[EB/OL]. (2021-02-25)[2022-11-2]http://whhlyt.jl.gov.cn/zwgk/tjsj.

④ 王永珍. 吉林省 2022 春节假日旅游数据发布　冰雪旅游成新年俗[EB/OL]. (2022-02-07)[2022-11-2]http://jl.Cnr.cn/jlyw1/20220207/t20220207_525735266.shtml.

品类型丰富,多以饮食、娱乐、康养、休闲、体验、温泉为核心产品,以冰雪文化、民俗文化、地域文化为特色产品,企业经营范围广,产业链条延展性强。而且东北地区冰雪旅游将优秀的传统民族文化融于冰雪文化之中,传承民俗文化,彰显民族自信。东北地区冰雪度假旅游产品已形成冰雪旅游特色品牌,成为东北地区经济发展的新引擎。冬奥会成功举办过后,东北地区冰雪旅游业以北京冬奥会为契机,策划了优质赛事,形成了立足东北、吸引全国的冰雪赛事创新机制。东北地区举办冰雪赛事活动的经验丰富,每年12月会迎来冰雪赛旺季,包括冰雪摄影大赛、高山滑雪冠军赛、冰雪旅游创意大赛、越野滑雪冠军赛、单板滑雪U型场地赛等,覆盖多个领域,吸引国内外众多爱好者参赛,不仅提升了东北地区冰雪旅游业发展的能力,拓展了区域旅游发展空间,还为冰雪经济发展提供了强大的内生动力。东北地区在冬季会开展各种各样的冰雪节庆活动,包括冰雪文化节、冰雪节、体育节、冬捕民俗节等。例如,吉林省净月潭瓦萨国际滑雪节在开展冰雪赛事的同时,还打造了众多冰雪节庆活动,融入了民俗文化、影视文化,从而激发全民冰雪热情,助力旅游经济发展。

二、东北地区冰雪旅游业发展存在的问题

北京冬奥会的成功举办,助力于冰雪旅游成了热门时尚的旅游产业,推动东北地区冰雪旅游业快速发展,但同时一些亟待解决的问题也逐渐显现。

(一)品牌消费能力不足,IP 特色形象开发滞后

品牌是消费的内驱力,是产品的核心,更是质量的保证。东北地区虽然冰雪资源丰富,但真正形成品牌效应的产品屈指可数,尚未形成代表地方品牌特色的 IP 形象。IP 打造的目的是把产品的功能、衍生的情感和文化的升华进行立体凝聚,使其产生经济价值。以故宫 IP 文创产品为例,2010 年故宫旅游纪念品开始上线,2013 年开启文化创意项目,2016 年底故宫文创产品已达到 9170 种。这些旅游文创产品既传承了历史文化,又增加了故宫收益。但目前,东北冰雪旅游业的文创产品开发略显滞后,冰雪旅游消费能力不足。文化是旅游产业的灵魂,文创产品是旅游品牌的延伸,更是品牌传播的重要途径。旅游文创产品开发不足,导致东北冰雪旅游难以充分满足消费需求,游客文化体验需求难以得到充分满足。

(二)产业同质化严重,产业体系尚不完善

东北地区冰雪旅游业发展势头迅猛,已经开发了冰雪主题乐园、滑雪度假区等特色产品,但产业结构同质化严重。目前,对冰雪旅游景区的打造是重中之重,但景区多以滑雪场、温泉度假区和冰雪主题公园为主,项目缺乏特色、创新性不强,导致在国内外的市场竞争力不足。另外,相关配套服务发展滞后,产业体系尚不完善。从最基础的营销策划,到旅游产业六要素——食、住、行、游、购、娱的配套链,尚未形成规模性配套链条。旅游基础设施配备不足,景区交通、住宿条件、游览内容及娱乐项目可选择性不多、质量不

高,很多景区滑雪设备老旧,存在安全隐患,游客体验感较差。从东北地区冰雪旅游消费占比情况来看,住宿、滑雪、温泉、餐饮、交通、娱乐、购物、门票占旅游开销的比重分别为24%、19%、16%、15%、11%、8%、5%、2%。[①] 消费中附加值最高的娱乐和购物占比较少,表明对地方特色文创产品开发不足甚至存在购物环节的缺失,不利于品牌影响力的扩大,更影响经济效益的实现。

(三)全域旅游规划尚未完成,产业业态有待丰富

全域旅游要实现由单一景区向区域旅游规划的转变,需要以大旅游、大规划、全域性的战略布局进行产业开发支撑。目前,东北地区冰雪旅游业虽然致力于打造"大旅游"发展方向,但部分景区依然存在单打独斗的现象,相关资源没有形成协调联动、信息共享、优势互补,冰雪旅游产业发展依然遵循传统思维,模式固化,尚未充分挖掘冰雪旅游的观光游览、休闲度假的综合性特征,以全域旅游发展理念构建旅游与农业、工业、文化、医疗等产业相融合的发展规划。同时,冰雪旅游产业的业态还有待丰富,如冰雪研学游、冰雪康养游、冰雪气象游、冰雪红色游等开发不足,缺乏沉浸式旅游体验,不利于新兴品牌的创立及产业的差异化发展。

(四)智慧旅游开发不足,服务质量有待加强

智慧旅游是基于大数据、物联网、云计算等技术,利用智能化信息服务平台,实现旅游者、政府和旅游企业三者联系畅通、信息共享,为游客提供便捷自助旅游的新平台模式。智慧旅游在旅游体验、产业发展、行政管理、市场营销等方面的应用,能使旅游要素资源和信息资源得到高度系统化的整合和深度开发与激活,形成更好地服务于游客的全新旅游业态。东北地区冰雪旅游人次逐年递增,急需推进冰雪智慧旅游建设,提升服务质量。尽管各地人民政府都在努力创建智慧旅游平台,但仍停留在导航、人脸识别、数据采集等初级阶段,导览、实时数据提示、精准匹配需求等服务尚待完善。

三、东北地区冰雪旅游业发展路径探索

东北地区冰雪旅游业发展新格局已经形成,但发展过程中需要完善的要素仍在不断增多。面对复杂的社会环境和旅游需求,必须多举并行、立足特色、创新融合、优化环境,以激发冰雪旅游市场的发展潜力。

(一)打造特色IP,提升品牌竞争力

冰雪旅游资源不仅应注重体验性和娱乐性开发,更要把奥运的拼搏精神、冰雪民俗文化和历史寓于其中,使冰雪旅游资源形象更加生动,特色IP打造更加丰富。在特色IP建设过程中,政府应发挥统一管理和协调的作用,做好整体规划,打造顶级IP,拓展产业

---

① 王奇. 东北地区冰雪旅游业发展的新格局及路径探索[J]. 经济纵横,2022(8):83-87.

链,激发 IP 形象的经济价值。例如,从民俗角度出发,可以打造满族、朝鲜族、蒙古族等民族大融合 IP;从革命精神角度出发,可以打造东北抗联 IP;从景观角度出发,可以打造冰灯、雾凇等 IP 形象。东北地区的各省份虽然冰雪资源相似,但各省份的文化都具有鲜明特色,每个 IP 都应彰显各省份的地域、文化、历史特征,避免产品雷同,以此提升冰雪文化内涵和品牌竞争力。同时,应创新开发冰雪旅游文创产品,打造代表区域形象的核心产品,提高消费驱动力,发挥 IP 营销"乘数效应",提高东北地区冰雪旅游业的品牌影响力。

(二)延长冰雪旅游产业链,加快产业融合发展

冰雪旅游产业链的完善是其可持续发展的必要前提。冰雪旅游业的发展应该从依赖门票经济向拓展产业经济转变,通过延长产业链促进产业快速发展。东北地区的旅游市场开发潜力巨大,应从全域旅游视角出发,通过统筹规划、资源共享、产业联动延长产业链,创新娱乐环节,加强冰雪旅游文创产品开发,增加游客的停留时间,促进游客积极消费,带动地区经济发展,促进东北地区"大旅游"格局快速形成。进一步加快建设全域旅游,明确区域旅游经济发展新方向,实现旅游产业六要素对接,加快完善冰雪旅游业产业链体系。产业链总体规划与布局要覆盖交通、景区、度假酒店、度假小镇、服务中心等各环节,并加快产业融合发展。例如,度假小镇通过开发工艺品展示、特色文化街、当地美食历史体验等体现地域文化特征的项目,促进冰雪旅游产业链上下游企业的融合发展,实现多样化经营。

(三)加强产业和服务创新,提高服务质量

当前,旅游产业和服务创新日新月异,产品类型丰富,竞争日益激烈,提升服务品质成为实现旅游产业可持续发展的必然选择。东北地区冰雪旅游业应充分发挥自然优势,融入高科技手段,不断提升服务质量。在交通方面,要根据游客出行规律,适当增加航班、铁路、公路车次,并为自驾游人员提供便利的停车服务,避免"进不去、出不来"的拥堵现象;在住宿方面,为游客提供便捷、干净的住宿条件,同时满足游客个性化、多样化的住宿需求,可以结合东北民俗历史,打造树屋酒店、养生酒店、火炕酒店等;在美食方面,要注重地方特色,如大锅菜等具有代表性的美食,做到精益求精,满足游客品尝、体验民俗文化的物质需求和精神需求;在文化传承方面,要突出东北地区热情好客的核心文化,并将地域文化与冰雪文化相联系,如将冰雪文化与抗联精神相融合,在寒冷的气候下体会民族英雄艰苦抗战、英勇不屈的抗联精神,激发爱国情感,传承红色文化。此外,应拓展研学旅游、运动旅游、康养旅游、乡村旅游、艺术旅游、度假旅游等冰雪旅游新形式。加强服务人员资质培训,以提高突发事件的解决能力,提升游客的服务满意度。

(四)完善配套设施,优化区域环境

冰雪旅游产业开发最核心的部分是景区资源,而配套设施是关键。在景区建设过程

中，无论是核心资源还是辅助设施都要向主题化、精品化、高端化方向发展，不仅要满足游客观赏、审美、体验的需求，还要完善配套设施，保证游客基本购物的需要。东北地区冰雪旅游景区大都坐落在城市远郊，应结合市场环境，整体规划配套设施建设，畅通冰雪旅游路线，通过对投资环境、市场环境、企业环境的全生命周期管理，打破传统经济系统壁垒，实现区域运营一站式全流程服务。优化区域环境是在满足游客需求的同时，促进乡村振兴，增加区域就业机会，繁荣地方文化，发挥冰雪旅游对社会经济系统的引导作用。黑龙江省雪乡、吉林省莲花山小镇都是由单一旅游景区发展到核心辐射全域旅游的整体布局，不仅景区自身服务质量有所保证，并且形成了产业集聚效应，使冰雪旅游从单一景区发展为特色旅游产业综合体，促进了地区社会经济的繁荣发展。因此，优化区域环境要从全域旅游发展视角出发，着眼于点面结合的旅游格局，打造旅游小镇、旅游街区、美丽乡村等区域形态。

（五）完善冰雪智慧旅游服务平台，丰富智能技术应用场景

完善冰雪智慧旅游服务平台，快速推进 AI 能力场景化应用，打造东北冰雪旅游业一站式平台。完善智慧旅游统计系统，除统计全年的游客流量和收益外，加强对每个季节、季度和节假日的信息统计，为政府合理出台政策提供数据支撑，促进区域旅游均衡发展。创新智慧旅游服务系统，如景区容量控制、高峰时期智能疏导、景区智能导览、游客需求精准匹配、AI 服务等，丰富技术应用场景，为游客提供智能设备（如 AI 滑雪板、AI 滑雪鞋等）辅助，既为游客提供了便利，也可提升安全防护水平。借鉴冬奥村的 AI 餐厅、AI 服务等运营经验，完善冰雪旅游新科技的应用环境。增加室内滑雪场 AR、4D 等冰雪体验项目。智慧旅游是未来旅游业发展的重要方向，"互联网＋"是旅游业发展的趋势之一，做好"互联网＋品牌＋服务＋营销＋反馈"的创新性应用，加速东北地区冰雪旅游业的升级发展，为游客打造舒适、便捷、高效、高品质的高科技旅游产品，促进地方经济潜力挖掘，助力东北地区经济的全面振兴和全方位振兴。

第七节　东北地区少数民族冰雪体育项目与冰雪旅游融合发展研究

下文以满族为例进行介绍。

一、吉林省满族冰雪民俗资源概况

（一）吉林省满族资源概况

满族是吉林最主要少数民族之一，主要分布在长春、吉林、通化、四平，吉林省现有 1

个满族自治县、10个满族乡镇、4个满族朝鲜族乡、1个朝鲜族满族乡,满族聚集地较多。在吉林省吉林市已建成的乌拉街满族镇韩屯村,是满族风俗文化村,满族的文化古迹保存得相当完整。省内拥有伊通满族民俗馆,是目前全国唯一一所展示满族传世文物和民俗风情的博物馆。吉林省还会定期举办大型的满族庆典活动,如吉林省满族民俗文化节和吉林四平叶赫满族风情旅游节等。

长白山作为传说中满族的发源地和满族圣地,与满族也渊源颇深。长白山满族剪纸被列入联合国人类非物质文化遗产代表作名录。

总的来说,吉林省满族分布广泛,可挖掘的资源比较丰富。

(二)吉林省冰雪资源概况

冰雪资源是吉林省重要的自然资源之一,吉林省的冰雪资源十分丰富。吉林省的雪是吉林省的冰雪特色之一,因地处世界冰雪黄金纬度带,吉林的雪是难得一见的粉雪,是世界三大粉雪基地之一。吉林省的冰雪格局可以概括为"东雪西冰",东部是堪称粉雪资源富矿的长白山雪经济区,西部是以松原查干湖、白城莫莫格等由冬捕文化连线的冰经济区,中部是拥有数量众多的雪场和冰场的长吉两市组合的冰雪双能经济区。目前,吉林省拥有53座滑雪场,在冬奥会的契机助力下,吉林省重视冰雪资源的开发和冰雪活动的打造,而冰雪与民俗的结合正是吉林省特色旅游的方向之一,吉林省冰雪民俗项目开发前景广阔。

(三)吉林省满族冰雪民俗资源概况

得益于吉林省良好的环境与政策,吉林省满族冰雪民俗保存较为完整。除了专业的民俗博物馆和与满族冰雪民俗相关的各种活动和特色村落外,满族冰雪民俗早已融入本土居民的日常生活。在冰天雪地的冬季,满族的冰雪民俗传承仍在延续,而这些冰雪民俗具有趣味性和参与性,即使是没有经验的普通人和从没见过雪的南方人也能轻易地入门,无论是简单的赏冰灯、堆雪人、打雪仗,还是值得一试的滑冰车、雪地走,亲身参与满族的冰雪民俗活动是体验满族文化和冰雪文化最好的方式。

二、满族传统冰雪体育文化的内涵

据史料记载,西周之前的肃慎人是生活在东北地区满族的先民,后来有记载的满族族系名称多有改变,史学界关于满族族源一直存有争议,该文将之一律称为肃慎系。在每个朝代都具有不同的称呼,如"挹娄"是汉朝时期的称呼,"勿吉"是南北朝代时期的称呼,"勒鞨"是隋唐朝代的称呼,五代、宋、元、明时期则又称为"女真"。清代是满族人建立的王朝,1635年,清太宗爱新觉罗·皇太极颁布圣旨,废止族名"女真",自称"满洲族",后终定族名为满族。以冬季冰雪体育项目为代表的满族传统冰雪体育文化是满族传统体育活动中蕴含的物质与精神文化的总称。满族传统文化是由满族人的生活习俗及日常活动等衍生而来的,不仅是文化的构成部分,更是社会主义体育事业的关键构成部分。

满族冰雪文化是满族人基于冰雪运动项目改造总结的理论经验,其理论不仅涉及精神方面,还涉及物质方面。

三、冬奥会背景下满族冰雪体育文化的发展探究

(一)2008 年北京奥运会对满族冰雪体育文化旅游的发展与影响

2008 年北京奥运会举办期间,有近 60 万国外游客和至少 200 万国内游客云集北京。另外,在 2001—2008 年北京奥运会筹备的过程中,北京也因此受到了全世界前所未有的关注,这期间迎来了大量的旅游者。在奥运会举办过后的 3~5 年中,仍然有很多国内外游客特地来参观北京奥运的体育场馆,总之北京奥运体育旅游非常火爆。2008 年以后,经过近 10 年的发展,中国的综合国力进一步增强,筹备和举办大型国际赛事的经验和能力更加成熟,将会吸引更多的游客前来。在此背景下,加上我国北方具有的先天冰雪优势,将这种我国北方独有的自然旅游资源作为冰雪旅游的基础进行开发,进而形成一种新型的旅游形式——冰雪旅游。满族冰雪体育旅游是冰雪旅游的关键构成部分,人们在旅游过程中参与项目,能够进行养生娱乐、身体锻炼、体育竞赛及满族体育文化交流等。满族冰雪体育旅游具有较强的娱乐性、保健性和文化性。在现有条件基础上,无论是政府、学者还是从业者都应着眼于满族文化特色,利用这一具有"旅游灵魂"称号的元素来构建满族冰雪体育旅游的精髓,对满族冰雪体育旅游品牌进行宣传,设计满族冰雪体育旅游产品。

(二)2022 年冬季奥运会有利于满族传统体育文化的宣传、创新与发展

以冬季冰雪文化为代表的满族传统文化与冬奥会的冬季项目在时间上相吻合,与冬奥会的举办地点在地理上相契合。神秘而古老的萨满文化——萨满舞、热情洋溢的关东情——大秧歌、种类繁多的满族冬季传统体育项目、满族服饰、冰雕雪雕等都是中华民族传统文化的杰出代表。冬奥会开幕式的舞台承载了这些中华传统文化,特别是满族传统体育文化与世界各国文化之间的文化交融、思想沟通和情感共鸣等。另外,索契冬奥会开幕式上,俄罗斯民族艺术本位的推广态度也同样值得我国借鉴。在冬奥会开幕式的组织、设计与表演过程中,中国传统文化在走向国际的过程中也要不断思考如何推行以满族文化为代表的优良传统文化。

在成功举办冬奥背景下,把满族冰雪体育旅游直接定位在传统文化上,对于传扬和宣传满族冰雪体育文化具有诸多益处,有利于增强满族冰雪体育文化旅游产品在市场上的竞争力,更为关键的是契合了冬奥会的主题,符合奥运经济的发展规律,带动了地方经济的发展。因此,将满族传统文化作为打造满族冰雪体育旅游转型与升级的文化源动力,并将其确定为满族冰雪体育旅游的角色定位,是开发和设计既有健身娱乐功能,又充满浓厚的历史文化气息的具有满族文化特色的满族冰雪体育文化旅游产品的必要前提。为了吸引旅游者,应与时俱进、不断挖掘满族文化的深层内涵,将其作为满族冰雪旅游业

的核心竞争力,打造满族文化特色冰雪体育旅游品牌。例如,在冰雪节开幕式上,可以增添具有满族风情萨满舞、身着满族传统服饰的大秧歌,举行能够烘托节日气氛和竞技性强的满族冬季传统体育比赛,如冰嬉、雪地走等;在冰雪大世界和冰灯游园会等旅游景点安排满族歌舞表演、售卖满族传统体育游戏所用的器材和手册、设置有奖品的娱乐性强的满族冬季传统冰雪游戏项目,如抽冰尜、滑冰车和欻嘎拉哈等。

(三)对在校园冬季学生上冰雪活动中推广满族冬季传统体育项目的影响

由于北方冬季气候寒冷,许多运动项目不适合在冬季户外开展,为了激发广大青少年在冬季参加户外运动的热情,增强青少年的体质,许多北方的大、中、小学相继开展了"百万青少年上冰雪""走下网络,走向运动场"等活动,其中就有满族冬季传统体育项目,如抽冰尜、滑冰等。冰雪运动是一项互动性很强的运动,充满了热情、活力,冬奥会在我国的举办将推动我国奥林匹克教育计划的落实,对我国奥林匹克精神的宣扬具有巨大的影响,借我国筹备和举办2022年北京冬奥会的东风,在学校体育教学中对满族传统冰雪文化进行宣传,在很大程度上吻合了我国冬奥会、冬季体育教学和满族传统冰雪体育文化的发展目的。在校园内推行满族传统冰雪体育项目,不仅有利于培养广大青少年的冰雪体育文化素养和冬季运动健身观念,还可以加强广大青少年对传统冬季冰雪体育项目的运动损伤预防和运动安全等相关知识的学习。作为冬季体育活动的重要组成部分,满族传统冬季体育项目凭借其厚重的历史文化内涵、简单易行的可操作性和显而易见的健身娱乐性,必将得到迅猛发展。

四、满族冰雪体育项目与冰雪旅游融合发展策略

(一)满族冰雪体育项目与冰雪旅游融合发展

满族的冬季体育项目是丰富多彩的,除了滑冰和滑雪等传统项目之外,还有很多项目是大众不太熟悉的,但是这些项目的观赏性和参与性较好,如满族的"打滑挞"等项目,可以在冰雪旅游地把这些具有传统色彩的、又对旅游者有很强吸引力的项目引入,让旅游者在旅游过程中既能锻炼,又能娱乐,还了解了满族的传统冰雪体育项目,对满族文化的推广、传播和普及也有积极作用,促进了二者的融合发展。

除了把满族冬季传统体育项目与冰雪旅游结合到一起之外,还可以把满族春季、夏季、秋季传统体育项目(如射击、射箭、赛马等)也与冰雪旅游融合发展,在皑皑白雪中进行这些项目,既让人们有耳目一新的感觉,又能凸显出人们坚强拼搏的精神。

(二)利用满族节日与冰雪旅游融合发展

满族的节日有很多,蕴含着本民族特色的文化内涵,可以把处在冬季的节日有机地结合到冰雪旅游中,如满族的春节刚好与传统的春节长假在同一时期,很多旅游者可以在冰雪旅游的同时,去感受满族节日里的体育项目,感受满族的特色民俗。把不在冬季

的节日移植到冬季的冰雪旅游中,如桓仁满族自治县大雅河龙溪谷冰雪大世界,吸引了众多县内及周边地区游客前来游玩,游客们在冬日里,尽享桓仁冰韵乐趣,感受冰雪运动带来的激情与刺激。大雅河龙溪谷冰雪大世界除了传统的滑雪、滑冰等项目外,还新增了云天冰瀑、冬林冰谷、福山等景点,龙溪谷已经成为集赏冰、娱乐、美拍、运动为一体的旅游景点,让游客在娱乐的同时也能观赏到东北地区独有的冬季美景。让旅游者在冰雪旅游中欣赏和参与到具有满族特色的冰雪运动中,既让满族的节日文化得到了推广和普及,又让冰雪旅游不再单一枯燥,更加丰富多彩,令人流连忘返。

(三)利用满族特色人才促进冰雪旅游发展

把在满族特色体育项目中的杰出人才请到冰雪旅游地,表演本民族的特色项目,并且指导、传授旅游者如何进行这些项目,从而享受其中的乐趣。同时,在高校体育专业开设满族体育项目专业,吸引一些满族体育项目人才进行授课,传授这些技艺,让体育专业的大学生学到更专业的满族特色体育项目,拓展大学生的就业方向,使他们投身于冰雪旅游中,促进冰雪旅游业的繁荣发展。另外,还可以招收一些少数民族的学生,让其学习和发扬本民族的特色体育项目,使其得到推广和普及。

第六章　狩　猎

第一节　狩猎概述

一、概述

狩猎,即打猎,是中国古代融身体、技术、战术训练为一体的军事体育活动。西周时已形成四季农闲时的练兵制度,称春猎为"搜",夏猎为"苗",秋猎为"狝",冬猎为"狩"。因冬季打猎最为广泛,所以通称打猎为狩猎。春秋战国时期练兵习武,规模通常很大。《史记·魏公子列传》:"公子与魏王博,而北境传举烽,言'赵寇至,且入界'。……复从北方来传言,曰:'赵王猎耳,非为寇也。'"《道德经·检欲篇》云:"驰骋畋猎令人心发狂。"这个"狂"字抒发了田猎者那种愉快的心情。唐代著名诗人杜甫曾用"春歌丛台上,冬猎青丘旁。呼鹰皂枥林,逐兽云雪冈。射飞曾纵鞚,引臂落鹜鶬"的佳句颂田猎。春搜即春天打猎,是西周时期农闲练兵制度之一,主要任务是整编队伍,进行基本军事知识训练,即所谓"仲春教振旅",行搜田之礼。夏猎即夏天田猎,西周时期农闲练兵制度之一,主要任务是演练阵法和夜营训练。《左传·隐公五年》:"故春蒐、夏苗、秋狝、冬狩,皆于农隙以讲事也。"杜预注:"苗,为苗除害也。"秋狝即秋天出猎,西周时期农闲练兵制度之一。冬狩即冬季狩猎,西周时期农闲练兵制度之一,全年训练的大检查。

从漫长的人类发展史来看,人类的经济生产方式经历了几个主要的阶段,主要包括采集阶段、狩猎阶段、农耕阶段和工业生产阶段。当然这几种经济生产方式并不是相互分离的,它们在很多情况下是同时存在的,是人类在不同的历史时期、不同的自然环境中生存的群体采用的与自然环境相适应的经济生产方式。在一定程度上,自然环境决定着生活在其中的人类群体所采用的经济生产方式。有时可能在一个自然环境中人们要采用两种或两种以上不同的经济生产方式来维持生活中的物质需求,但是依靠一定的自然环境基础必然导致其会以某一种经济生产方式为主。

三四百万年前,人类就是依靠狩猎和采集野生动植物的方式来获取食物,以求得生存的。根据进化论的观点,人类社会总是由低级向高级不断发展的,其创造的文化也是如此。自从有了人类群体,就有了人类创造的文化,人类社会在不同历史阶段有着不同阶段的文化。随着社会整体的向前发展,部分民族和地区的狩猎文化并没有随着人类整体农耕文化的蓬勃发展而销声匿迹,相反,其与农耕文化逐渐发展成两种不同的文化类型,在人类的整体发展中被比较完整地保留了下来,并体现在人们的经济、文化、社会组织、制度、规范以及伦理道德等社会生活和精神文化领域中。

要想真正地了解狩猎文化,首先要了解狩猎这一经济生产方式以及围绕这一生产方式所形成的物质现象和精神现象。在早期的生产生活中,有些部落或族群将狩猎作为主要的经济生产方式,如居住在内蒙古自治区与东北地区的鄂伦春族、鄂温克族、达斡尔族,也有些部落或族群将其作为解决食物不足问题的主要补充手段。人们在狩猎的发展过程中,制造和使用各种狩猎工具,改进狩猎的方式,形成了与当地自然环境相适应的生活方式和生产方式,并不断发展传承。围绕狩猎这一经济生产活动塑造出了独具特色的狩猎文化,尽管这些狩猎文化会因为地理自然环境的不同而有所差异,但是也具有一定的共通性。

第一,狩猎文化都会受到当地的自然环境的影响。自然环境包括气候环境和地形状况。气候在一定程度上决定着地表的植物覆盖状况,地形和气候结合决定着生活在这一地理区域的生态食物链,也就决定着当地的野生动物的种类和数量。这是狩猎文化形成的自然基础,没有特殊的自然环境就不能长期地维持狩猎经济生产活动,没有这一经济生产活动也就不会形成狩猎文化。因此,自然环境是狩猎文化形成的前提条件。

第二,文化共通性。这种文化共通性主要体现在狩猎工具方面。无论生存在何种自然环境下的狩猎民族或群体,都在与自然漫长的互动中创造出了各种各样的狩猎工具,这些工具一般都比较实用,而且与当地的自然地理条件相适应。在一般的狩猎活动中,主要的代步工具是马,而主要协助性动物都是狗,这在多数的狩猎民族中均有表现,尤其在中国北方的少数民族中最为普遍。此外,还有一些其他的常用工具,如枪、弓、弩、弹弓、标枪等,也几乎在所有的狩猎民族或群体中被使用。

第三,了解动物习性的共通性。动物习性本身是自然界或是自然科学研究的一个范畴,但是在狩猎经济生产活动中,了解动物的习性却是猎民在长期的实践中总结出来的经验,是狩猎文化的重要组成部分。由于各个民族群体生活在不同的自然环境中,他们实施猎捕活动的对象也不尽相同,但是作为一名合格的猎手,了解猎物活动的习性却是一个极为普遍的现象。任何一个狩猎民族,对本民族生活区域内出现的猎物的生活习性都十分了解,而且在打猎过程中都有着十分敏锐的判断能力。

第四,狩猎文化中禁忌习俗的共通性。每个民族在狩猎过程中都有较多的禁忌,但是从整体的狩猎文化看来,主要有几种共同的禁忌:根据当地的自然环境不同,他们有各自的禁猎期,一般春夏季节是动物的繁育期,被规定为禁猎期;对幼崽或怀孕的动物都有禁杀的规定等。

第五,狩猎经济生产活动是形成民族或族群文化的物质基础。在以狩猎为主要经济生产方式的民族或族群中,几乎其他所有的生活内容都与狩猎有着直接或间接的联系,因此狩猎经济生产活动是塑造该民族或族群文化的物质基础。

第二节　鄂伦春族的狩猎文化

一、鄂伦春族狩猎文化的分析

(一)鄂伦春族狩猎文化的特征

1. 鄂伦春族狩猎文化的自然环境特征

鄂伦春族集中在黑龙江北部、内蒙古大小兴安岭地区,属于寒温带半湿润大陆性季风气候,温度低、湿度大、无霜期短。年平均气温－2.7℃～0.8℃,自西向东递增,7月份气温最高,平均为17.9℃～19.8℃,最高温度达37.5℃。无霜期平均为95天。风速较小,年均风速为1.8～2.9米/秒。年降水量为459.3～493.4毫米。气候特点影响了该地区的经济生产方式。

鄂伦春人聚居地山脉纵横,河流交错,覆盖森林的低矮山脉两坡间是溪流和小河,并形成了河谷,有些河岸上长满了落叶松和桦树,河流与山脉间是沼泽和平地。大小兴安岭山系与黑龙江、嫩江流域纵横交错,形成了独特的自然地理环境。山岭上覆盖了茂密的森林,有杉松、樟子松、红松、黑桦、柞树、杨树、白桦等,森林和河源地栖息着各种各样的野禽和野兽,河流小溪中有各种各样的鱼类,河边和山谷的草甸子上生长着多种可食的野果和野菜。这些自然资源为鄂伦春人提供了天然猎场。大小兴安岭位于寒温带,冰期长,冬季最低气温一般达到－45℃。西清在其撰写的《黑龙江外记》中记载"极边苦寒,过夏犹服棉衣",这些资料证明了鄂伦春人生存环境的寒冷。

基于这样的自然环境,在长期的历史发展中,鄂伦春人形成了狩猎这一经济生产方式,并在此经济形态的基础上形成了本民族独特的狩猎文化。

2. 鄂伦春族狩猎文化的特征

对调查资料的总结分析结果显示,鄂伦春族作为一个狩猎民族,在这一特定的自然环境空间中形成了区别于其他狩猎民族的独具特色的狩猎文化,而且狩猎是该文化形成的主要基础。狩猎的经济意义,不仅在于通过它能够取得主食——兽肉,而且能够取得一些其他必要的生活资料,如用于缝制衣服的皮毛。

首先,人与自然和谐相处。当然,在鄂伦春族的普通民众当中,作为民族群体的成员并没有明确地意识到人与自然和谐的重要性,但是在长期的经济生产实践中所形成的一些经验积累以及由此而形成的思想观念明确地表现出了这种特征。在日常的狩猎活动中,鄂伦春人明确地知道在什么季节做什么事情以及在什么季节主要的狩猎目的和目标是什么。比如,在鄂伦春族聚居区有大量的驯鹿,所以鄂伦春人在狩猎过程中有十分严格的时间规定,把猎鹿活动按季节分成了几个时期,不同时期猎取的目标、目的均不同。

在利用桦树皮制作各种日常用品及工艺品时,也体现着鄂伦春人与自然和谐相处的特征。人们一般在七八月份剥桦树皮,因为这时候的桦树皮厚,而且能够很快恢复,不会对桦树的生长造成严重影响。

鄂伦春人的主要处所是"斜仁柱"。这是鄂伦春人在长期的游猎生活中创造出的既简便又有较强环境适应性的住所,是一种很简陋的圆锥形住房,俗称撮罗子。斜仁柱用料较少,建造在一定程度上讲究就地取材,用森林中干枯的木材和猎获动物的皮张及桦树皮作为辅料,一般情况下绝不轻易地砍伐粗大的树木作为建造住所的原料,用数根木杆支撑起一个圆锥,类似于蓑衣形状的空间,然后根据季节的变换在周围围上不同的覆盖物,夏季的时候一般用桦树皮,冬季的时候则用保暖效果相对较好的缝制成扇形的狍皮。斜仁柱达到了现代人要求的低碳生活标准,也是该民族与自然和谐相处的最好体现。

打猎对于群体而言具有一定的组织性,即使作为狩猎者个体也要遵守一定的时令规律,而不能随意打猎。比如,春夏季节属于动物的繁育期,因此不允许进行大规模的猎捕活动,只要能维持最低的生活物资需求即可,可尽量采摘植物果实作为补充食物。动物的幼崽以及怀孕的动物不允许猎杀,这均是人们尊重自然的体现。在狩猎的过程中还有一些其他的特殊禁忌,如不允许随意在森林中点火。这些禁忌式的狩猎规范都体现着鄂伦春人与自然和谐相处的生活状态。当然这些禁忌不是以法律条文或是规范的形式提出来的,而是以禁忌的形式深入人心,而且形成了人们潜意识中的规范体系,规范着人们的思想观念以及日常活动。

其次,众生平等观。通过对鄂伦春族的考察发现,该民族中存在着众生平等的思想观念,这一观念是该民族狩猎文化中的又一重要特征。这里所说的"众生"不仅仅包括该民族的所有民众,而且包括大自然中的一切生命。他们是"万物有灵"论的忠实信徒,认为所有的动植物都是具有灵性的,山里的一草一木以及每一动物都是一个个有灵性的生物,甚至没有生命的山川、河流都被赋予了灵性,都是一种生命的存在形式,因此应该给予敬重。他们甚至把一些独特的岩石和树木看成是山神的化身,这均是他们众生平等的思想观念的一种体现。

这一特征除了表现在对自然的崇拜方面外,还主要体现在族群内部成员之间。在该民族中,要对猎取的动物进行平分,无论男女老少甚至远来的客人都能平均获取一部分猎物。

最后,独特的艺术表现形式。一个民族的文化除了独特的经济生产及分配方式、精神追求外,还有艺术表现。通过调查了解到,鄂伦春族狩猎文化中最具特色的是艺术文化特征。之所以将这些民族艺术的部分也纳入狩猎文化的特征,是因为这些艺术特征与狩猎活动之间有着十分密切的联系。

鄂伦春族的"赞仁达",是该民族的山歌,南木鄂伦春民族乡的鄂伦春老人几乎人人都会唱。"赞仁达"对场地没有特定的要求,有相对固定的曲调,但无固定歌词,鄂伦春人有很高的即兴编词能力。在演唱时,他们根据情景进行即兴编词,以此方式来表达自己内心的感情。这在一定程度上是山林中游猎民族这种漂泊不定、没有固定的居住地、在生产实践中需要随机应变的生活现实在民族传统艺术上的一种反映,即现实生活塑造了这种艺术的风格。

在鄂伦春族中,有"吕日格仁"(鄂伦春语"舞蹈")。舞蹈在鄂伦春人中也是生产活动的一种艺术表现形式。例如,"群禽舞"是一种模仿多种飞禽动作及其鸣叫声的舞蹈。此外还有"熊斗舞""野猪搏斗舞""布谷鸟舞""树鸟舞"等这类舞蹈粗犷豪放,模仿性极强。另一类是表现劳动生活的,如"红果舞",表现了妇女采集红果时的欢笑场面;"依如嫩舞",表现了猎后高兴地将猎物驮向马背的情形;"鲁力该嫩舞"场面较大,人们手拉手围成一圈,左右跳动,是在猎获猎物之后进行的一种庆祝舞蹈。

除了歌舞之外,鄂伦春族在日常生活中也进行雕刻和刺绣,具有较高的雕刻与刺绣艺术水平。且创造出了本民族的独特风格。鄂伦春人能够制造出各种精美的桦皮制品,如"卡密"(桦皮篓)、"奥纱"(桦皮针线盒)、"宽给查"(桦皮桶)、"红盖"(桦皮筒)、"阿达勒"(桦皮箱)等,表面上都雕有不同样式和颜色的图案。除了将桦皮作为艺术材料外,鄂伦春人的刺绣艺术还表现在皮革制品上,主要是表现在"阿拉木西"(皮套裤)、"乌塔罕"(皮口袋)、"阿文"(皮帽)、"苏恩"(皮袍)、"萨勒巴齐"(皮手套)、"卡巴达拉嘎"(烟荷包)以及马褂和鞍鞯上。其中皮手套和烟荷包最为精美。皮手套的图案花纹用各种颜色的薄皮贴绣而成,手背多为吉祥结或云卷图案,手指关节则是桃形或菱形图案,指尖部分有指甲状图案;烟荷包上的图案则多象征爱情。

这些艺术品均与狩猎生活有着密切的关系,桦树皮是鄂伦春人在游猎过程中经常使用的原材料。人们用桦树皮来做简单建筑的覆盖物,用桦树皮制作的篮篓来装一些生活的必需品,这些物品都是狩猎活动中实际需要的东西,它们构成了狩猎文化的独特组成部分,其艺术表现形式也逐渐成了狩猎文化的特征之一。

(二)鄂伦春族狩猎文化的表现方式

1. 崇拜自然

在渔猎社会时期,人们对自然充满了崇拜与尊敬之意,自然崇拜的生存观念一直延续到农业文明之时。鄂伦春族狩猎结束后也常常会祷告,祈求动物的原谅。鄂伦春族对大自然充满了感激之情,认为猎物是大自然的恩赐。例如,《猎神》描述了一位箭法很优异的猎手。其没有本本分分地过日子,而是到处过分夸大自己的狩猎本领。神为了教训这位骄傲的猎手,故意让其一连八九天都打不到一只野兽。由于没有食物,猎手即将饿昏。神动了恻隐之心,让其射中一种狍子。神话故事充分说明了鄂伦春族对大自然的崇拜,充分说明他们对自然的依赖,心无杂念。他们极度讨厌破坏大自然的行为。在与大自然长期相处的过程中,鄂伦春族发现过度破坏自然生态系统的惩罚对象是人类。所以鄂伦春族坚持推崇"世上万物以天地为根"的自然本体思想和价值意识。

2. 游动迁徙的生存方式

游动迁徙是自然生态环境的一种常态。例如,候鸟的南征北飞。对于以捕猎、采集与捕鱼为生的鄂伦春族来说,游动迁徙更是一种必然的生存方式。胡朴安在《中华全国风俗志》中这样记载:鄂伦春人"住所迁徙不定,逐鸟兽而居,大都在有山有河之处。此处鸟兽猎尽,即迁移他处。冬季多住于山之阳,夏季多住于河之滨也"。游动迁徙可以减少族人捕猎活动对自然环境的破坏,不会造成生态失衡,也不会导致生物的灭绝。适度的狩猎可以代替饥饿或者疾病等造成的生物死亡,不会影响动物种群在下一个繁殖季节的繁殖数量。从另一个角度看,鄂伦春族游动迁徙的生活方式平衡了生态、生活与生产三者之间的关系。在迁徙过程中,族人练就了更强的适应能力,形成了坚忍不拔的性格。迁徙还增进了族人与其他民族的交往,促进了信息流通与文化传播。

3.团结一致的生活方式

在早期恶劣的生活环境中,团结一致是人类生存的基本要素。如果人们不能保证团结一致,便无法获得足够的食物。人们在这样的生活环境中逐渐形成了宽容的品性。早期鄂伦春族的渔猎活动是以"乌力楞"为单位的集体行动,人们共同劳动,共享猎获品。随着人口的增加、狩猎规模的不断扩大,鄂伦春人常由三至五人或者五至七人组成狩猎队。组员在狩猎活动中各有任务。不论狩猎技术高低,所有人都可平均分享猎物,老人与小孩或体弱多病的人还可受到额外的照顾。在团结一致理念的影响下,鄂伦春族人十分豁达,狩猎归来后,会分一半猎物给途中遇到的没有收获的猎手。猎手们没有私心,没有争吵,没有猜疑与打架。当年进驻大兴安岭进行开发建设的林业工人在下急雨时最盼望见到鄂伦春人,因为简易的森林铁路常常被山水冲断,给养送不上来,鄂伦春猎民就会送来猎物。可见,鄂伦春人正直、礼貌、坚毅,他们不贪心,不怯懦,是我们学习的榜样。

二、鄂伦春族狩猎文化变迁的人类学反思

早期的鄂伦春人主要在黑龙江以北、库页岛以北、贝加尔湖以南的茂密森林中过着几乎完全封闭的狩猎生活,较好地保持着原生态的狩猎文化。随着外来势力的进入和先进狩猎工具的引入,其狩猎文化发生了很大的改变。从21世纪中期开始,鄂伦春族实行了定居、转产和禁猎等政策,他们的狩猎文化逐步由昌盛走向消亡。通过对鄂伦春族狩猎文化变迁的研究,可以揭示原生态狩猎文化的真正含义,以及学习在文化冲突时如何尊重弱势群体,反思人类的行为应该如何顺应自然,从而达到可持续发展的目的。

(一)鄂伦春族狩猎文化的变迁历程

1.南迁以前的狩猎生活

17世纪中期以前,鄂伦春族还保留着完整的"穆昆制"的社会组织形式,以血缘关系组成的父系氏族公社特征的"乌力楞"是社会生活的基本形式,狩猎生产也是以"乌力楞"为单位集体进行的。塔坦达是狩猎生产的主要领导者和组织者,乌纠鲁达则是塔坦达的

副手,吐阿钦的任务是留在宿营地负责做饭、打柴等杂务。① 这个时期的鄂伦春人已经形成了一套严密的社会组织和分工体系,这种体系与他们的狩猎生活是相适应的。在鄂伦春族生产力水平还十分低下的情况下,个人很难获得能够满足自身衣食需要的猎物,必须有"乌力楞"全体成员的通力合作才能战胜凶猛、庞大的猎物。"乌力楞"成员在塔坦达的带领下,共同生产、共同消费,形成了团结协作、互相依存的生活理念。鄂伦春人最早使用的狩猎工具是石器、木棍和骨器,如扎枪头、箭头就是骨制的。关于弓箭的制作,相关文献是这样描述的:"箭杆用桦木或'极马子'等硬质木料制作。弓背是用落叶松木制成,弓弦是用犴皮条制作。"②据《西伯利东偏纪要》记载,鄂伦春人善使木弓、桦矢。低答弓以黄瓤木为之,性直不弯,长五尺,盈握为度,弦者直亦如矢。矢以蜂桦为之,长视左手至左肩,镞长视食指,本窄末宽约四分。低答以木为之,长七尺余。与弓箭配合使用的工具还有扎枪。扎枪的制作方法是将一木杆削尖,也有的将木杆的一头装上石镞或骨镞,以刺杀野兽。在狩猎时,既带弓箭,也带扎枪。远距离就用弓箭射杀,近距离或遇受伤的凶猛野兽反扑时,就用扎枪与之搏斗,最后将其刺死。鄂伦春族南迁以前,男人主要从事狩猎活动,弓箭、扎枪是他们狩猎的主要工具。除了弓箭和扎枪以外,猎犬、驯鹿、桦皮船和滑雪板等也是鄂伦春人重要的狩猎工具。这个时期的鄂伦春人狩猎的主要目的是满足自己的需要,他们在狩猎中坚持"得一兽而还""幼小的动物不打、怀孕的母兽不打、正在交配的动物不打"的原则,有选择地进行狩猎。他们"一家获牲,必各家同飨,互为聚食",这体现了鄂伦春人宽仁大度、互敬互爱的优良美德,也是形成习惯法则和道德伦理的生活基础。千百年来,他们一直维持着这种可持续生产的生计方式,并没有对生态环境造成伤害,这种尊重自然法则的生存理念是在 17 世纪以前建立起来的。

2. 南迁以后至定居前的狩猎生活

17 世纪中叶,沙皇俄国的入侵致使鄂伦春人开始从黑龙江北岸向南岸迁徙。清政府将他们编入八旗,实施"路佐制"管理,形成了与"穆昆制"并存的管理体制,并促进了鄂伦春族民族共同体的形成。在民国时期、北洋军阀时期、日本帝国主义占领时期,鄂伦春族的狩猎基本组织"穆昆制"始终保持着,这也是其狩猎文化不断延传的基本保障。枪支的传入使鄂伦春人的狩猎生活产生了革命性的改变,最早出现的枪支是火枪,依次是炮子枪、"别拉弹克"枪、连珠枪、"一三"式或"七九"式步枪,枪支的进入途径主要是统治者配发和对外交换。马匹的进入也是鄂伦春族狩猎文化发展的重要标志,"近代鄂伦春马匹的来源有二:一是通过达斡尔族谙达和汉商换来的。二是曾有些鄂伦春人到草地赶过马群"。③ 猎马是鄂伦春人不可缺少的狩猎工具。随着铁器的引入,猎刀成为鄂伦春人必备的狩猎工具和生产生活工具,他们后来可以自己制作猎刀和刀鞘。鄂伦春人的狩猎方式也出现了追猎、穴猎、堵猎等,临时的狩猎组织"安嘎"和单独狩猎也普遍出现了。猎物的

---

① 内蒙古少数民族社会历史调查组. 逊克县鄂伦春民族乡情况[R]. 呼和浩特:内蒙古历史研究所,1959:34.
② 赵复兴. 鄂伦春族研究[M]. 呼和浩特:内蒙古人民出版社,1987.
③ 赵复兴. 鄂伦春族游猎文化[M]. 呼和浩特:内蒙古人民出版社,1991.

分配方式仍然坚持"见者有份"的原则,但共同消费的理念越来越淡化。外部势力的压迫和商品经济的侵入,打破了鄂伦春族那种自给自足的自然经济结构。过去鄂伦春人狩猎的目的仅仅是食肉衣皮,后来是满足交换外来商品的需要,而且商品的比重越来越大。清朝末期,鄂伦春人出现了为满足商品交换而进行的季节性狩猎,一年四季中的所谓鹿胎期、鹿茸期、鹿尾期和打皮子期的狩猎季节,就是为适应这种为商品而狩猎的生产情况才出现的。[①] 商品货币经济的侵入加速了鄂伦春私有制的发展,也造成了社会组织的分化和传统经济生活的改变,从而促进了生产关系的急剧变化。鄂伦春人在这个时期的文化接触中始终处于被动的、受制于人的地位,也遭受了外部势力疯狂的掠夺和残酷的剥削,但也打开了鄂伦春人长期封闭的自然经济大门,引导鄂伦春族从自然经济朝着商品经济迈进。

3. 定居以后的狩猎生活

中华人民共和国成立后,鄂伦春族实现了定居,在"直接过渡"纲领的指导下,根据他们迁徙游猎的生活状况,其社会形态被定义为"原始社会末期"的发展时期。为了帮扶鄂伦春族,政府在原来"安嘎"的基础上成立了狩猎互助组,发放了大量的枪支和弹药,使狩猎活动得到进一步发展。相关材料显示:据黑河民委统计,至 1957 年,黑河地区共调换枪 700 余支,供应子弹 5 万余发。20 世纪 60 年代初期,兴安岭动物资源出现了危机,人们不得不组织远征队到更远的地方狩猎,狩猎对象不断扩大,各种野生动物都成了狩猎的重要目标。1980 年,黑龙江省关于给鄂伦春族群众补发枪支弹药的资料显示:"省军区为鄂伦春族猎民更换了猎枪、子弹。其中,发放了'7.62'步枪 213 支,子弹 13.4 万发,小口径步枪 104 支,子弹 45 万发。"[②]然而,随着自然资源的进一步开发,自然环境和动物资源再次受到了严重的破坏,狩猎已经不仅是鄂伦春人的生产方式,林业工人、盲流等也大量涌入。庞大的狩猎队伍使野生动物资源不断减少,甚至濒于枯竭,自然资源受到了极大破坏,致使各种灾害频发。为了保护自然环境,1996 年 1 月 23 日,鄂伦春旗实行了全面禁猎。根据鄂伦春旗的经验和做法,黑龙江地区也实行了全面禁猎举措。"禁猎"标志着鄂伦春族延续几千年的狩猎活动被彻底改变,致使鄂伦春族传统狩猎文化走到尽头。由上可见,定居以后,大量军事武器的使用彻底改变了鄂伦春族传统的狩猎方式,国家对猎产品的统一收购也改变了长期形成的贸易形式,"万物有灵""天人合一"的生存理念被彻底打破,长期形成的文化传统也被彻底颠覆。

(二)狩猎文化变迁对鄂伦春社会的影响

1. 对生产生活的影响

清朝中后期,枪支、马匹等狩猎工具的进入改变了鄂伦春人的狩猎经济,他们在同外界的交换中获得了粮食、铁器、布匹、酒、烟等生活物品,在享受外来文明的同时也惨遭中

① 《鄂伦春族简史》编写组.《鄂伦春族简史》修订本编写组. 鄂伦春族简史[M]. 北京:民族出版社,2008.
② 逯广斌,韩有峰,都永浩. 鄂伦春族 40 年　1953—1993 年[M]. 北京:中央民族大学出版社,1994.

间商"安达"的残酷剥削和欺压,致使社会生活受制于人。由于鄂伦春人缺乏对外来文化的抵御能力,鸦片、香烟、烈酒很快进入他们的生活,当时的统治者也通过这种手段去控制和利用他们。这个时期生活方式变迁的动力不仅来自外来文化的强势冲击,也来自鄂伦春族社会内部的主动适应,他们一方面获得了物质文明的发展,另一方面却饱受精神方面的折磨,陷入矛盾和痛苦。定居以后,随着狩猎工具的极大补充,鄂伦春人可以获得更多的猎物,收入也得到很大提高,可以在政府的供销社中购得更多的生活物资,生活水平得到了极大的改善。然而,伴随着自然资源的破坏,这种"富裕"的生活很快就遇到了困境,鄂伦春人面临着向农耕文化转型的阵痛。从森林中走出来的鄂伦春族不懂汉语、不会种地,更不会经商,在以后的一系列社会变革中他们茫然失措,尽管人民政府为了帮扶鄂伦春族群众投入了巨大的人力、物力,但是由于不适应社会的发展,他们还是陷入了极度的贫困和空虚,借酒浇愁就成了很多人的选择,也给他们的生活带来了巨大的隐患。1996年1月22日,鄂伦春自治旗"禁猎令"的颁布标志着其传统的狩猎文化从此"断根",无疑也给他们的生产生活带来了巨大的影响。在时代的变革中,有许多鄂伦春族群众对社会越来越适应,走上了多种商品经营的发展之路,但是也有一些人生活在贫困线以下。

2. 对健康状况的影响

外来人口的大量涌入以及自然环境的逐步恶化,使鄂伦春人不断走向社会的边缘。鄂伦春人长期生活在兴安岭森林中,由于空气清洁,自然环境良好,早期的时候他们很少受流行病的困扰。从清朝中后期开始,鄂伦春人与外族频繁接触,由于他们自身对流行病的免疫力很差,致使天花、麻疹、伤寒、肺结核等传染病广泛流行,历史上就有数起因传染病而群死群亡的事件发生。1905年至1938年的33年间,在鄂伦春族中曾经爆发过三次大规模的流行性传染病,共有440名鄂伦春族人死亡。定居以后,由于鄂伦春族聚居更加集中,加之外来人口的不断涌入,肺结核、肝炎等传染病呈集中爆发的趋势,疾病死亡现象仍然很严重。在人民政府的大力救助下,经过广大医疗工作者的长期努力,传染性疾病逐步被控制,但仍然给鄂伦春族群众的健康造成了巨大影响。何群认为:"鄂伦春族因肺结核、肝病、心脏病而致死主要出现在与外界接触频繁之后。特别是从清末民初以后。从文化与环境看,就是狩猎文化与环境所形成的适应与和谐,被社会环境的急剧变化所打破。"[①]近年来,肺结核仍在一些地区对鄂伦春族村民的健康构成威胁,而由饮酒引起的心脑血管疾病、肝病等是致死的重要原因。另外,意外事件是影响鄂伦春族村民健康的另一因素,也是导致他们死亡率偏高的主要原因。传统狩猎文化的遗失和对外来文化的不适应是影响鄂伦春人健康的根本原因。

(三)鄂伦春族狩猎文化变迁与发展的反思

1. 社会文明的发展并没有解决鄂伦春族的社会问题

一切文化都有特定的功能,构成社会统一体的各部分互相配合、协调一致,才能形成

---

① 何群. 环境与小民族生存[M]. 北京:社会科学文献出版社,2006.

一个文化统一体。怀特提出："任何一个民族的文化都是由技术的、社会的和观念的三个子系统构成的，技术系统是决定其余两者的基础，技术发展则是一般进化的内在动因。"①鄂伦春族社会在长期的历史发展中建构了一套与环境相适应的文化体系，当外来技术引进时也就造成了整体文化的瓦解，文化的失衡使鄂伦春族在发展中产生了很多不适应的问题。从鄂伦春族社会发展的历程中可以看到，外来文明的进入不只是使人们得到了物质享受，也给他们带来了疾病、压迫等问题，致使鄂伦春人陷入了新的困惑。在后来的变革中，政府花费巨大的人力物力来改善群众生活、提高其生产技能，但都没有从根本上解决鄂伦春族的生活问题，主要是因为单纯从技术角度不能解决社会的所有问题，只有从文化适应和整体视角去思考才能促进鄂伦春族社会的发展。

2. 环境的改变是鄂伦春族文化不适应的主要原因

斯图尔德的生态人类学理论提出了文化"生态树"的问题，文化在整体进化和发展的过程中保留着横向发展的特殊性。"特殊进化是总体进化中诸如种系、适应、多样化、专门化、衍生等方面的体现。正是通过这个方面，进化才常常被等同于从同质性到异质性的运动。一般进化则是进化总体的另一面。"②萨林斯对特殊进化论的解释为："由于它对所属环境的高度适应化，也就是高度特殊化，该种文化的运作在所属环境中效率越来越高，但对其他生存环境的适应能力却随之下降，以至于离开了他原来所属的环境后，它会变得极不适应。"③鄂伦春族世世代代在兴安岭森林中从事游猎生活，其传统文化与自然环境高度适应和高度"专化"，在茫茫林海中，他们通过天象轻易辨认方向，素有"十个指南针、顶不上一个鄂伦春"之说；他们可以通过痕迹对动物做出准确的判断；他们宁可一无所获也决不滥杀动物；他们的语言、丧葬习俗等无不与狩猎文化密切相关。狩猎文化的高度封闭性使得鄂伦春族与森林高度适应，并形成了一套完整的文化体系。但是，当外来文明涌入时，来自外部的压力和内部的主动适应使得鄂伦春族的狩猎文化逐渐走向衰落，以至于在自然环境改变和社会变革时产生了高度的不适应，并带来了一系列的社会问题。人类学将环境分为自然环境和社会环境，在大小兴安岭自然环境保护越来越受到重视的今天，要求鄂伦春族必须放下猎枪，因地制宜地开展多种经营，走经济发展之路。当现代化信息社会变革以迅雷不及掩耳的速度到来时，他们必须处理好传统文化与外来文化之间的关系，在主流社会"指导变迁"的过程中学会主动地吸收与接纳，以达到与外界环境相适应的良性循环发展。

3. 狩猎文化的资本转换和产业化发展

布迪厄的文化资本理论认为："文化资本在某些条件下可以转换成经济资本，它是以教育资格的形式被制度化的。"④灿烂的鄂伦春族传统狩猎文化启示世人应该如何尊重自

---

① 拉德克利夫-布朗. 社会人类学方法[M]. 夏建中，译. 济南：山东人民出版社，1988.
② 威廉·A. 哈维兰. 文化人类学[M]. 瞿铁鹏，张钰，译. 上海：上海社会科学院出版社，2006.
③ 罗康隆. 文化适应与文化制衡[M]. 北京：民族出版社，2007.
④ 布尔迪厄. 文化资本与社会炼金术[M]. 包亚明，译. 上海：上海人民出版社，1997.

然、爱护自然,以求得人类社会的可持续发展,也给人类的未来发展带来了挑战。尽管鄂伦春族狩猎文化的发展陷入了困境,但神秘的萨满文化、歌舞文化、桦树皮文化、狩猎文化、丧葬文化、饮食文化等却在文化精英的不懈努力下得到了保护,并成为文化产业开发的宝贵资源。在社会资本的运作下,可以将这种资源进行资本专化,通过文化产业开发达到经济发展和文化保护的目的。

文化产业创意是"从市场和产业的角度,针对文化生产和文化服务的思维创新和观念创新活动,它是文化产业的先导,也是发展文化产业的动力"。[①] 大、小兴安岭优越的自然环境、神秘的森林文化为鄂伦春族社会发展提供了机遇,在政府的大力扶持下,在鄂伦春族广大群众的共同努力下,传统狩猎文化的产业化发展必将带来社会经济的发展;同时,可以极大地提高鄂伦春族的"文化自觉"意识,提高民族的自信与自尊,并以此来带动整个民族的振兴。

三、鄂伦春族狩猎文化的生态意蕴

(一)天人相谐的生态实践观

钱俊生、余谋昌在其主编的《生态哲学》一书中,将人与自然的关系分成了四个发展阶段:第一是蒙昧阶段,第二是效仿阶段,第三是征服阶段,第四是和谐阶段[②]。工业社会的迅速发展就是建立在"征服自然"这一观念的指导之下。而如今全人类开始认识到这种发展的模式严重制约了自身的长远发展,因此提出了科学发展、可持续发展理念。人类与自然的关系也逐步向和谐迈进。

在人与自然关系的征服阶段,人们对人与自然关系的认识是"天人分离",倡导人是万物的尺度,这是典型的人类中心主义,体现了主客二分的思维方式。这种天人分离的观念认为自然界是没有生命和理智的客观存在。在人与自然的关系中,人具有主导地位,人与自然界之间的关系是征服与被征服的关系,自然界的万物只有绝对服从于人的意志,才能实现其存在的意义。在此阶段,人与自然之间不是平等的、和谐的关系,而是征服与被征服的关系。

人类中心主义在确立人的主体地位和肯定人的意志方面发挥了前所未有的作用,有助于带动人的积极性、主动性和创造性,因此在进入工业社会之后的几百年内创造了人类几千年来未曾实现的经济规模。但是,人类中心主义指导之下的实践活动除了具有以上积极的意义之外,还给人类社会的长远发展带来了难以估计的损害。人类社会长期以来的发展都是建立在过度开发自然资源的基础之上的。这种社会价值的评估也没有将自然的价值纳入整体评估的范围,它所产生的消极意义远远超过了它的积极意义。其重要的问题在于人类没有正确地认识到人与自然的确切关系,更没有对人与自然关系中存

① 严三九,王虎. 文化产业创意与策划[M]. 上海:复旦大学出版社,2008.
② 钱俊生,余谋昌. 生态哲学[M]. 北京:中共中央党校出版社,2004.

在的问题进行合理有效的解决。这种观点认为,自然是为人类而准备的天然仓库,人完全独立于自然界,其错误就在于没有看到人对自然环境的依赖性。

基于主客二分、天人分离的人类中心主义,人类为了满足自身的欲望,掠夺式地开发资源,从而导致人类的生存环境遭到了严重的污染和破坏。马克思主义实践观认为,人类的实践活动必须建立在认识自然的基础上,应认识规律、尊重自然,按照自然规律办事。人的一切实践活动都必须在遵循自然规律的基础上进行,而不是为了短期的需求而盲目进行。人类在不断地将自在自然转变成人造自然的过程中,首先必须认识到人对自然的依赖性,进而认识应遵循自然规律,最终才能维护自然界的生态平衡。人类要认清人与自然之间的密切关系,要在合理地追求自身利益的同时,自觉地尊重自然规律,进行实践时要做到合理有度,真正地实现人与自然的和谐相处,实现可持续发展。这是与人类中心主义观点完全不同的生态实践观,是可持续发展战略的重要哲学基础,也是人类走向生态文明的实践理念。

从文明发展的进程来看,鄂伦春族在中华人民共和国成立前一直处在原始社会的状态,依靠采集和狩猎为生。如果从人与自然的关系上看,尚处在蒙昧阶段,在这一阶段中,"自然的力量过于强大,生产力水平又极端低下,人类处在受自然界控制的阶段。在这个蒙昧时期,人把自然尊奉为神,自然界具有崇高的地位"。①

从该民族的经济生产方式(狩猎和采集)可以看出,人们的生活时时刻刻与自然发生着直接的关系,对自然的依赖程度大,由于生产力水平较低,人们时刻会受到自然的威胁,自然地理环境对其生产、生活的支配作用极大。因此在这种现实的生活中,鄂伦春人形成了独特的实践观。

由于鄂伦春人所处的地理环境特殊,他们会根据季节的变化和猎物的多少选择游猎的生产生活方式。春天,待到积雪融化以后,鄂伦春人会选择到去年秋天烧过荒、青草茂盛、高峰高岗的地方搭建"斜仁柱"。春季是马要产驹儿的季节,选择这样的地方,一是马的食物来源充足。二是便于观察孕马的情况,便于鄂伦春人在其产驹儿后能够及时照料它们。夏季则选择地势高、树木魁梧却稀松且朽木较多的地方搭建"斜仁柱"。这样做的原因一是能通风且遮阳,二是便于驱蚊蛇。秋季会搬迁至桦树林旁,而绝不选择在松树旁搭建住所,因为桦树茂盛的地方土地湿度大,青草不易干枯,利于猎马长膘;而松树的落叶会落在秋天晒制的肉干上,吃的时候会有松树油味。进入冬季,鄂伦春人会选择树林茂密、朝阳且有泉水的地方搭建"斜仁柱",住上一冬天。在长期的狩猎生活中,鄂伦春人总结了许多生存经验,这才使狩猎生活能够长时期地延续下来。例如,在狩猎过程中人们要搭建"斜仁柱",所使用的材料一般是在林间捡拾一些干枯的树干和树叶,而不会轻易地伤害自然中的其他有生命的生物。在寒冷的冬天,为了取暖,鄂伦春人也会不得已砍伐一些不能成材的树木,但凡是能成材的树木,他们是绝对不会动的。鄂伦春人把养育他们的这片森林视为自己的家园,所以在野外点火时十分谨慎,一般使用完之后要

---

① 钱俊生,余谋昌.生态哲学[M].北京:中共中央党校出版社,2004.

用湿土将灰烬掩埋,这在客观上是防止森林大火的最好措施。

人们在打猎的过程中也要遵从许多禁忌,如在狩猎过程中不允许猎杀正在交配的动物、怀孕的动物和动物的幼崽。春季属于动植物的繁殖期,在该季节内不允许进行大规模的猎杀活动,以促进动植物繁衍生息,同时,能够保持物种的多样性,以利于鄂伦春人今后的生存。鄂伦春人在狩猎的山林中发现比较高大独特的树木、山岭或岩石都会标记号,每当人们走到这些标记前都要下马、跪拜,而且不允许大声喧哗,一般在其周围也不允许进行狩猎活动,这与蒙古族敖包的特点及相关禁忌有些相似,敖包周边不允许放牧,以保护草场,而鄂伦春人在狩猎活动中的这些禁区也从客观上给野生动植物留下了一片安静的繁殖环境,从客观上促进了野生动植物的繁衍生息。鄂伦春人在剥取桦树皮时也十分注意保护桦树的内皮,以保证桦树能够自我恢复。这一切都体现着鄂伦春人的各项生产实践活动都是在与自然和平共处的状态下完成的,而不是建立在强取豪夺的基础上。

鄂伦春人的消费观念极其朴素,这些也体现在了他们的生活实践中。狩猎和采集是鄂伦春人主要的经济生产方式,因此,他们围绕这种独特的经济生产方式生活,使在打猎和采集过程中获取的自然资源都得到了综合利用。鄂伦春人在不同的时期进行不同的经济生产活动,不乱猎滥采,根据时令的变化来安排具体的生产活动,这本身就是一种顺应自然规律的朴素生态主义观念的体现。

就狩猎而言,人们将打来的猎物的各个部分都进行了充分利用,一般猎捕到大型野物的时候,直接在猎获地点对内脏进行分食。然后把动物的血与其肠子制成灌血肠使用,瘦肉部分煮熟后直接食用,而肥肉部分则采用一些办法提取动物的油,甚至对动物的大骨也要敲碎,吸食里面的骨髓。动物的皮毛则用来缝制冬季用的"斜仁柱"周边的帷帐、衣服、鞋帽、手套等。对于猎获的野物进行全面的毫无浪费的利用,体现出了鄂伦春人在狩猎实践中充分利用资源的生态观念。而且春夏季节是狩猎的淡季,他们主要依靠奶食品和野生植物(野菜和菌类等)作为食物的补充。由于春夏季是动物的繁育期,加之该季节食物不宜存放,因此人们都会尽量避免射杀野生动物和采集野生植物。一般猎获和采集的野生动植物的量只要够维持最低生活限度即可。如果猎获和采集的量有剩余的话,人们会将剩余的食物进行晾晒之后储存起来。例如,将肉食切成小块晒干,做成干肉,将野菜(蘑菇等菌类)进行晾晒,做成干菜,在冬季食用。鄂伦春人有这样的观念:自然主宰一切,自然为人们的生活提供物质资源,人类是自然的一部分,必须尊重自然界中的一切存在。由于自然环境的变化直接影响着人们的日常生产活动,因此在生活实践中逐渐使人和环境之间建立起一种荣辱与共的关系。

(二)万物有灵的生态价值观

生态价值观理论认为,生态系统中的一切自然物均具有自为价值、工具价值和生态系统价值等三种价值。所谓自为价值是指自然物自身固有的价值,这种价值不依赖于人的需求。正如霍尔姆斯·罗尔斯顿所说的:"每个植物体的一套遗传物质都是一套规范,使得植物生命在'是'之外还有某种'应该',从而使植物能够生长、能够进行自我修复,能够繁殖,还能够保护自己的同类……这些事物是有价值的,不管是否有人来衡量其价值。它们能照顾自己,能自为地进行它们的生命活动。"①无论人类是否能够感觉和认识到,自然存在物的内在价值永远存在。生态系统作为一个有机的连续体,其各个部分之间存在着密不可分的关系,这些部分都有其独特的自为价值,各个部分在生态系统这一整体中扮演着不同的角色,实现着各自的功能,而实现功能的过程也是实现其价值的过程。部分对于整体的意义也就是所谓的工具价值,各个部分之间也可以互为工具,从而构成一个链条关系。各个部分在自为价值的基础上发挥其对于整体的工具价值,从而实现生态系统的整体价值。

人在整个生态系统当中也仅仅是众多价值体中的一个,其在自为价值的基础上发挥着其对于整体的工具价值。"每个个体都在实现自己作为人的目的,具有内在价值;每个个体作为生产关系中的一员,通过自己的基于生存的劳动、为社会做贡献的方式而具有工具价值;自然生态资源和社会资源的稀缺性,决定对社会资源的分配,必须首先坚持按照公正原则优先保障大多数人的基本生存需要,同时每一个人和社会集体都要从生态系统长期演化的角度把握人在自然生态系统的独特地位,尊重自然生态系统本身的价值,做自然生态系统的守护者、优化者,显示其生态价值。"②

鄂伦春人对自然界万物都有着无上的崇拜之情,尤其对古老的树木、高大的岩石及一些奇怪的影子等自然之物,认为有神灵附于其上,不可轻易触犯。

(三)敬畏自然的生态伦理观

鄂伦春人的生产实践活动都是在充分尊敬自然规律的基础上进行的。其生态伦理观为:人类是自然界的一部分,人与自然其他万物一样,彼此之间是相互依赖的,互为存在的,因此各个部分之间应相互尊重,这种道德义务关系不仅存在于人与人之间、人与动植物之间,而且延伸到了山、石、天、地等自然万物之间。鄂伦春人把人与人之间的伦理道德义务关系扩展到了自然界的万物之间,形成了其独具特色的生态伦理观,这是鄂伦春人世界观、宇宙观的一种体现。

人类作为生态环境中众多生物种类中的一员,其有自身独特的角色,也发挥着其独特的作用。自然生态系统对人的意义和人在整个自然生态中所具有的独特地位,人所具有的伦理道德义务观念应该从传统的人与人之间的范畴扩展到更广泛的人与自然的关系当中。而且人类应该按照这样的伦理道德义务关系来规范自身的实践活动,并按照这一伦理准则来调节生态系统中各个部分之间的和谐关系,进而对整个自然生态系统履行保护的义务。

在保护生态环境、履行生态伦理道德义务方面,鄂伦春族是一个典范。被称为早期

---

① 〔美〕霍尔姆斯·罗尔斯顿. 哲学走向荒野[M]. 刘耳,叶平,译. 长春:吉林人民出版社,2000.

② 马桂英. 试析蒙古草原文化中的生态哲学思想[J]. 科学技术与辩证法,2007,24(4):20-23.

共产主义社会形式下的鄂伦春族,道德是最主要的社会约束力。尽管他们也有国家的法律在强制约束着,但事实上,大多数的条款和禁忌都具有道德的制约性。因而,自然万物在鄂伦春人心中的道德地位是鄂伦春人生态伦理的逻辑根基。

四、鄂伦春族狩猎文化的发展现状和当代价值

"研究这一时期鄂伦春族的生产和生活方式,有助于我们认识一个民族在生产力发展的最初时期与地理环境的关系,了解人地关系的历史以作为研究其发展趋势的参考。"①"少数民族传统生态伦理思想注重人与自然和谐共处,它不仅在人类历史上发挥过巨大的作用,也是世界珍贵的文化资源。这种人与自然应和谐相处的朴素的生态伦理观在当今社会生活中仍然发挥着作用。"②"生态环境的破坏则更加剧了其现有文化的消失。大、小兴安岭的植被不仅仅是树木和花草,鄂伦春文化是更为重要的植被。"③

从以上引文可以看出,鄂伦春的狩猎文化对于现代化背景下倡导的保护生态环境以及正确处理人与自然之间的关系具有重要的借鉴意义。狩猎文化是人类与自然之间对话之后形成的一种和美状态的呈现,也是人类整体文化中的一个重要组成部分,尤其是在生态危机日趋严重,人们越来越意识到生态资源、自然环境的重要性的今天,狩猎文化中的自然生态观对于人类整体的可持续发展具有重要的现实意义。

(一)鄂伦春族狩猎文化的发展现状

通过前面的论述可以看出,传统的鄂伦春人与自然生态环境之间的关系十分和谐,实现了与自然之间共融、共存的状态。对自然资源的开发和利用也在自然的承受范围内,他们以各种禁忌的方式来维护自然生态环境,通过禁时狩猎、狩猎禁忌、适时利用生物资源等方式来维持生态环境的持续稳定、生生不息。但是,随着经济社会的发展,人类活动破坏了原有的生态环境,环境的破坏使得鄂伦春人传统的狩猎经济生产方式遭到了严重的破坏,狩猎逐步退出了鄂伦春人的生活领域。20世纪末期,在国家政策的指引下,鄂伦春人逐渐走出森林,狩猎枪支也被国家收缴,鄂伦春人从狩猎民族逐步向定居的农耕人员转变。

自古以来,鄂伦春族以朴素的生态观维护着他们的生态环境,保持着自然的原始风貌。但是,由于近几十年来森林超量采伐以及毁林开荒等的影响,生态环境日趋恶化。这不仅制约了当地经济的发展,也制约了狩猎文化的延续与发展,而且对周边地区和周边国家的发展都产生了影响。"原有自然生存环境的破坏、生活方式、生产方式的转变、没有文字,都加速了鄂伦春民族文化的消失。"④

20世纪50年代以来,我国对东北地区的兴安岭地区实施开发,对东北地区自然资源

① 修春亮,叶宝明.鄂伦春族的历史地域分布及生存方式与地理环境[J].人文地理,1995(3):71-74.
② 陈旭.少数民族生态伦理思想的文化功能与现代价值[J].新疆社会科学(汉文版),2010(4):96-99.
③ 刘晓春.狩猎文化与生态环境[N].中国民族报,2004-04-16(6).
④ 凌云.鄂伦春民族文化的保护和发展[J].鄂伦春研究,2010,6(1):23.

的开发,包括土地资源和森林资源等,极大地促进了鄂伦春人生活地区经济的发展,东北地区的木材资源也为国家的经济建设提供了有力的支持。但随着森林资源的开发,兴安岭地区的原始森林面积锐减,加之工业污染对自然环境的影响,生态环境也在不断恶化。原始森林是野生动物生存、繁育的保障,原始森林不断消失导致原来依赖其生存的珍稀野生动物物种骤减乃至濒临灭绝。自然环境的破坏、野生动植物资源的减少使得世代以狩猎为生的鄂伦春人被迫放下猎枪。鄂伦春人长期以来进行的狩猎并没有对野生动植物造成威胁,以生存为目的狩猎活动不是野生动物数量锐减的原因,而其锐减的根本原因就是资源开发和工业污染使得野生动物失去了生存、繁衍的自然环境。原有丰富的野生植物、动物等生物资源结构遭到了严重的破坏,生态原有的平衡状态被打破。生态环境的不断恶化对鄂伦春人来说是极其残酷的,人们不得不改变其以狩猎和采集为主的经济生产方式,这种变化对其民族的狩猎文化是致命的打击。

随着自然环境的变迁,国家不得不制定并实施禁猎政策,因此传统的狩猎经济生产方式从20世纪90年代初期全部消失。1996年"禁猎"之后,政府扶持、组织猎民转向以农业为主的多种经营方式。人们放下枪支,离开大山,放下传统的狩猎经济生产方式,开始从事农业、工业、商业以及其他的力所能及的相关产业。辩证唯物主义认为,经济基础决定上层建筑,社会存定决定社会意识,作为狩猎文化经济基础的狩猎经济生产方式的消失对传统狩猎文化的影响极大,这种影响如同釜底抽薪,对于狩猎文化来讲是致命的。

由于经济生产方式的转变,围绕经济生产方式而形成的鄂伦春族的整体生活也产生了相应的变化,主要表现如下。

服饰文化:传统的鄂伦春人的服饰主要以兽皮为主,尽管进入清朝尤其晚清时期布匹开始进入到鄂伦春人的生活当中,但布匹在服饰当中只是辅料。但随着狩猎经济生产方式的结束,人们开始逐步接受布料服饰,原有的皮雕和手工制作的服饰越来越少,而以购买的现成服饰为主。

饮食文化:传统的以狩猎经济生产为主的食物结构以肉食为主,以采集的野生植物的根、茎、叶及菌类为辅。但现在的饮食主要与汉族地区接近,除了有少量的采集的野生植物外,饮食当中很少再有野生动物的肉。因此,原来的在饮食过程中的禁忌以及其他的类似祈福的仪式逐渐弱化甚至消失,围绕饮食而形成的文化渐渐地消失了。

建筑文化:原来的建筑以"斜仁柱"为主,简便易迁,是一种与游猎的经济生产方式相适应的居住方式。鄂伦春人下山后,国家统一为鄂伦春人建造了现代的砖瓦结构的住房与东北汉族地区的住房无任何区别。

民间文艺:由于原来的模仿动物的多样的歌舞都是在特定的环境当中形成的,是与鄂伦春人生活密不可分的一部分。但随着狩猎经济的结束,除了少数的中老年人依旧会传统的歌舞以外,年轻的一代人对这些歌舞不了解,也无兴趣学习。桦树皮工艺不再用于制作日常的生活用品,而是越来越趋于产业化,作为旅游商品进行批量生产、批量销售。其中真正蕴含的鄂伦春人的生活文化意蕴越来越少,甚至传统的源于鄂伦春人生活的各种图示和意蕴也出现了变化,有的掺入了其他民族尤其是汉文化的内容,显得不伦不类。

综上，狩猎文化是具有很强实践性的传统文化，如搭建"斜仁柱"的技术，缝制皮衣、手套、帽子、靴子的技术，射击技术，适时利用生物资源的经验技术以及其他相关的保护生态环境的观念都是在狩猎活动的实践中慢慢形成并不断被学习传承下来的。狩猎经济生产方式的终结不仅是一种经济生产方式的结束，最为重要的是使得传统的狩猎文化失去了实践和不断积累经验并向前发展的基础。

(二)鄂伦春族狩猎文化的当代价值

1. 狩猎文化能培养亲和自然的生态文化理念

狩猎文化与现代的农业文化和城市文化之间有着较大差别。农业文化是以耕作为主的生产活动，所以它的文化也成形于这种破土的过程中。城市文化主要体现在人与人之间的交往模式上，而狩猎文化是在人与自然打交道的过程中形成的。所以，狩猎文化中的每一个细节都与自然有关，处处都渗透着狩猎民族朴素的消费观和与自然和谐相处的生态观。

鄂伦春族狩猎文化中最为重要的观念是人与自然共生观及万物有灵论，表现出了鄂伦春人对自然的尊敬和热爱。这种文化观念是基于生活的纯自然基础，体现出了长期以来鄂伦春族猎民与自然之间的和谐状态。

在现代化的背景下，经济价值或利益成为衡量人类活动的标准，而自然环境本身的价值却被人们忽视。在这样的价值观念的引导下，人类的完全唯利的活动对自然环境产生了不良影响，使得原本稳定的自然生态系统遭到了严重破坏。人类的活动越来越严重地偏离自然界的规律，越来越威胁到人类自身的生存。

与现代经济文化不同的鄂伦春族狩猎文化处处体现着人与自然之间和谐相处的状态，人们以自然为背景进行狩猎经济生产活动，但是人们进行各种生产活动的空间不仅以自然为基础，而且以尊重自然和保护自然为前提。鄂伦春人生于自然、生活于自然，最终以风葬的形式重归于自然。因此，鄂伦春族狩猎文化也完全与自然相融。因此，在现代化的背景下对狩猎文化进行深入研究，挖掘其中人与自然之间和谐相处的模式，不仅能够拉近人与自然之间的距离，而且能使人们充分地认识到自然对于人类持续稳定发展的重要性，通过挖掘和传播，能够使人类形成亲和自然的生态文化观。

2. 狩猎文化能够有效地维护森林生态系统平衡

从鄂伦春狩猎文化形成的自然基础看，森林是鄂伦春人活动的大的自然背景，森林是众多野生动植物栖息、生长的场所，鄂伦春族的狩猎文化也是在与森林打交道的过程中形成的。

在鄂伦春族多层面、多类型的狩猎文化中，最具有意义的是以森林环境为基础而形成的该民族的生态意识，这也是该民族的精神文化的基础。它以自然崇拜为主要形式，以观念、艺术、审美活动及民俗为主要载体，贯穿于鄂伦春人狩猎生产生活的整个过程，在全民族内具有共性认识,是该民族处理人与自然关系的智慧体现,形成了一个完整的思想和精神体系。鄂伦春族生态意识是该民族森林文化的核心内容,是维系整个民族文化体系的精神支柱和文化根基,是最具活力,最有继承、发扬和研究价值的森林文化内容。

鄂伦春人所具有的自然情感主要体现为人林关系的和谐状态。这种自然情感对人类的具体活动具有内在的推动作用,对人在面对自然时所采取的行为产生驱动效应。自然情感的宣泄与交融使得人与大森林的情感处于和谐状态,体现出了鄂伦春人与大森林环境之间的共存关系。鄂伦春人的森林情感主要包括敬畏森林、热爱森林、回报森林、赞美森林四个部分。由此,我们认为在现代人林关系的改善中,应注重培育类似于鄂伦春族狩猎文化中的森林情感。对这种森林情感的培养有助于改善人林之间的矛盾关系,同时这种情感的培养有助于维护森林生态系统的良性循环和平衡发展,因此,培育人类的现代森林情感对于改善现实中的人林矛盾关系具有重要的现实意义。

3. 狩猎文化中的生态思想有助于和谐社会的建设

狩猎文化中的生态思想内容主要包括人与自然和谐、合理利用生物资源及极其朴素的生态消费观,这是一种平和的价值观念,它不仅能够促进人与自然之间和谐关系的进一步发展,而且在一定程度上也是进一步改善人与人之间的诚信友爱的观念基础,甚至能间接地促进民主法治、公平正义、充满活力、安定有序的社会状态的形成。

再有,鄂伦春族狩猎文化思想观念中的人与自然共生观,正是我国目前所要建设的和谐社会中的人与自然和谐相处,使得生产发展、生活富裕和生态良好的本质表达。从人类的起源看,人来自自然,人生于自然而又需要依靠自然资源而生存,去世后仍要归于自然,所以自然是人类活动的舞台,人无论何时何地都无法真正脱离自然。自然对于人类生活、生命如此重要,保护自然就是人类实现可持续发展的最基本前提,如果失去了自然的基础,那么人类将不复存在。

鄂伦春族狩猎文化中的生态思想正符合构建社会主义和谐社会的需要,因此对鄂伦春族狩猎文化生态思想进行分析研究,将其精华部分合理地嵌入现代的社会文化,为社会主义的主导文化注入狩猎文化生态思想的元素,将有利于促进和谐社会的建设。

4. 狩猎文化中的生态思想为可持续发展提供理论依据

可持续发展问题由来已久,随着自然环境的污染越来越严重,人们也越来越重视人类可持续发展的问题。可持续发展主要是针对人们对自然资源的开发状况而提出的,人类的自然开发活动严重破坏了自然界的循环,对再生资源和非再生资源的过度开发使得非再生资源被过度浪费,而再生资源失去了再生的条件。这些活动严重威胁着人类的未来。

可持续发展是指既能满足当代人的需求,又不对后代人满足其需求的能力构成危害的发展。这是一个密不可分的系统,既要发展社会经济,又要保护人类生存所需的大气、水、土地和森林等自然环境、资源,使人类的后代能够稳定、持续发展。可持续发展与保护环境既有联系,又有所不同。保护环境是可持续发展的重要组成部分。可持续发展的第一要义是发展,但要求必须在控制人口数量、提高人口素质和保护生态环境、永续利用资源的前提下进行经济和社会的全面协调可持续发展。其内涵主要包括共同发展,即追求的是整体的发展和协调的发展;协调发展,不仅包括人类社会中的经济、文化、社会的协调发展,更加强调人类社会与自然环境系统的协调。除此之外,可持续发展还包括公平发展、高效发展、多维发展等方面的内容。

狩猎文化中的生态思想主要包括前文中详细论述的天人相偕的生态实践观、万物有灵论的生态价值观和敬畏自然的生态伦理观等内容。这些观念恰恰维护了生态环境当中的自然循环,这些鄂伦春族主观的生态思想观念不仅在客观上起到了保护环境的作用,而且为自然的发展提供了时机,且没有破坏其恢复发展的条件。这些朴素的生态思想观念在诸多方面与目前人类所追求的可持续发展如出一辙。

因此,在现代倡导可持续发展的社会经济文化背景下,研究、挖掘和发扬狩猎文化中的精华部分有助于深化可持发展的理论,也能够使人们真切地体会到什么才是真正的可持续发展、如何做到可持续发展。

5. 保护和传承狩猎文化是对非物质文化遗产的保存

"非物质文化遗产是指各种以非物质形态存在的与群众生活密切相关、世代相承的传统文化表现形式,包括口头传统、传统表演艺术、民俗活动和礼仪与节庆、有关自然界和宇宙的民间传统知识和实践、传统手工艺技能等以及与上述传统文化表现形式相关的文化空间。"[①]非物质文化遗产是以人为本的活态文化遗产,它强调的是以人为核心的技艺、经验、精神,其特点是活态流变。

鄂伦春族的狩猎文化的所有内容几乎全部属于非物质文化的范畴。如鄂伦春族的民间歌舞、桦树皮技艺、皮制服饰的制作技艺以及一些与狩猎相关的仪式等。在狩猎活动中,鄂伦春人逐步对自然环境以及自然界中的野生动植物有十分详细而准确的了解,这些实践知识对于人类整体而言也是文化的重要组成部分,而且属于无法以物质的方式被传承下去的非物质性的文化内容。鄂伦春族的狩猎文化中整体渗透出的生态思想观念对于人类整体而言更是不可多得的非物质文化。

非物质文化遗产的最大特点是与某一民族特殊的经济生产方式有关,是一个民族个性以及民族审美的具体表现。鄂伦春族狩猎文化就是以其独特的狩猎经济生产方式为载体的,因此,随着狩猎经济生产方式的消失,狩猎文化出现了快速消失的现象。非物质文化依托于人而存在,以声音、形象和技艺为主要表现方式,并以身口相传的方式使非物质文化得以延续,是传统文化中最脆弱的部分。因此,需要人对其进行保护和传承。

随着狩猎经济生产方式在鄂伦春人生活中的消失,其狩猎文化也出现了快速消失的现象。随着非物质文化遗产保护越来越受到国际社会的关注,尤其对于一些小民族文化的保护显得越来越重要,许多小民族的生活文化经验对于现代文明的发展具有重要的借

---

① 王文章. 非物质文化遗产概论[M]. 北京:教育科学出版社,2013.

鉴意义,如鄂伦春狩猎文化生态思想观念对于处理人与自然之间的关系具有十分重要的启发和借鉴意义。因此,保护和传承狩猎文化对于人类文化整体的传承和发展具有十分重要的意义。保护和传承狩猎文化就是保护和传承鄂伦春族狩猎文化,就是对鄂伦春族在漫长的狩猎活动中所形成的非物质文化的保护和传承。

第三节　鄂温克族的狩猎文化

鄂温克族是我国东北地区的少数民族之一。历史上,他们生活在茂密的大、小兴安岭两翼,以狩猎生产为主要生活手段。目前,我国鄂温克族主要居住在内蒙古自治区呼伦贝尔市的鄂温克族自治旗、莫力达瓦达斡尔族自治旗、根河市、阿荣旗、陈巴尔虎旗等地,还有一部分分布在黑龙江和新疆维吾尔自治区等地。现在,大部分鄂温克族主要从事畜牧业和农业生产,只有居住在根河市额尔古纳河流域敖鲁古雅乡的鄂温克族从事狩猎和饲养驯鹿。敖鲁古雅鄂温克族是我国鄂温克族中的特殊群体,他们从远古的渔猎经济时代至今从未离开大兴安岭的怀抱,始终在茂密的森林里从事传统的游猎和饲养驯鹿,并保持着古朴、独特的狩猎文化风貌,在森林中过着传统的狩猎生活。郁郁葱葱的大、小兴安岭,绵延千里的额尔古纳河养育了鄂温克猎民,同时,他们也塑造了与这一生态环境相适宜的鄂温克族独有的狩猎文化。这些狩猎文化的种类多种多样,其中主要有用狍皮制成的各种服饰、以桦树皮为原料做成的桦树皮制品。这些狩猎文化的种类、内涵不仅丰富、别致,而且以其精湛的艺术、广博的文化内涵、深邃的哲理闻名于全国乃至世界。本节根据笔者多年的田野考察资料,对敖鲁古雅鄂温克族现今保存的并有代表意义的狍皮文化、桦树皮文化的特征、价值、意义等问题进行了具体、详尽的论述,期望通过比较全面的阐释和研究探讨敖鲁古雅鄂温克族狩猎文化的底蕴,并就敖鲁古雅鄂温克族传统文化在现代文明中如何发挥应有的价值、作用等现实问题,提出一些建议。

一、狍皮文化的社会价值

敖鲁古雅鄂温克族从古至今长年生活在大兴安岭中,天上的飞禽、地上的野兽、水中的游鱼都成了他们的衣食之源。与此同时,他们对动物的习性、功用等均有充分的了解。在这种高山密林、水清岭秀的特殊地理环境中,鄂温克族充满了智慧与勇气。富有创造性的鄂温克族以他们独特的生活经验和审美眼光,特别关注与他们生活密切相关的狍子等林中动物,并充分利用狍子自身的各个部位,为他们的狩猎生活提供充足的物质与精神食粮。仅就狍皮来讲,鄂温克族选择了质地柔软、耐磨、抗寒的狍皮,创造出了千姿百态的衣、裤、帽等多种多样的服饰制品,其种类、样式繁多,足以构成系列狍皮文化圈,堪称鄂温克族宝贵的文化遗产。在此,笔者将对鄂温克族狍皮文化的种类、特征、制作方法及其蕴含的社会价值等问题进行详细的论述。

在鄂温克族丰富多彩的狍皮文化中,狍头皮帽是最有民族特色的头饰制品。首先就狍头皮帽的制作原料和方法来讲,它是别具一格的。它的特殊之处表现在,一顶狍头皮帽是用一个完整无损的狍头皮制成的。制作时,首先把狍头皮用猎刀剥下来晒干揉软,然后在狍头的两只眼睛上镶上一小块黑皮子,同时将两只上翘的狍头角和耳朵完美无缺地保留下来,并在狍头皮帽下段接一圈毛朝内的皮子做帽耳,最后通过细心加工和修饰即可制成一顶做工精细、美观大方的帽子。狍头皮帽特别受鄂温克男子的喜爱,几乎每个鄂温克族男子都把拥有一顶狍头皮帽作为自豪、骄傲的象征。尤其是在过去的狩猎生产中,男子们差不多都要戴上狍头皮帽。鄂温克族认为,狍子是森林中最机智、灵敏的动物,当猎人戴上狍头皮制成的帽子时,猎人也具有狍子一样的灵性和勇气。所以,鄂温克族狩猎时特别喜欢戴上狍头皮帽,猎人们坚信这样能够很容易地猎获野兽。由此看来,狍头皮帽在鄂温克族的内心世界和社会生活中具有极其重要的作用和地位。它不仅是猎人狩猎生产的有力工具,也是激发鄂温克族生活动力的精神依托。因此,鄂温克族猎人常说"要想去打猎,别忘狍头皮帽,戴上狍头皮帽,准保猎获宝"。从上述论述可以看出,狍头皮帽在鄂温克族社会生活中具有十分重要的社会意义和精神寄托的价值。

在鄂温克族狍皮文化世界里,还有用狍皮制成的上衣,其款式和使用价值丰富多样。从季节来看,狍皮衣既有冬季穿的,也有夏季穿的。从样式来看,有长款的,也有短款的。可以说每一种狍皮服饰根据社会生产结构和审美观念的不同,均有其独特、讲究的样式和实际用途。众所周知,鄂温克族地处寒冷地区,所以冬季狍皮服装的种类比较多,主要有狍皮袄、狍皮毛长袍等,夏季狍皮衣在样式、种类等方面与冬季狍皮衣没有太大的区别。冬季狍皮服装一般用一张带毛的狍皮制成,根据个人的喜好,有的狍皮衣皮朝外,有的狍皮衣毛朝外,不论哪一种样式都是非常雅观、简洁、巧妙的。皮朝外的狍皮衣,前面开大襟,右边系扣,前后左右四面开衩,领子的四周、袖口边、开衩处、大襟边镶上黑白颜色的布条作为花边,狍皮采用其本身的浅白皮色,其上还绘有自然界中的花草图案纹。狍皮衣上的各种图案表现了鄂温克族内心世界的理想追求、审美价值取向等。另外一种冬季狍皮上衣是狍皮长毛袍,这是敖鲁古雅鄂温族在寒冬季节狩猎时必不可少的服装,一般是由冬季猎获的厚皮、毛长的狍皮加工而成,样式和花纹与上述皮朝外的狍皮衣基本相同,但身长几乎达到脚跟。夏季狍皮衣的设计、制作与冬季狍皮衣基本一致,在夏季狍皮衣衣袖口边、衣领周围、开衩等处也均绣有图腾与自然界神灵的花纹。但是在某些地方还是有一些区别的,如在制作原料方面,夏季狍皮衣是专门用夏季猎获的短毛、薄皮的狍皮加工而成的,其衣长要到膝盖以下,开大襟,前后左右四面开衩。这种特殊的式样、设计可以说是鄂温克族在茂密的森林与游猎生活中产生的独有创造,具有极强的实用价值与艺术风格,十分便于猎人在林海中骑马打猎时穿用,堪称鄂温克族狩猎经济社会当中的杰作。

鄂温克族狍皮服饰除了上衣之外,还有狍皮手套。狍皮手套有两种:一种是用长毛狍皮制成的,毛朝里、皮朝外,叫两分狍皮手套,也就是整个手套分成大小两部分,这种手套特别适合在冬季狩猎生产中使用。另一种是用夏季猎获的狍皮制成的,做工精致美观,样式十分讲究,是猎民在夏季或秋季打猎时的理想用品。更为有意义的是,这两种手套上常常绣有鄂温克族信奉的祖先神或山神等形状的花纹,这种图案的绘制表示他们的狍皮文化与社会生活文化传承等方面有着密切的关系,也说明狍皮文化的内涵、价值同鄂温克族的社会发展进程有关。

鄂温克族狍皮服饰是一个系统的服饰文化系列,从帽子、上衣、手套到裤子、鞋、皮带乃至袜子应有尽有。单狍皮裤子就有两种:一种叫套裤,另一种叫带毛裤。套裤是鄂温克猎人用夏季的狍皮制作的。样式呈筒式,上边有斜角,前面要比后面稍长一段,钉两个用皮条制成的系带,其中一根皮带套在外裤上面,另一根长皮带系在裤腰带上,然后再把皮带往回拉,系在短皮带的接口上。在狍皮套裤膝盖处还绣有云卷形花纹。鄂温克人春夏季在山林中打猎或秋季在牧场上割草时都会穿狍皮套裤,狍皮套裤具有轻巧、耐磨、防寒、防潮等优点,深受鄂温克猎人的青睐。带毛袍皮裤是冬季进行狩猎的鄂温克人常穿的防寒裤。其样式与夏季狍皮裤基本一样。狍皮裤子的缝合处及上下边沿上也常常绣有狩猎鄂温克人崇拜的传统自然神灵和各种花纹。

鄂温克族狍皮服饰系列文化中还有一种做工非常讲究、外观十分精美的狍皮靴子,享誉鄂温克族的每一个群体和部落。这种狍皮靴子的制作工艺与方法特别有森林民族的风格。一般情况下,制作一双狍皮靴子几乎需要整条狍腿皮,制作时将带有金红色皮毛的一面作为靴子的外层,靴底需用狍脖子上的皮制作。缝制狍皮靴子时全部使用狍子筋捻成的线。狍皮靴子防潮防水,轻巧耐磨,特别适合猎人在森林里行走、打猎时使用。制作狍皮靴子的原料相当特殊,大概经过一年的狩猎生产才能积攒一双狍皮靴子的制作原料,即使这样费工夫、耗精力,鄂温克猎民还是非常喜欢制作、穿用这种靴子。他们认为,狍皮靴子轻巧、舒适、雅观、实用,他们常说"穿上狍皮靴,如同脚上插上了翅膀,不管高山密林,如同走入了平地"。另外,鄂温克族还在狍皮靴的靴筒上绣有蛇、鹰等优美的图案,以此展示他们对蛇神、鹰神的崇拜,并祈求得到蛇神、鹰神的保佑。

通过上述分析、论述我们能够看出,在鄂温克族早期的狩猎经济社会里,鄂温克族以狩猎生产为生活第一需要和主要经济手段。与此同时,他们还将狍子等森林动物当成他们物质生活和精神生活的根基,他们在食用其肉、使用其皮毛的同时,还对狍子等动物内在隐含的温柔、和善、敏捷、机灵等性格进行了认知和思考。他们认为使用这种富有灵性的林中之物的皮毛做衣服,穿在自己身上会使自己也充满灵性,从而使人类有超越自身的神异本领,去战胜生活中遇到的困难和挫折。他们还坚信动物神灵的保护下,他们的生活更加幸福、和谐。很显然,这种万物有灵、自然崇拜的意识是鄂温克族早期狩猎社会的思想精髓,对鄂温克族的、发展及生产生活等诸多方面都产生了极其深远的影响。

当然,上述狍皮服饰制品是鄂温克族在特定的时代与地域产生的本土文化,今天在鄂温克族的社会生活里仍然依稀可见一部分珍贵的遗留,但已经成为鄂温克族宝贵的文化遗产。随着外来人口的增加、森林里的猎物日渐稀少,目前狩猎生产已经成为鄂温克族经济生产中的一项副业,猎取狍子、制作狍皮服饰制品变成了历史。但是一代又一代的鄂温克族人凭借着他们的聪明智慧把狍皮制品作为珍贵的家产完好地保存下来,为我们的社会留下了一笔丰富而奇特的文化遗产,可以令后人吸取前人的创造精华,不断开辟未来的民族宏图大业。一个民族独有的文化对人们的思想境界、社会凝聚力有着极深的潜移默化的教育作用。每当人们提起狍子、狍皮制品时,鄂温克族人的内心深处就充满了喜悦和怀念之情。尤其是鄂温克族老人会把珍藏有一件狍皮服饰作为幸福、富有的象征。今天,我们从现代人的审美视角去审视鄂温克族狍皮服饰的时候,可以毫不夸张地说,狍皮服饰无论在制作方法、样式设计、材料选取、审美情趣等方面,都具有开发、研究的社会意义和文化价值。鄂温克族丰富而独特的狍皮文化所展示的社会意义、独特的文化资源价值在我国现代化建设中有着非常值得探索、开发的潜力和现实意义。

二、桦树皮文化的经济价值

与森林相依为命的敖鲁古雅鄂温克族对森林中的一草一木都有深刻的了解和认识。在漫长的狩猎生活中,他们对桦树的性能与功用了如指掌,无论是过去还是现在,桦树都与他们的生活息息相关。他们用桦树及桦树皮制作房屋、交通工具和日常生活用品,还广泛地开发桦树的潜能,像榨取桦树汁获取生命的源泉这一活动便是典型的例证之一。时至今日,在敖鲁古雅鄂温克族生活的地区仍然可以见到很多精美而别致的桦树皮制品,在此笔者将对这些最有民族特色,而且能够代表敖鲁古雅鄂温克族狩猎文化本源的桦树皮制品的用途、社会价值、艺术风格、审美特征及经济价值等进行详细的论述。

鄂温克族日常生活中的桦树皮制品根据其功能大致可以分为食物器具、杂物器具、服饰用具、婴儿用具等几类。食物器具有桦皮桶、桦皮碗、桦皮盒、桦皮筷子盒等很多种,而且每一种制品的内部还根据结构的大小有很多样式,具有独特的使用价值。桦皮桶是鄂温克族用来提水、采集野菜野果、制作山丁子果酱、酿造野果酒的食物器具之一。鄂温克族主要用桦皮碗来吃饭、喝汤或喝茶。桦皮碗的大小、规格各有不同,耐高温、抗摔碰,深受鄂温克族妇女和儿童的喜爱。桦皮盆是鄂温克族用于盛装饭菜或清洗食物的器具。鄂温克族猎人上山打猎时,总要带上几个桦皮碗、桦皮盆等器具以备野外进餐时使用。

鄂温克族桦树皮制品除了食物器具以外,还有日常生活用品,主要包括桦树皮盒、桦树皮包、桦树皮摇篮等。桦树皮盒包括桦树皮烟盒、桦树皮针线盒、桦树皮帽子盒、桦树皮鞋盒等。我们可以从鄂温克族日常生活中看到,他们使用的各种物品,无论是小巧的针线盒,还是盛装鞋帽衣物之类的柜子,都是用桦树皮制成的。这些桦树皮盒的规格有大有小,形状有长方形、正方形、圆形、椭圆形、菱形等。更为奇特的是,这些桦树皮盒的四周都雕刻着各种各样的花纹和图案,十分精美、高雅。所以说,种类繁多、形状各异的桦树皮盒既是鄂温克族日常生活的用品,又是他们居室中的装饰品。

鄂温克族不但在平常家务、饮食生活里使用桦树皮制品,就是女性在自身打扮、装饰方面也离不开桦树皮制品。鄂温克族妇女最为喜爱的桦树皮包、桦树皮帽子是非常独特的艺术制品。桦树皮包分为背包、手提包、钱包等。背包又分为长方形、圆柱形、梯形等不同款式。手提包上刻有云卷形的花纹,桦树皮钱包多为圆形、长方形等扁状物,结构精细,易于随身携带。鄂温克族妇女精心制作的各种桦树皮包上面均雕刻有各种各样的花纹或动物图案。鄂温克族妇女经常在喜庆节日、外出远游时背上精美、心爱的桦皮包。

这些样式别致、做工高雅的桦皮包使鄂温克族妇女们显得分外漂亮,给人一种来自自然、回归于自然的特殊感觉。桦树皮帽子也是鄂温克妇女的主要装饰品之一。它的形状有大圆边、小圆边或者云卷边等不同样式。每当盛夏,妇女们上山采集野菜、野果时往往都要带上桦树皮帽以遮挡阳光。

桦树皮摇篮的形状非常奇特,从整体上看呈半弓状,两端有弯把,既可以放在炕上摇动,又可以在两端系上皮绳,挂在树上摇晃。由于桦树皮摇篮很轻便,所以鄂温克族人出猎或搬家时,妇女们总是把幼小的孩子放在桦树皮摇篮里背在身上。桦树皮摇篮不仅是婴儿用具,还是鄂温克族姑娘出嫁时的嫁妆。按照鄂温克猎人传统的生活习俗,姑娘结婚时母亲要亲手制作一个十分漂亮的桦树皮摇篮送给女儿,象征着母亲对女儿的美好祝愿,希望女儿一生幸福、安详。

在桦树皮制品中,最能体现树皮雕刻艺术文化的是桦皮箱。桦皮箱有长方形、椭圆形两种,长 60～70 厘米,宽 40 厘米,高 20 厘米。在箱盖和箱的四周均刻有各种花纹、图案。桦皮箱不同部位上雕刻的花纹、图案及所涂的各种颜色都有其独特的寓意。在箱盖的边沿和箱子的四周雕刻的花纹,象征着夫妻偕老、永不变心。箱盖中央雕刻的花纹,象征夫妻永远恩爱、团圆。桦皮箱上红色的花纹象征着女子新婚之喜。黑色的花纹、图案象征着男子新婚之喜。黄色是配色。如果有的桦皮箱上涂着蓝、白两种颜色,则意味着这家女主人遭遇不幸或守寡。桦皮箱不仅是一件生活用品,也是一件精美的艺术品。每当鄂温克族姑娘出嫁时,都要随身携带一个精心制作的桦皮箱作为嫁妆;妇女们用它来装贵重的首饰、衣物及一生中最珍贵、心爱的物品。

我们从上面的论述深刻地感悟到,在鄂温克族猎人的日常生活中,从食物器具、杂物器具到妇女服饰用品等许多方面,均是用桦树皮制成的。由此可以说,桦树与鄂温克族的生活密切相关,在鄂温克族漫长的生活中形成的桦树文化也是光彩耀人的。纵观鄂温克族琳琅满目、形状各异的桦树皮制品,我们看到桦树皮制品具有轻巧、耐用、美观等诸多优点,深受鄂温克族喜爱,多少年来在鄂温克族的生活中被广泛使用。特别是桦树皮制品的制作方法一直被完好地保存至今,具有长盛不衰的生命力,展现出坚毅的民族性格和独有的使用价值,同时蕴藏着深受欢迎的经济市场与经济价值。今天,当你走进敖鲁古雅鄂温克族生活的地区,会被琳琅满目的桦树皮制品所吸引,各种精美的桦树皮制品的上下边沿、顶盖、前后等都刻有古朴浑厚的花草、树木、小动物等花纹、图案。这些花纹有云卷纹、水波纹、菱形纹等不同形状,颜色既有桦树皮本原色,也有红、绿、黄、黑等几种颜色。绿色林海中高大、挺拔的白桦树向鄂温克族默默无闻地奉献着一切,从桦树杆、桦树皮到桦树汁,每一种都在鄂温克族的生产生活中发挥着它应有的作用。在现代化建设、知识经济的时代,具有民族特色的桦树皮制品在旅游、经济开发等方面有着深远的经济价值和现实意义。

三、开发鄂温克族传统狩猎文化的现实意义

一个民族一个地区在人类文明发展史上都会形成本民族、地区独有的民族文化和地

域文化,然而每一种文化的形成都与该民族所处的地域环境、心理结构等方面有着不可分割的关系。我们分析、研究敖鲁古雅鄂温克族狩猎文化的社会意义、经济价值的时候,有必要探讨这种文化形成的客观基础、内在机制及现实意义,这样更有利于理解敖鲁古雅鄂温克族狩猎文化蕴含的思想内涵、审美风格及潜在的经济开发活力、深奥而广博的社会科学价值。

高寒的森林地区是敖鲁古雅鄂温克族狩猎文化产生的首要客观基础。大兴安岭的许多山脉,由东向西、向西北伸展到额尔古纳河,形成了绵亘起伏的高原地带,是我国东北地区尚未砍伐的原始密林地带。这个地区狍子、驯鹿、山鸡等野兽、野禽种类繁多,是稀有的天然猎场。树木的品种也相当丰富,尤其是桦树、柳树、松树等植物茂密丰盛。在与大自然朝夕相处的狩猎生活中,鄂温克族对自然界中的一切充满了神灵观念,并以最高的礼节顶礼膜拜与他们的生活密切相关的动植物。他们在日常生活的各个方面利用这些神灵化的动植物,以期获得这些神灵的智能、灵性和庇护,从而与神灵沟通,与大自然中的日月山川、风雪雨云和谐地共处在一个平和宁静的世界。敖鲁古雅鄂温克族在这种自然环境与文化环境的影响下,以其高超的创造才华制作出品种齐全、样式独特,并洋溢着自然、纯朴、豪放等森林风格的狍皮服饰文化和桦树皮文化。

近几年,鄂温克族的驯鹿经济得到一定的发展,不过相对全国经济建设的进程还是远远滞后。这种状况对于促进鄂温克族乃至全国经济、文化事业的发展都产生了一定的影响。面对这样的现实,我们在提高鄂温克族文化素质、内部自身活力的同时,应该大力开发鄂温克族独有的、在我国乃至世界都独具特色的民族文化资源的精华,使传统狍皮文化、桦树皮文化与现实社会生活、经济建设事业联系起来,转换社会生产结构、人们的思想意识、经济价值观念,以他们特有的文化遗产、艺术创造投入市场经济,激发他们的民族意识与经济观念。当然,我们这里所说的传统文化与经济建设结合必须是根据本民族的客观现实创造性地开发与利用。在现今经济文化迅猛发展的信息社会,如何保护、开发、利用这些品位非凡、享有民族特色的传统文化,对于振兴、加速鄂温克族社会经济的发展是一项十分紧迫而现实的课题。

第四节　达斡尔族的狩猎文化

一、达斡尔族狩猎文化的历史承袭

在中国北方少数民族中,达斡尔族以其曾从事多种物质生产方式,并由此形成的多元物质文化特点而著称,其狩猎文化尤其引人注目。中外历史文献中对比均有相关记载,大致上可分为两类:一类是有关狩猎生产方式的专门的记载,另一类则是对多种经营方式的综合记载,以后者为多。国外文献中尤属俄罗斯的一些远东入侵者或旅行家们的著作中记载略多。17世纪,俄国所谓的"新土地发现者"——哥萨克闯入黑龙江流域后,发现"阿穆尔河沿岸住的是达呼尔人（达翰尔人——编者著）及与其他同族的部落。十七世纪时，达呼尔人就已经有了高度发展的文化。他们定居在乡村里，从事农业，种植五谷，栽培各种蔬菜和果树；他们有很多牲畜；还有从中国运来的鸡。除种庄稼和牧畜外，猎取毛皮兽，特别是当地盛产的黑貂，对于达呼尔人来说也相当重要"。① "结雅河沿岸住着'耕地的人'——达翰尔人。……除了农业和畜牧业外，猎取毛皮兽也是居民的基本营生，周围林中盛产毛皮兽（貂、猞猁、赤狐和黑狐等）。这促进了狩猎业的发展。一个土著居民打一天猎，就可以带回十张或更多的貂皮。"②中国历代文献中也有综合记载，如黄维翰著《黑水先民传》关于达翰尔人从事多种经营的记载："……其野丰水草，多牛马，牛马以谷量。其人民种族繁多，约之为打牲、游牧、力田三类。咸猛鸷轻迹，精骑射。地苦寒，秋季即大雪，皑皑数千里。冰厚逾丈，踰万物咸蛰。而人民日益发舒，伍伍什什，臂鹰腰枪矢，大合围山谷间。或遶车徒其马力，载麦与豆输他境。穷日夕行，腾赴泥雪中，习以为常。"③

二、达翰尔族拥有极为丰富的文学艺术遗产

无论是神话传说、民间故事，诗歌等民间文学作品，还是民歌和舞蹈等艺术形式都综合地反映了达翰尔族的生产和生活状况，是达翰尔族人民宝贵的精神文化财富。狩猎经济的长期延续和发展为达翰尔族的文学艺术提供了丰富的创作源泉。

在原始时代，生产力极端低下的情况下，人们对纷繁复杂的自然现象和人类的起源无法进行科学的解释，于是便产生了各种各样的虚构和幻想，出现了许许多多的神话。一则关于人类起源的达翰尔族神话讲道：在那遥远的古代，山下住着一位老太太和她的两个儿子。他们有神鹰、神狗和神马。在哥俩外出打猎时，有两个仙女下凡来到人间，帮助老太太干活。后来，兄弟俩与两位仙女分别成了亲，生下了许多儿女，达翰尔人便是他们的后代。④ 这则神话认为达翰尔人是猎人与仙女结合后生下的后代，洋溢出浓烈的狩猎文化气息。

另一则神话讲道："在遥远的古代，达翰尔人住在深山密林之中，和动物没有什么区别，全身是毛，不穿衣服，两腿没有膝盖。他们把木棍削尖为矛，猎获兽肉生吃。后来使用了弓箭，猎获的野兽也多了。经历了很长的时间，人类开始吃盐和熟肉，身上的毛逐渐减少，进而会用兽皮做衣服了。"这则神话反映出远古人类食肉衣皮、以狩猎为生的生活景观。

民间传说是达翰尔族文学作品中内容较为丰富的种类之一。《獾子油的传说》和《吃鹿胎的传说》分别讲述了达翰尔族猎人在长期的生产实践中发现獾子油和鹿胎的药用价值的经过，这随着狩猎经济的延续和发展，人们对野生动物的认识也在不断深化。《五大

---

① 〔苏〕安·米·潘克拉托娃. 苏联通史：第1卷[M]. 北京：生活·读书·新知三联书店，1980.
② 〔苏〕巴赫鲁申. 哥萨克在黑龙江上[M]. 郝建恒，高文风，译. 北京：商务印书馆，1975.
③ 丁石庆. 双语族群语言文化的调适与重构[M]. 北京：中央民族大学出版社，2006.
④ 谷文双. 达翰尔族传统狩猎文化考述[J]. 内蒙古社会科学，1998(6)：75-81.

连池矿泉是怎样发现的》讲述了达斡尔族猎人在追逐受伤野鹿的过程中发现这一著名旅游和疗养胜地的经过。《鸡冠石的来历》属于地方风物传说，它以追溯嫩江边上鸡冠石的来历为线索，讲述了贫穷的猎人鄂布尔和奴隶敖登花之间的爱情故事以及二人惨遭"百音"（富人）毒害的悲惨结局，反映了达斡尔族猎人在中华人民共和国成立以前的生活状况。

达斡尔族中还流传着许多富有哲理性的动物故事，如《小白兔》《狗熊与狐狸》等。这类民间故事通常采用拟人化的手法，将人的生命、语言、思想和性格赋予动物，塑造出一系列栩栩如生、性格各异的动物形象。达斡尔人在动物故事中倾注了思想感情和道德观念，从而间接地反映出人类社会不同阶级、不同阶层、不同集团成员之间的利害关系和矛盾冲突。

在达斡尔族的动物故事中，既有纯动物故事，也有人与动物融合的故事，如《套嘎沁脱险》讲述了"套嘎沁"（伙夫）与老虎的神奇交往经历，反映了达斡尔人对猎人命运的关注。

"莽盖"在我国北方各民族的文学作品中经常以反面形象出现，是人们幻想中的产物。从民间文学作品中的有关描述看，莽盖往往长着 1 个、3 个、9 个、12 个或 100 个脑袋，它浑身是毛，是一个半人半兽、肢体庞大、形象怪异的害世巨魔。它掠夺猎场，残害生灵，夺人妻女，无恶不作，是自然力和社会上恶势力的代表和象征。达斡尔族流传着许多与莽盖有关的神话传说和民间故事，如《去杀莽盖》《大萝卜》《天神战胜莽盖》等。

"乌钦"是流传在达斡尔族民间的一种吟诵体韵律诗，反映狩猎生产的典型"乌钦"作品当首推金荣久先生的《狩猎诗》。在这首诗歌中，作者从狩猎工具、捕猎方法、狩猎对象等不同侧面对达斡尔族传统的狩猎经济给予了忠实全面的记录，堪称达斡尔族狩猎生产的经验总结。

在达斡尔族的传统民歌中，劳动歌是一个内容比较丰富的种类，有猎歌、牧歌、务农歌、渔歌、放排歌、烧炭歌、砍柴歌、采集歌等，反映了达斡尔人以多种经营为特点的经济生活。其中，猎歌的数量甚多。例如，在各地的达斡尔人中，流传着许多与猎鹰有关的民歌，流传在黑龙江省齐齐哈尔市的民歌——《鹰啊，我那心爱的鹰》，通俗流畅地描绘了达斡尔人的鹰猎生产过程，通过捕鹰、喂鹰、放鹰、失鹰、寻鹰等一系列情节，突出地表现了鹰与猎人之间唇齿相依、须臾不可分离的伙伴关系。此外，还有反映猎人生活的长篇民歌《德莫日根》，以动物和飞禽为题的《狍子的故事》《鹿》《鹤》等，不胜枚举。

在遥远的古代，世界上的许多民族都有围绕篝火集体跳舞的习惯。在达斡尔语中，"路日给"一词意即把火烧旺，加"勒"这个后缀成分构成名词，用于指本民族世代相传的传统民间舞蹈。"路日给勒"，在开始时多为二人相对慢舞，中间为表演性或叙事性的穿插，结尾是高潮迭起、活泼欢快的赛舞。"路日给勒"的舞蹈动作十分丰富，仅上身舞姿就有 20 多种，有表现摘豆角、提水、洗脸、梳头等的生活写实动作，有鹰飞、熊斗、虎跳等模仿和概括鸟兽习性和特征的舞蹈动作，有上拍手、双搭肩、单盖手等抒发思想感情的动作。

在"路日给勒"中，狩猎舞蹈占据着重要的地位。普列汉诺夫在《没有地址的信》中指出："当狩猎者有了想把由于狩猎时使用力气所引起的快乐再度体验一番的冲动，他就再度从事模仿动物的动作，创造自己独特的狩猎的舞蹈。然而在这里是什么决定着舞蹈的性质,即游戏的性质呢?是严肃的工作的性质,也就是狩猎的性质。"达翰尔人长期的渔猎生产实践及其对野生动物习惯和特征的观察和熟悉,为狩猎舞蹈的产生奠定了基础。《黑熊搏斗舞》《鹰舞》等民间舞蹈在达翰尔人中世代相传,流传至今。例如,双臂上下侧摆、带动手腕轻柔摆动的"鹰飞",取自熊、虎或野鸡跳蹿的仿生动作,"蹲跳步"历来是"路日给勒"的典型动作程式。

传统的"路日给勒"无器乐伴奏,由表演者用高亢洪亮、此起彼伏的呼号声或节拍鲜明严整的民歌伴舞。常见的呼语性衬词有"阿罕拜、阿罕拜","哲黑哲、哲黑哲""德乎、德乎达""哈莫、哈莫"等几十种。有些用于伴唱伴舞的呼号声显然与狩猎生产密切相关,如"哈莫"(熊的吼声)、"格库"(布谷鸟的叫声)、"珠喂"(呼唤猎鹰的声音)等。

三、狩猎对达翰尔族传统文化的影响

《黑龙江述略》记载:"索伦、达呼里(今之达翰尔族)人尝反披狍服,黄看蒙茸,望之生畏。"这说明清代的达翰尔人在传统服饰方面仍然明显地带有狩猎民族的典型特点。实际上,直到20世纪50年代,达翰尔人仍然很少穿着布制服装,尤其是男性劳动者,他们主要穿不吊面的皮袍皮裤。一方面,由于受商业和手工业发展水平的限制,当时的达翰尔人既不能从事棉纺工业的生产,又不能通过交换大批量地引进纺织品以供其日常生活之需;另一方面,通过狩猎生产获得的大量兽皮在一定程度上满足了达翰尔人对服装原料的需要。因此,达翰尔人的服装长期以兽皮为主要制作原料。狍子皮、鹿皮、犴皮、狐狸皮、貂皮、狨鼠皮和狼皮都是达翰尔人制作服装的上好原料。

在漫长寒冷的冬季,男子们通常穿"布贡奇德力",这是一种采用兽皮或牲畜皮制作的长袍。外出行猎者多穿"果罗贡",这是一种毛朝外的皮袍,可以用作迷惑和引诱野兽的伪装。有时,会在狍皮袍的外面再套上一件鹿皮或犴皮马褂,这样会更加保暖。"罕奇日特"是达翰尔人冬季外出劳动时戴的一种皮套袖,可以保暖护手。

达翰尔人的冬季服装通常采用立冬至春节前后猎取的兽皮制作。严冬时猎取的动物毛皮具有绒毛较密、毛质结实不易脱落、皮板厚重能耐寒等特点,用于制作衣服不仅柔软暖和,而且经久耐穿。春秋两季,男子们穿的皮袍叫"哈日密",这种皮袍长至膝盖,采用春、夏或秋初猎取的狍皮制作。无论是"布贡奇德力",还是"哈日密",其前后下摆正中均有开衩,人们将开衩一端掖在腰上,以便于骑马和劳动。在过去,达翰尔族男子的下身一年四季均穿皮裤,并采用相应季节的兽皮制作。在外出劳动时,男子们还要穿上皮套裤,达翰尔语叫"随毕",其既能保护裤子不受磨损,又能抗寒护膝。

达翰尔人的帽子统称"玛格勒",有皮帽、毡帽、礼帽、草帽、官帽等多种,其中以"密雅特玛格勒"最有特色,《黑龙江外记》记载:"索伦达呼尔以狍头为帽,双耳挺然,如人生角。"这种皮帽通常采用狍头皮、狐狸头皮、狼头皮等作为原料制作,并绣出动物的耳目口鼻和各种装饰图案,其效果生动逼真,不仅保暖耐用,而且是猎人们用于接近野兽的一种伪装。

杨宾在《柳边纪略卷》中记载:"护腊,革履也,絮毛子草于中,可御寒。"《黑龙江志稿·

物产志》亦云:"达呼尔,则有皂鞋,鞋尖绣白云头,嫩江以西类然。土人著履曰乌拉,制与靴同,而底软连帮而成,或牛皮或鹿皮缝纫极密,走荆棘泥淖中,不损不失,且能耐冻耐久,市有专肆,力食者,入冬皆依赖之。"革兀革拉(又写作护腊、乌拉等)是东北少数民族传统的足衣形式之一,皮筒皮底。在靴子内絮上革兀革拉靴草,脚上再套上毛袜子或者毡袜子,保暖性会更好。这种靴子暖而不滑,在冰雪上行走轻而无声,便于接近野兽,特别适合于狩猎生活。

达斡尔族妇女在冬季很少外出劳动,因此平时穿布制袍褂,偶尔外出时也有戴皮帽、穿皮坎肩的,但是穿皮衣的较少。

在达斡尔人的饮食文化中,兽肉和飞禽肉历来被视作肉食中的上品,包括狍子、鹿、犴、黄羊、兔子、野猪、野鸡、鹌鹑、野鸭和沙半鸡等。达斡尔人对肉食品的加工和制作有蒸、煮、晒、烤等多种传统方法。

达斡尔人的饮食习惯中尚保留着生吃新鲜狍肝、狍肾和牛羊重瓣胃的古老遗习。人们认为,生吃动物的内脏可以保留其原有的营养成分,能够起到增强视力和养胃健脾的作用。达斡尔人普遍喜欢烤吃新鲜狍肉和煮手把肉,尤其是手把肉,更是每年除夕家家必吃的"团圆饭"。

达斡尔人还善于晒兽肉干,吃时泡煮或油煎加工。野鸡和兔子的肉是调制"大乐布达"鲜汤的上品。飞龙、乌鸡和野鸭等野味是老年人的下酒好菜。

狩猎经济对达斡尔族居住习俗的影响除表现在选择住址时多选依山傍水之地以便狩猎、伐木和砍柴及捕鱼、取水和饮畜等方面外,还表现在室内装饰方面。达斡尔族的室内装饰图案以狩猎场面和飞禽走兽形象居多。有些人家直接用雉羽和野兽的皮毛作为居室的点缀,十分醒目。这是狩猎民族实物装饰传统的遗绪,也表明了达斡尔人对狩猎丰收的祈盼。

达斡尔族猎人在外出劳动时,有时也搭盖一些临时性的住房以遮风挡雨或避寒气,达斡尔人称之为"珠克查"。"珠克查"是一种有门无窗的住房,它用数十根木杆搭成圆锥形的框架,上面再用狍皮或者桦树皮覆盖。这种建筑尽管简陋,但是容易建造和搬迁,特别适合游猎生活的需要,类似于鄂伦春、赫哲等民族的临时性住房——斜仁柱。

第五节　满族传统狩猎运动及其当代价值探析

满族是东北地区的世居民族,据 2021 年第七次全国人口普查结果,目前中国有满族人口 1068.32 万,由于历史原因,满族人散居全国各地,居住在辽宁省的最多。历史上,满族曾统一全国并建立了延续 268 年的清王朝,对中国的历史产生过深远的影响。在近代,满族和其他兄弟民族为祖国的统一事业以及社会主义建设和发展做出了卓越贡献。满族体育作为中国传统文化的重要组成部分,也给国人留下宝贵的体育文化遗产,如珍珠球、蹴球、狩猎、赛威呼、雪地走、双飞舞等项目。满族体育起源于渔猎生产,发展于军事体育,完善于民族融合,孕育出许多风格独特、内容丰富、形式多样,集竞技性、军事性、健身性、娱乐性、观赏性于一体的体育项目,如冰嬉、骑射、摔跤等,既构成了康乾盛世文化繁荣的基础,为中国体育事业的发展做出积极的贡献。其中,狩猎又称捕猎、打猎,指捕杀和猎取野生动物,满语为"abalanbi"。自古以来,狩猎都是满族民众谋生的主要生产方式,也是满族氏族生活中的大事,它不但是人与野兽之间的搏斗,也是人与人之间进行分工协作、密切配合的生产活动。在捕猎的过程中,每当获得较多的猎物时,大家便会一起分享。满族人习惯将猎物多分给他人,少留给自己,这种友好的行为逐渐演变成狩猎这项体育竞赛项目,且深受满族人的喜爱,经过规则的改进和完善,现已成为各级少数民族运动会的竞赛项目和全国少数民族传统体育运动会的表演项目。目前,高校开设"狩猎"课程的可行性研究论文,发表在2016年的《文化学刊》。除此之外未见有其他论文发表,满族传统狩猎运动的研究尚未引起学术界的广泛关注。

一、满族传统狩猎运动现状

狩猎是满族的一项传统体育活动,来源于满族的生产实践,再现了满族森林狩猎的经济类型。早先为"猎手"双方将"猎物"(如虎、熊、狼、豹等布制模型)投入对方背篓中,后逐渐演变为竞技项目,是双方队员通过抢断、传递等技术进行投篓得分的竞赛项目。在1985年8月丹东市首届少数民族运动会上,狩猎被列为正式比赛项目。1985年10月在阜新市举办的辽宁省首届少数民族传统体育运动会上,由丹东市代表团挖掘整理的狩猎资料被改编为表演项目,其表演受到一致好评并引起了有关专家和管理部门的重视和关注。1986年国家民委和国家体育总局领导指示辽宁省民委、体育局对狩猎表演规则进行研究和修改完善。之后,辽宁省代表团的狩猎项目,又首次在全国第三届少数民族传统体育运动会上进行了表演。在1998年,在鞍山市举行的辽宁省第四届少数民族传统体育运动会上,狩猎第一次被列为竞赛项目。在辽宁省少数民族传统体育运动会中,狩猎参赛队伍逐年增加,观赏性、娱乐性和竞技水平逐步提高。狩猎多次作为辽宁省代表团的表演项目在全国各类赛事活动中展示,收到了很好的成效。

随着民族间的交往、交流、交融的加深和文化的变迁,珍珠球、蹴球、狩猎、雪地走等项目逐渐被其他民族所接受,已发展成各民族共有的体育赛事项目,丰富了祖国的体育文化宝库,为少数民族传统体育事业的发展做出了积极的贡献。

二、狩猎的学练技巧

(一)基本技术掌握

狩猎运动技术有自己的特点,由不同的单项技术构成,下面分别叙述各种单项技术。

1. 移动

移动是狩猎比赛中队员为了改变位置、方向、速度等所采用的各种脚步动作方法的总称,这要由准备姿势和身体协调用力两个环节构成。移动是狩猎运动的基础,它对掌握与运用进攻或防守技术非常重要。在进攻中,移动是为了选择有利位置,把猎球投入对方篮中。在防守中,移动是为了阻挡对方的移动,破坏对方的进攻。移动的动作结构主要是由踝、膝、髋关节为轴的多个运动动作组成的。移动的主要动作方法有:

(1)起动。起动是队员在运动场上由静止状态变为运动状态的一种起始的动作,是获得位移初速度的方法。其动作方法是:从基本站立姿势开始,起动时,身体重心向跑动方向移动,以后脚(向前起动)或异侧脚(向前起动)的前掌突然有力地蹬地,同时上体迅速前倾或侧转手臂协调地摆动,充分利用蹬地的反作用力迅速向跑动方向迈出。

(2)跑。跑是队员在运动场上改变位置、发挥速度的重要方法,也是比赛中运用最多的一种移动动作。在比赛中经常运用的跑有以下几种:

①变速跑。变速跑是队员跑动中利用速度的变换来争取主动的一种方法。

②变向跑。变向跑是队员在跑动中突然改变方向摆脱进攻或紧追对手的一种方法。

③侧身跑。侧身跑是队员向前跑动中为了观察球场上的情况,侧转上体进行攻守行动的移动方法。

④后退跑。后退跑是队员在运动场上背对前进方向的一种跑动方法,是为了观察场上的攻守情况。

(3)急停。急停是队员在跑动中突然制动的一种动作方法。它也是各种脚步动作衔接和变化的过渡动作。比赛中急停更多的是与其他移动技术结合在一起运用,分为急停转身和急停侧闪。

①急停转身。急停转身是队员在跑动中突然制动而且突然向后改变方向的方法。动作方法是队员先跨出一大步,用脚跟先着地,再逐渐过渡到全脚掌着地,迅速屈膝,同时身体微向后仰,后移重心。然后跨出第二步,脚着地时,脚尖稍向内转,用脚前掌内侧蹬住地面,两膝弯曲,两脚同时用力带动髋上体向后转,直到转至原前进方向的反方向。

②急停侧闪。急停侧闪是队员在跑动中突然制动而且突然向两侧改变方向的方法。动作方法是队员先跨出一大步,用脚跟先着地,再过渡到全脚掌着地,迅速屈膝,同时身体微向后仰,后移重心。然后跨出第二步,脚着地时,脚尖稍向内转,用脚前掌内侧蹬住地面,两膝弯曲,两脚同时向后脚侧用力,带动身体向后脚侧偏移,转向后直接向前跑出。

(4)跨步。跨步是一种起步的方法。跨步的动作方法是以一脚为中枢脚,另一脚向前或向侧跨出,以便衔接其他动作。

(5)攻击步。攻击步是队员突然向前跨出的一种动作。动作方法是利用后脚蹬地,前脚迅速向前跨出,接近对手。

(6)交叉步。交叉步是移动的一种方法。向右移动时,左脚前脚掌内侧用力蹬地,从右脚向右侧横跨出,同时右脚碾地,上体随之右转。

(7)滑步。滑步是防守移动的一种方法。它易于保持身体平衡,可向任何方向移动。滑步可通过向侧、向前和向后进行滑动来阻截对方的移动。

(8)后撤步。后撤步是变前脚为后脚的一种起步方法。队员为了保持有利的位置,常使用后撤步移动,并与滑步跑等结合运用。

2. 传猎球

传猎球是狩猎比赛中进攻队员之间有目的地转移球的方法,是进攻队员在场上相互联系和组织进攻的纽带,是实现战术配合的具体手段。

传猎球的方法很多,但主要由持球手法和传猎球的动作方法组成。

(1)持球手法。持球手法分单手持球方法和双手持球方法两种。

单手持球方法:手指自然分开,把猎球紧紧抓在手中,放在身边有利的位置。

双手持球方法:双手自然张开,手指稍错开,把猎球抓在手中,肘关节稍屈在胸前。

(2)传猎球的动作方法。传猎球动作是由下肢蹬地,全身协调用力,最后通过上肢的动作把球传到想要传的位置。传球时,应根据接猎球队员的位置和移动速度,决定传球的用力大小和用力方向。主要的传猎球方法有以下几种。

①单手头上传猎球:单手举过头顶,身体向持球手侧的后方反拉成弓状,通过蹬地、转体,带动上肢向前挥出。

②单手体侧传猎球:单手持猎球向体侧后面拉,通过蹬地、转体带动手臂向前挥出。

③单手胸前传猎球:单手持猎球屈肘在胸前,身体稍向持球方向转。通过蹬地、转体、肘关节的前伸及拨指把猎球传出。

④单手下手传猎球:单手持球在体侧,两膝稍下蹲,持猎球手向后面拉,然后后脚向前蹬地,身体向前送,手臂随之向下、向前摆动,把猎球传出。

⑤单手胯下传猎球:上身稍向前倾,单手持球把球从体前经胯向后扔出。

⑥双手头上前传猎球:双手持球向后拉,然后蹬腿、收腹、上体带动上肢向前挥,最后利用手腕的力量把球抛出。

⑦双手头上后传猎球:双手持球在体前,蹬腿、展腹,带动上肢,从下、前方向后挥,把球扔出。

⑧双手胸前传猎球:双手持球在胸前,身体重心稍向后移,然后蹬腿,重心前移,双手同时向前用力,用拨指把球拨出。

⑨双手胯下传猎球:与单手胯下传球基本相似,只是由双手用力。

3. 接猎球

接猎球是狩猎比赛中的主要技术之一,是获得球的关键。接猎球时眼睛要注视球,肩、臂要放松。接猎球方法主要有以下几种:

(1)单手接头上猎球。当来球位置较高时,接球队员应踮起脚跟或者跳起,接球手尽量向上伸,主动去迎接球,用五指把球抓在手里。

(2)单手接胸前猎球。当来球的高度是胸前附近时,五指自然张开在胸前,掌心朝前,主动迎接球,抓住球后迅速回收。

(3)单手接体侧猎球。一只手可以接同侧或异侧的来球。手臂伸向体侧,五指自然张开,掌心向前,主动迎接来球。

(4)单手接下手球。当来球位置较低时,双腿向下弯曲,手指自然张开,伸在胯下,掌心向前,主动迎接球。

(5)双手接头上猎球。当来球位置较高时,接球队员踮起脚跟或者跳起,接球的双手尽量向上伸,双手半圆状,主动去迎接球,用双手十指把球抓在手里。

(6)双手接胸前猎球。当来球的高度是胸前附近时,十指自然张开在胸前,两手腕靠拢,掌心朝前,两手半圆状,主动迎接球,抓住球后迅速回收。

(7)双手接下手猎球。当来球位置较低时,双腿向下弯曲,双手手指自然张开,两手手掌的小指侧靠拢,伸在胯下,掌心向前,双手呈半圆状,主动迎接球。

4. 投猎球

投猎球是进攻队员为了将球投进对方队员的篓子而采用的各种专门的动作方法的总称。投猎球是猎球的主要进攻技术,是得分的唯一手段。

投猎球的方法有以下几种:

(1)单手肩上投猎球。单手持球,屈肘在脸前,通过蹬腿、抬臂、伸肘、拨指等把猎球投出。

(2)单手下手抛投猎球。单手持球在体侧,通过蹬腿、摆臂、伸肘、手指动作把猎球向前抛出。

(3)双手胸前投猎球。双手持球在胸前,利用蹬腿、伸肘的力量把球投出。

5. 抢猎球

抢猎球是从进攻队员手中夺取球的方法。

抢猎球时,首先判断好时机,在持球队员思想松懈或没有保护好而使球暴露比较明显时,迅速把球抢过来。

6. 打球

打球就是击落对方手中球的方法。

7. 断球

断球是截获对方传接球的方法。根据传球方向和防守队员断球所处的位置,断球一般分为横断球、纵断球和封断球。

(二)基本训练方法

狩猎比赛要训练的内容很丰富,主要包括技术训练、战术训练、身体素质训练。下面重点讲述技术训练。

1. 移动技术的训练

移动技术的训练包括起动、跑、急停及各种步法的训练。

(1)起动练习。

①从基本站立姿势开始,听信号或看信号向不同方向起动快跑。②自己或另一个人(先近后远)抛球,球离手后起动快跑接猎球,不让猎球落地。③在场内根据手势或其他

信号做侧身跑、变速跑、变相跑、后退跑练习。

（2）跑的练习。跑的练习方法主要有：原地放松跑，高抬腿跑，小步跑，后踢腿跑。

（3）急停训练。急停训练包括急停转身训练和急停侧闪训练。

急停转身训练的方法有：在慢跑中做突然转身的练习；听到口令或信号后突然停下，立即向后转。

急停侧闪的训练方法有：脚稍分开跑，脚掌向对侧斜上方用力；每隔 1.5 米放一标志杆，队员绕过标志杆做蛇行跑。

2. 传猎球练习

传猎球的方法很多，各种传猎球的练习方法有不同的特点，但基本训练方法都相似，主要有以下几种：①徒手模拟各种传猎球的练习。②持球在原地做各种传猎球的练习。③持球在跑动中做各种传猎球的练习。④多个队员一起做各种传球的组合练习。

3. 接猎球练习

与传猎球的练习方法一样，接猎球的方法也很多，各种接猎球的练习方法也有各自的特点，但基本的训练方法都相似，主要有以下几种：①徒手模拟各种接猎球的练习。②一人传球，另一人在原地做各种接球的练习。③在跑动中做各种接球的练习。④多个队员一起做各种接传球的组合练习。

三、狩猎比赛的规则

（一）比赛要求和方法

双方队员穿不同颜色的服装，背不同颜色的背篓（塑料篓），分站在 15 米×15 米的正方形场地中线的两侧。宣布比赛开始后队员可在场内任何地方站立或活动。持猎球的一方通过传递等方式力图将猎球投入对方的背篓，而对方则力争得到对方投出的猎球，向对方反攻。投中得 1 分，投中后由不得分的一方从背篓中取出猎球，力争将猎球投入对方篓中。每场比赛 20 分钟，中间休息 5 分钟。终场时，以得分多少判断胜负。

（二）参赛人数

每个队由 6 名队员组成，比赛时每次上 3 个，另 3 个作为替补。

（三）换人

换人的次数不受限制，但只有在对方出现违例或犯规时才允许换人。

（四）暂停

每队每半场允许暂停 3 次，每半场没有用完的暂停权不能挪到下半场。

（五）违例

违例的情况有以下几种：

（1）中场开球时身体某一部位接触中线、端线、边线或对方半场地面。

（2）在比赛过程中身体接触边线或端线。

（3）用脚踢球或传球。

（4）在比赛过程中把球传出比赛场地。

（5）20秒违例，即有球权的一方在20秒内没有让猎球触及对方的背篓，而仍然持球在手。

（六）犯规

犯规分为侵人犯规和技术犯规。

（1）侵人犯规有：

在比赛过程中拉人。

在比赛过程中推人。

在比赛过程中用脚绊人。

在比赛过程中用肘顶人。

在比赛过程中撞人。

在比赛过程中阻挡对方队员。

（2）技术犯规有：

公然顶撞或蔑视裁判的判罚。

向对方队员吐口水或恶语伤人。

（七）违例罚则

在中场开球，由违例的对方队员进攻。

（八）犯规罚则

由犯规的对方队员距离犯规的队员进行4米投篮，投中得1分。任何队员侵人犯规五次以上被取消比赛资格，技术犯规两次以上被取消比赛资格。

一般而言，狩猎比赛的注意事项主要有以下几点内容：

（1）有专门的组织来组织比赛，处理有关比赛的各种事宜及组织裁判的培训。

（2）制定统一的竞赛规程，竞赛组织及各参赛队按竞赛规程办事。

（3）竞赛机构要认真组织裁判的培训，统一裁判尺度。在比赛过程中，裁判员要处理出现的各种违例、犯规的情况，做到"公平、公正、准确"。

（4）各参赛的运动员要赛出风格、赛出水平；做到友谊第一，比赛第二。在比赛中服从裁判的判罚。

（5）在比赛时要保证安全,不能出现重大事故。

四、满族传统狩猎运动的特色

（一）操练性的身体活动

满族史称"引弓之民",他们性多淳朴,地产小麦,虽知耕种,而以渔猎为生。早期的狩猎主要是他们为生存而进行的捕食活动,以捕貂、捕鹰、猎鹿、猎熊等为主。狩猎时需要有严密的组织,既要选好狩猎头领,还要在统一指挥下分工合作,进行围猎。通过一代代猎人经验的积累,他们创造了多种狩猎的方法,如民间狩猎方法分为古猎法、打小围、合围、一围再围等①,并形成了满族代表性的聚众合围狩猎法。一般打围是十人至三十人左右,俗称"打小围"。围猎时,先圈占一处围场,"无论人数多寡必分两翼而近,渐次逼近,名曰合围,或一合再合,所得禽兽必饷亲友"。《柳边纪略》打围使人们能获得充足的肉食和御寒的毛皮,也形成了与狩猎相关的体育项目。在同一族群中,会由长者将狩猎的技能技巧传授于少者,但这一活动并没有脱离原始生存技能的范畴。随着狩猎经验的积累、狩猎技能的提高,当获得更多的猎物时,族人会聚在一起分享猎物,人们会把猎物投到背篓内,逐渐形成狩猎游戏。满族发展壮大,尤其是建立自己政权后,仍然进行狩猎活动,但此时的狩猎已经被赋予了军事训练以及消遣娱乐的功能。清军入关后,从康熙二十年（1681年）开始在承德北部设立了"木兰围场",以狩猎方式演习骑射,这种活动到嘉庆二十五年（1820年）的139年间共举行了105次,其规模非常大②。康乾盛世时期,通过狩猎对八旗军队进行体质、技艺、阵营的综合性训练,寓有驾驭蒙古诸蕃,使之畏威怀德,同时宣告天下清朝武力强大、国泰民安,告诫子孙后代勿忘骑射立国之本,不断地强化操练的用意,官方进行的狩猎活动向军事化、制度化、娱乐化方向发展,为狩猎游戏的发展奠定了坚实的基础。在民间,满族人为了能得到更多的猎物,也为训练下一代能掌握谋生的本领,会在闲暇将猎手们组织起来,模仿捕射野兽的动作而进行带有操练性的体育活动,这形成了狩猎运动的雏形,即用猎物模型进行竞赛的体育项目。

（二）身背背篓,展现高尚美德

在远古时期,仅靠狩猎不足以保障人们的生活所需,于是采集就成了满足人类生活的必要补充,也是人类获取食物的重要方式之一。狩猎和采集是满族先民主要的生产方式,他们一般会身背背篓去狩猎或采集,捕到猎物或采集到山珍野味会把它放在背篓中。当捕获猎物或采集丰收时,他们会背起背篓一起返回。在回家的途中,他们会把猎物往他人的背篓中投放,对方尽量躲避不让投放进去,因为谁投得多,就会被视为打猎能手,会受到族人的尊重,易获得姑娘们的倾慕,成为姑娘们的择偶对象。身后背着盛装猎物

---

① 张涛,曹丹. 东北采集狩猎型民族体育文化研究[J]. 体育文化导刊,2008(12):114-116.
② 张佳生. 中国满族通论[A]. 辽宁省哲学社会科学成果奖评审委员会办公室. 辽宁省哲学社会科学获奖成果汇编[2005—2006年度][C]. 沈阳:辽宁省社会科学界联合会,2008:52-57.

的背篓也被运用到狩猎运动中,成为赛场上不断移动的进攻目标,增加了比赛的竞争性、趣味性和观赏性。狩猎运动中,每名队员背后均背背篓,背篓由塑料或竹片制成,上口宽,底部窄,篓口呈半圆形,上宽直径33厘米,上短直径21厘米,下宽直径22.5厘米,下短直径14.5厘米,高23厘米。上口部和底部有两条可以将背篓绑在背后的长带。背篓绑到后背时,上口要与肩部平行。游艺时也可用塑料小筐代替。

满族人通过模仿狩猎的游戏来学习狩猎技能,激发狩猎的勇气和智慧,以此来强健体魄,培养成员间团结协作的精神。为重温收获的喜悦,并把那种获取猎物后的成功和喜悦的心情再度表现出来,族人们竞相参与游戏,发扬奋力将猎物投入背篓的拼搏精神,在游戏中既提高了技能、锻炼了身体,又享受着将猎物投进对方背篓的胜利喜悦,愉悦了身心。狩猎游戏再现了满族人保持传统、崇尚自由、不畏艰辛、勇于拼搏的民族精神。

五、满族传统狩猎运动的当代价值

(一)强壮体魄,促进团队意识

狩猎比赛是集体项目,是集竞争性、对抗性、娱乐性为一体的运动。比赛中,双方队员基本处于奔跑的状态,既要形成包抄进攻,又要随时进行协助防守,攻防转换瞬息万变,要求队员反应迅速、移动灵活、密切配合,齐心协力来完成比赛。狩猎比赛在激烈对抗中进行,对参与者身体素质要求很高,是适合中、青年人竞技的满族传统体育项目,对锻炼身体器官,提高速度,增强灵活性、准确性和判断力以及形成队员的团队意识和相互间的默契配合等都有着积极作用,对提高满族人民体质健康水平起着重要的作用。狩猎比赛时每个参赛队员都要根据场上的比赛情况,讲求战术配合,组织进攻、防守,又要注重团队配合,投球手进攻、包抄手协防;既要兼顾球、队员、场区,又要注意6个背篓在场地内的移动,这6个背篓既是队员进攻时投球得分的目标,又是队员防守时避免被球投中的目标,即每队3个背篓被投中任何1个背篓都有效,提高狩猎进球的概率。比赛中快速的攻防转换,积极的拼抢、防守跑动,强壮了满族人民的体魄,深受满族人民的喜爱。特别是在满族聚居区,狩猎更具有广泛的群众基础,成为满族人在农闲或茶余饭后一试身手的竞赛项目,进而成为节庆活动中重要的竞赛和表演项目或成为民俗旅游项目,提高了人们的身体素质及运动技能,增进了城乡社区人们的沟通了解,活跃了满族人民的业余文化生活。

(二)传承非物质文化遗产,促进体育文化的繁荣和发展

狩猎是满族的特色项目,参赛者身背背篓去竞技,1人或多人形成合围,再现了满族先民狩猎的技、战术配合,让族人永远留存祖先狩猎的文化记忆。狩猎竞赛可以让满族后代了解文化、传承文化、弘扬文化,进一步增强满族的凝聚力和向心力,维护社会的和谐稳定。保护和利用好体育类非物质文化遗产,对找回满族先民留存的文化记忆、传承和发扬满族的文化遗产、弘扬和发展满族优秀传统文化,对增进民族团结和维护国家统

一、增强民族自信心和凝聚力、促进社会主义精神文明建设都具有重要而深远的意义。狩猎比赛既有广泛的群众基础，又有激烈的竞技性、对抗性和娱乐性特征，成为传承满族体育文化的载体。学校是满族体育教育的主要阵地，通过普及、推广和拓展，狩猎成为学校体育教育的课程和群体竞赛的项目，逐渐形成民族院校、体育院校的特色项目。借助现代的多媒体平台，通过宣传、展示和展览让狩猎项目走进校园、走进社区、走向社会，促进了狩猎在少数民族和民族地区的开展和传播，促进了民族文化的繁荣和发展，进而能影响满族人民，吸引他们，使其参与进来并能受益。

（三）团结协作，体现先人后己的社会价值观

狩猎活动经历了从生产技能、军事技能到民族特征的演变，反映出满族及其先民兴衰发展的历程。随着满族人狩猎技能的提高、围猎获取猎物的增多，他们打猎回来后会将猎物集中起来，共同分配猎物。一般由族长主持，平均分配，具体的分配方法是：一户户堆放好，上插各户之箭，人们认箭领物，老人多、人口多而猎手少的户则多分些[①]。由于采用了集体参与的狩猎方式，注重了狩猎者团结协作的方法，所以获取的猎物更多，可分配的数量更大，能够兼顾老人、小孩等弱势群体的生活需求，满足族人的基本生活需求。随着猎物的不断增多，当猎物满足自家需要还有剩余时，一些族人就会将多余猎物进行交换，以满足生活需要。狩猎作为满族及其先民的一项重要传统体育活动，渗透到了满族社会生活的各领域，对民族精神产生了潜移默化的影响，促进了满族人艰苦奋斗的创业精神、不断开拓的创新精神、努力学习的进取精神、包容团结的协作精神的继承和发扬。狩猎中体现的满族人民团结协作、先人后己的奉献精神非常值得现代人去继承和发扬。当今，在一些偏远的满族聚居区还保留着把自己猎获的猎物先分给老人多、小孩多、猎手少的家庭的习俗，如宁古塔（今黑龙江省宁安市）地区的满族人打猎时喜欢将所获的猎物与他人一同分享，这是对原始分配方式的传承，也是满族优秀精神的延续和发扬。狩猎游戏中体现满族锐意进取、互帮互助、尊老爱幼、先人后己的精神与当今所倡导的社会主义核心价值观非常吻合，值得我们去弘扬和发展。

（四）提升文化认同，促进民族团结和社会进步

在长期历史发展进程中，各少数民族形成了在分布上交错杂居，文化上兼收并蓄，经济上相互依存，情感上相互亲近，你中有我、我中有你，谁也离不开谁的民族关系。满族狩猎作为一项传统文化遗产，体现了满族的生产生活和价值观念，提高了满族的凝聚力和向心力。狩猎作为满族一个极具代表性的体育项目，具有满族的民族特征，如文化底蕴深厚、善于吸收异质文化，强悍勤劳、开拓进取的民族精神。满族同胞在参与狩猎比赛的过程中，增加了对狩猎文化的了解、识别、认同、记忆、参与，激发了满族运动员对本民族传统体育文化的自豪感和荣誉感，增强了民族自信心，承继了满族的优秀文化。在狩

---

①　王明霞,关露,刘英超. 长白山与满族的狩猎习俗[J]. 黑龙江民族丛刊,2010(6):124-128.

猎赛场上,各民族运动员同场竞技,引来了各民族群众的赞赏和欢呼,促进了各民族文化的交流交融,提高了各美其美、美人之美、美美与共,共同建设美好家园的意识,强化了对中华民族和中华文化的认同。

近年来,我国政府加大了对少数民族传统体育文化的保护和发展,规定全国少数民族传统体育运动会每4年举办一次,现已举办了10届,每届参加的人数、竞赛和表演的项目数都呈递增的态势,少数民族传统体育运动会已成为展示中国少数民族传统体育的最大平台。"发展民族体育,增强民族体质,加强民族团结,振奋民族精神",是少数民族传统体育运动会不变的宗旨。少数民族传统体育运动会既能够展现竞赛水平的高低,又是展现中华民族团结和多彩民族文化的重要窗口。以往的少数民族运动会只限少数民族运动员参赛,现在则允许一定比例的汉族运动员参赛;取消了金牌榜和奖牌榜,改设一、二、三等奖,淡化了争金夺银的意识,使参加比赛的人数增多了,获奖的人数也增加了,调动了少数民族群众参与的积极性。各民族运动员间呈现了台上竞技、台下切磋、互相学习、取长补短、共同进步的新局面,有利于为谱写"中华民族一家亲,同心共筑中国梦"新篇章做出更大贡献。

第七章　冰嬉运动

第一节　冰嬉运动概述

一、冰嬉运动简介

冰嬉也被称作冰戏,是清朝时期对于当时冰上运动的整体的称呼。先民由于生产和生活的需要,凭借其智慧创造了这一灿烂的文明,使之成为当时一项重要的活动及体育项目。

满族冰嬉是我国古代历史悠久的少数民族传统体育运动形式,包含众多运动项目,如滑冰、滑雪、冰车、冰爬犁等。对于冰嬉起源的说法较多,众多学者认为,冰嬉起源于隋唐时期,兴盛于清代,并列举了大量的史实资料进行佐证。《隋书》记载,当时北方的室韦人在积雪处狩猎"骑木而行",《新唐书》记载"乘木逐鹿冰上",又载"乘木马驰冰上"。也有学者认为,隋唐时代的冰只是萌芽阶段,认为冰嬉起源于隋唐时期是对历史资料的误读,冰嬉真正形成发展在清初时期,繁荣于乾隆时期。

国家重视对传统文化的保护,冰嬉运动得到了挖掘、整理和传承。冰嬉运动在我国民间得到了极好的开展。目前,北方地区冰嬉旅游成了独具特色的冰雪旅游项目,极大地提升了冰雪旅游的品牌效应。冰嬉运动是在寒冷环境中开展的,极大地调节了人体对冷热环境快速交替变化的适应力,提高了机体的免疫力,增强了人体的抗寒能力,同时,冰嬉运动为北方冬季人们开展健身活动提供了必要的项目支持,对于提高和保持北方冬季人们的健康水平具有重要意义。冰嬉运动具有较强的娱乐性,能够提升人们从事冰嬉运动的兴趣,特别适合青少年人群。冰嬉运动对激发青少年热爱祖国传统文化、改善青少年体质健康现状都具有重要的促进作用。

二、冰嬉运动的主要项目

由多民族体育文化融合形成的冰嬉运动的内容极其丰富,种类繁多,在宫廷和在民间的冰嬉活动也不尽相同,不仅仅是对速度的考验,还对耐力、队形、技巧和其他方面都有着相应的要求。每年冰嬉大典都会举办几天,每天的项目从无重复,可见其内容之多、种类之丰富。冰嬉运动的主要项目有以下几种。

(一)抢等

抢等也就是现代的速度滑冰比赛。清朝时期,八旗的士兵选手们在距离皇帝御用冰床两三公里处一字排开,发令官在皇帝的冰床旁摇旗发令,炮声响起,即可开跑。士兵们脚踏冰鞋,身着箭衣,从起点同时出发,朝着皇上的终点处蜂拥而出,按到达终点的先后顺序分为头等、二等,按等级受赏。对于这一具体细节,吴振棫的《养吉斋丛录》记载:"去上御之冰床二、三里外树大纛,众兵咸列。驾既御冰床,鸣一炮,树纛处亦鸣一炮应之。于是众兵驰而至。御前侍卫立冰上,抢等者驰近御座,则牵而止之。至有先后,分头等、二等,赏各有差。"①虽然等级不同所受的赏赐也不同,但只要是参加的人员均可或多或少的得到赏赐,皇帝看了比赛也十分高兴,可谓是皆大欢喜了。这是我国古代按速度快慢给予奖励的滑冰比赛,与现今短道速度滑冰比赛有极大的相似之处。

(二)抢球

冰嬉中的抢球是将八旗士兵分为两大队,每队大概有几十名士兵,比赛前两队士兵脚着鞋底带齿的冰鞋,身着红、黄亮色队服,每方设有一个旗门,两队分列两侧,御前侍卫用力将球(球是用兽皮制成的,内部填充毛发等物品,比现在的排球要小一些)踢至两队中间,两队奋力争夺,争夺到球的一方要想方设法地突破对方队员的层层包围将球投至对方旗门,也可将球传给队友进行投球,另一队球员也可以进行争夺,如此往复,投进对方旗门球数多的一方为胜方,两队完成比赛后再续两队。根据《清文献通考》的记载:"兵分左右队,左队衣红,右队衣黄,既成列,御前侍卫以一球猛踢之,至中队,众兵争抢;得球者复掷,则复抢焉。有此已得球,而彼复争夺之者;或坠冰上,复跃起数丈,又遥接之。"②所有比赛中这是用时最长的一个比赛项目,大概需要一天才可以完成。后来该活动流传至民间,老北京的什刹海曾出现过冰上足球一类的活动。

(三)转龙射球

转龙射球是冰上射箭活动,是结合射箭与滑冰两项运动的一种项目。该项目八旗分为八个队,每队有人员在前方背着代表本队颜色的旗在前方做引导,后面跟着手执弓矢之人,最后面跟着幼童作为龙尾。据乾隆在诗中表示到:射球兵丁一百六十名,幼童四十名,俱服马褂,背小旗,按八旗各色以次走冰较射、陈伎。八旗队伍在冰上曲折前行,远处看就如同龙一样蜿蜒前行。在靠近皇上的御用冰床附近设有一座旗门,上面挂着一个球,被称作"天球",下面悬着一个球,被称作"地球",队伍行进到旗门附近时,手执弓矢的兵丁开始射球,先射天球,再射地球,射中者再归回队伍尾部,继续走队,如此往复。关于当时详细的记录正如吴振棫的《养吉斋丛录》记载:"走队时,按八旗之色,以一人执小旗

① 吴振棫. 养吉斋丛录[M]. 北京:北京古籍出版社,1983.
② (清)刘锦藻. 清朝文献通考 2[M]. 杭州:浙江古籍出版社,1988.

前导,二人执弓矢随后,凡执旗者一二百人,执弓者倍之,盘旋曲折行冰上。远望之,蜿蜒如龙。将近御座处,设旌门,上悬一球,曰天球,下悬一球,曰地球。转龙之队疾趋至,一射天球,一射地球……中者赏。复折而出,由原路盘曲而归其队。其最后执旗者一幼童,若以为龙尾也。"①此项运动对于射箭和滑冰都有极高的技能要求,因此具有极高的观赏性。

(四)其他项目

1. 打滑挞

打滑挞是从高的地方向下滑冰,也就是冰滑梯。冬天人们浇水结冰成冰山,到达一定高度后,从坡顶向下滑,有人为了加快速度,还在鞋底踩一块毛皮,滑到地面上不摔倒的人即胜利。"禁中冬月,打滑挞。先汲水浇成冰山,高三四丈,莹滑无比。使勇健者着带毛猪皮履,其滑更甚,从顶上一直挺立而下。以到地不仆者为胜。"②但是这项运动的普及性不是很高,民间几乎没有这项运动,只存在于宫廷中。该项目与现代的高台滑雪极为相似。

2. 冰上蹴鞠

蹴鞠,也就是冰上足球。《帝京岁时纪胜》中记载:"每队数十人,各有统领,分位而立,以革为球,掷于空中,俟其将坠,群起而争之,以得者为胜。或此队之人将得,则彼队之人蹴之令远。欢腾驰逐,以便捷勇敢为能。将士用以习武。"这个项目没有什么固定的规则,基本上同蹴鞠一样,简单易玩,因此在民间也十分盛行。冰上蹴鞠与现代的冰球运动很相似,只不过当时的队员是不握球杆的,并且手和脚都可以接触到球。

3. 摆山子

摆山子,是由近百名擅长滑冰的士兵共同参加的一个项目,这些士兵在冰鞋大臣的令旗指挥下,跟随领队沿着固定的路线,一人右转,后面的士兵都随其右转,一人向后翻身,后面的士兵都随其向后翻身。"五色战裙,上下掀腾,风驰电转,朱缨貂尾,左右摇荡;钢条所至,冰层刺刺作响,各个足下之威武铃,万声锵和。"近百名士兵在冰鞋大臣一人的指挥下,沿着固定的路线,整齐划一地完成各种高难度的动作。其高超的技艺和整齐划一的程度,即使是现代人也叹为观止。

三、运动的主要工具

工具是文化存在的具体表现形式和存在方式,古代我国北方人能够在冰天雪地中掌握独特的生产生活方式,逐渐掌握滑冰滑雪技能,与其创造冰雪上滑行的工具是分不开的。冰嬉活动的主要工具主要有以下几种。

---

① 吴振棫. 养吉斋丛录[M]. 北京:北京古籍出版社,1983.
② 陈康祺. 郎潜纪闻初笔二笔三笔(下册)[M]. 晋石,校. 北京:中华书局,1984.

(一)冰鞋

相传最早人们是踩着动物的骨头在冰上滑行的,然而传言是否真实,还有待考证。最早的有相关记载是,我国古代女真人在冰上行走时所使用的是一种名为乌拉划子的器件,据学者的研究,乌拉划子就是在鞋底绑有嵌着滑条的木板,并且两手握住木杖支撑身体向前划行。到了清代,就出现了一种铁质冰鞋,即把铁条绑在木板上,再将木板固定在鞋底下,当时已有"单冰刀"和"双冰刀"的区分了。《燕京岁时记》中记载:

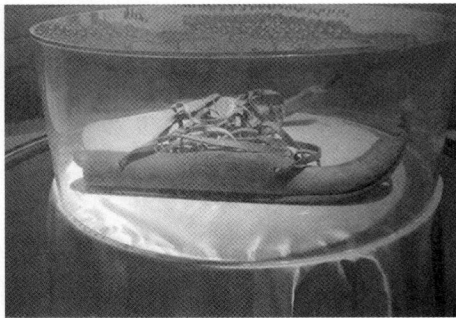

图 7-1　冰鞋

"冰鞋以铁为之,中有单条缚于鞋上,身起则行,不能暂止。技之巧者,如蜻蜓点水,紫燕穿波,殊可观也。"①此记载中的"单条"为"单冰刀"冰鞋;乾隆在《冰嬉赋》"序"中说道:"国俗有冰嬉者,护膝以带,牢鞮以韦。或底含双齿,使啮凌而人不蹹焉。"②此记载中的"双齿"则为"双冰刀"冰鞋。铁质冰鞋的出现使清代的滑冰的速度和技术都取得了极大的进展。

(二)狗车

在元代时期,东北地区出现了一种独特的冰上交通工具——狗车,这种交通方式一直延续到清。清人杨宾在《柳边纪略》中说,在东北三江汇流地区,有一称作"不剃爱黑金"的部落,"陆行乘舟,或行冰上,驾以狗,御者持木篙立舟上,若水行拦头者然,所谓使犬国也"。③ 这种交通方式能够载人载物在冰上高速行驶,是当时人们出行的重要工具之一。现如今,很多冰雪旅游地区,为了谋取更多的利益,就采取狗拉爬犁的方式来吸引游客,很多狗在行进过程中,由于不堪重负而失去生命。

图 7-2　狗拉爬犁

---

① 潘荣陛,富察敦崇. 帝京岁时纪胜、燕京岁时记[M]. 北京:北京古籍出版社,1981.
② 韩丹. 乾隆《冰嬉赋》及其它冰诗解读[J]. 哈尔滨体育学院学报,1999,17(4):9-18.
③ (清)杨宾. 柳边纪略[M]. 北京:商务印书馆,1936.

（三）爬犁

爬犁，又称扒犁，满语称之为"法喇"，在明代就已出现，盛行于东北地区，是"狗车"的改良，开始驱使大型牲畜，如利用马、牛进行牵引，十分适合在雪地中行进，其"似车无轮，似榻无足，覆席如毡，引绳如御，利行冰雪中，俗呼扒犁，以其底平似犁"①。清人西清《黑龙江外记》中记载："扒犁，国语曰法喇，制如凌床，而不施铁条，屈木为辕，驾二马，行雪上，疾于飞鸟。"或曰，此元时蒲与路之狗车。② 聪明的先民为了使爬犁能够快速前进，便在行驶的路面上洒上水，待水结成冰后，在光滑的冰面上行驶爬犁，如此便大大提高了爬犁的行进速度。在没有器械交通的古代，爬犁对于当时物资和人员的输送起动了巨大的积极作用。

图7-3　爬犁

（四）冰床

冰床，又被称为冰车、凌车、拖床，满语中被称为"辉楚"，最初主要是以人来牵引的。在宋代冰床被称为"凌车"，长约五尺，宽约三尺，以木为之，脚有铁条，可坐三四人，一人拖着走。③ 它是一种十分普遍的交通工具，不仅百姓乐于乘坐，许多官员也会经常乘坐。在明代冰床被称为拖床，"自阳德门外皆可以至河……冬至冰冻，可拖床。以木作平板，上加交床或藁荐，一人在前引绳，可拉三二人，行冰如飞……"④此时，拖床更多是被百姓用来当作谋生的手段，冬天，贫民们便在冰冻之处载人拉货来维持生计。清代，便称拖床为冰床，是对凌床和拖床进行的进一步改良，其"制如凌床，而不施铁条，屈木为辕，驾二

---

① （清）方浚师. 蕉轩续录[M]. 盛冬铃，点校. 北京中华书局，1995.
② （清）西清，萧穆. 黑龙江外记（全）[M]. 台北：成文出版社，1969.
③ 吕化. 古代冰上运动——冰嬉[J]. 兰台世界（上旬），2011(7)：73-74.
④ （明）刘若愚. 酌中志[M]. 北京：北京古籍出版社，1994.

马,行雪上,疾如飞鸟。"①此时已经改为马来进行牵引,形容其速度已如同飞鸟一样,可见其速度之快。清代的皇帝和达官贵人们也时常在冬天乘坐冰床出行,并在冰床上进行装饰,据说清帝所乘坐的冰床还能防寒保暖,真可谓"冰上游艇"。

图 7-4 古代冰床

四、冰嬉运动的特点

冰嬉运动之所以能从最初的生产生活的冰上运动发展成为一年一举办的冰嬉大典,与其本身独有的特点是分不开的,除内容丰富、种类繁多、局限性小、极具观赏性外,更重要的是它独具的魅力。

(一)融合了多元的民族体育特色

冰嬉运动发展于满族,而满族文化是一种开放式的文化,既在源流上继承了勿吉族、靺鞨族、肃慎族、女真族等的民族文化特质,又融合了鄂伦春族、鄂温克族、赫哲族、蒙古族等的民族文化。冰嬉文化将各民族的文化融合在高超的技艺中,使冰雪的魅力、自然的魅力展现在人们的眼前。由于处于共同的生活环境,有着共同的民族文化,这些民族游戏、民族竞技体育不仅在方法、制度和器材方面都有或多或少的趋同,而且在参与者的价值追求、态度方面也有着很大的相似之处。直到今天,我们仍然在大力发展冰雪文化,依然对冰上运动有着只增不减的热情,仍然会对民族传统冰嬉文化有着丰富的内容、多样的形式以及高超的技艺发出由衷的赞叹。

(二)独特的民族性和文化娱乐性

冰嬉对于地理和气候环境有一定的要求,满族先人在长期的生产实践和生活创造过程中形成了独具本民族特色的冰嬉活动。冰嬉与他们的生活情趣紧密相连,固只有满族人直接参与其中,所以流传的范围较小,但并不影响其世代传承,随着历史的演进,冰嬉

---

① （清）西清. 黑龙江外记 8 卷[M]. 哈尔滨:黑龙江人民出版社,1984.

由军事项目逐渐发展成为具有娱乐性的民族体育项目。

东北地区的山区、树林、江河居多,经济、文化不是十分发达,与外界交流甚少,因此人们创造出适应自然环境的娱乐活动来丰富人们的生活。冰嬉作为当时的年度盛典,不仅能够使人的身心得到放松,还能在刺激的项目活动中提升参与者的勇气和信心。人们通过自娱自乐的形式,不仅达到了健身的目的,还修养了身心,更使传统项目得到了普及,使冰嬉体育项目成了人民群众生活中的一部分,给家庭和社会带来了丰富多彩的乐趣。

(三)服务于独特的皇家体育需要

随着生存环境的转变,经济、娱乐和体育项目相应地也产生了一些变化。满族人崇尚勇武,擅长骑射,所以,在冰嬉的多项运动中都有展现参与者勇猛的一面。例如,抢等、打滑挞等都需要参与者拥有强大的勇气,还有转龙射球一项,不仅要求参与者具有熟练的滑冰技能,还要求参与者具有高超的射箭技能。每年的冰嬉运动比赛会作为任务在过节或者外宾觐见的时节在宫廷举行,供外宾、大臣和宗室观赏,因此,冰嬉运动不仅集军事和娱乐为一体,又继承了士兵的尚武传统,增强了民族的凝聚力,进而巩固了统治。

五、冰嬉运动的参与主体

冰嬉运动主要在两种环境下进行:其一是民间冰嬉运动,主要供民间百姓娱乐,除参与活动的人员外,并无特殊的人员设置;其二是宫廷冰嬉大典,其等级相应较为森严,大致上可分为筹办者、参与者以及观赏者三部分。

(一)筹办者

为更好地进行冰嬉大典的相应筹备工作,清代时宫廷专门为冰嬉的举办设立了"冰鞋处",由冰鞋大臣进行管理,每年负责组织八旗的冰嬉训练工作和冰嬉活动的筹备工作,而比赛的经费、设备的费用或奖金等则由内务府进行管理。据《清文献通考·乐考》记载:冰鞋处"每岁十月咨取八旗及前锋统领、护军统领等处,每旗照定数各挑选善走冰者200名,内务府预备冰鞋、行头、弓箭、毽架等项。至冬至后,驾幸派台等处,陈设冰嬉及较射天毽等伎。"[①]可见,冰嬉大典筹备工作的制度化和完善化。而民间的冰嬉活动则多为自发组织,没有固定的筹办者。

(二)参与者

冰嬉大典的主要参与者就是八旗的士兵们,每旗每年挑选滑冰技能高超的士兵200名,共计1600名士兵进行训练,进而在一年一度的冰嬉大典上进行表演,接受皇帝的检阅。而冰嬉活动不仅仅存在于宫廷内部,在民间,冰嬉也是一项十分普遍的冬季运动。

---

① 王莹. 冰嬉文化的传统价值与现代意义[D]. 北京:首都体育学院,2018.

虽然民间的冰嬉活动没有形成宫廷内冰嬉大典那样的规模,但是民间的冰嬉活动一直被流传下来,传承至今。例如,乾隆年间宫廷画家张为邦、姚文瀚所作《冰嬉图》里的盛况仍然在被现代人演绎着。

(三)观赏者

宫廷里的冰嬉大典是平民百姓们可望而不可及的,能有资格观看的只有皇室、大臣、宗亲或觐见的外宾。能够得到观看冰嬉大典的殊荣,对于他们来说也是无上光荣的,而形式多样、内容丰富、技艺高超的冰嬉盛典给外宾们留下了深刻的印象。例如,道光时期,西藏首领多仁噶伦曾在观看冰嬉大典后感叹"真是不可思议,犹如魔术师变戏法一般……"。

六、冰嬉运动的传统价值

(一)强身健体,培养坚忍的意志品质

首先,冰嬉运动能够促进八旗士兵及百姓身体的健康发展。冰嬉运动源于生产生活劳动,由于当时的生产力水平较低,满族人需要有强健的体魄从事生产生活劳动,所以会对满族人的身体健康有相应的要求。冰嬉运动是以滑冰为基础动作的,人们在滑冰时身体的各个关节都在运动,冬季训练使呼吸系统得到增强,人体的免疫力也有所提高。所以每年冬季的冰嬉运动,都要求参与者有良好的身体素质。冰嬉运动在发挥其功能时,无论是生产劳动,还是军事训练,或者是休闲娱乐的体育活动中,冰嬉运动都发挥了其强大的健体强身的功能。

其次,冰嬉运动能够简单地缓解心理压力,促进和平。冰嬉中传统体育项目内容极其丰富,形式极其多样,局限性小,观赏性强,无论是宫廷冰嬉大典还是民间冰嬉运动,都反映着生活的方方面面。民间的百姓在每年冬季都会自行组织冰嬉活动,参与者都沉浸其中,体味乐趣,既相互竞争,又团结一心。宫廷内的冰嬉大典对参与者按等封赏,为博得皇上开心,八旗士兵无不刻苦训练,团结奋进。因此无论在宫廷还是在民间,冰嬉运动都是娱乐身心、缓解压力、调整心态的重要手段。

最后,冰嬉运动能够培养坚忍不拔、英勇果敢的品质。冰嬉运动源于恶劣的气候环境和艰苦的生活条件,这就要求满族人既要顺应又要克服,要有坚忍不拔的意志品质。冰嬉活动有的项目危险性高、强度大,难度也很大,这就更加能够锻炼参与者的英勇果敢的能力。

(二)促进诗赋画作的繁荣

冰嬉活动的盛行,也带来了一些文学上的作品,包括以冰嬉为题材的画卷和著作。著作中最为著名的就是乾隆在乾隆十年(1745年)所撰写的长达1300多字的《冰嬉赋》,该诗作对冰嬉活动做了较为详细的描写及评价。此外,乾隆也作了许多专门描写冰嬉活动或提及冰嬉的诗。他命宫廷画师张为邦、姚文瀚专门描绘冰嬉活动的画面。最为著名

的就是金昆等人所共同绘制的《冰嬉图》，这幅画最为全面、直观地反映了当时冰嬉大典的盛况，其原版至今仍保留在北京故宫博物院中（图7-5）。比较著名的还有沈源的《冰嬉赋图》和金廷标的《婴戏图》，描绘了花样滑冰的高超技艺，详细还原了冰嬉大典的画面。这些著名的画卷或诗作，都是我们了解与发扬传统民族文化的可靠信息来源，也是我国文学史上的鸿篇巨作。

图7-5　张为邦、姚文翰《冰嬉图》（现存故宫博物院）

（三）维系民族情感，传承民族文化

从不同源头产生的少数民族传统体育逐渐成为千年不朽的中华民俗的重要内容。民族情感是当时最主要的追求，在追求过程中精神享受和精神的健康需求逐步得到了满足。人们在完成特定的冰嬉项目的同时，掌握了必须具备的相关技能，以至于这些技能成为后期民族文化的重要标志。

在每年都会举办的冰嬉活动中，每一位参与者都有着相应的民族认同感，后辈在继承这些祖先所创造的文化过程中，时刻准备着为本民族的生存和发展贡献自己的力量。众所周知，各民族在演进过程中都会遭遇诸多的挑战与威胁，但正是由于这些文化所维系着的民族情感，才使整个民族的生存和发展得以继续。

冰嬉文化在维护本民族传统的同时，又在不断创新、不断升华，不断与本民族文化相互促进，相互推动。当时的社会发展十分落后，即使同一民族之间的交往也很少，冰嬉活动加强了人与人之间的交际。这项传统活动使人们通过与他人的配合，进而使人感受到了群体的温馨，使人能够更好地融入群体、融入社会。

包括冰嬉文化在内的我国少数民族传统体育文化，仍能历久弥新，推进着现如今的体育文化的快速发展，其中所包含的丰富的体育精神和思想观念，具有强大的影响力，在精神文明建设中发挥更强大的作用；我们更加期待能够向世界展现我们强大的中华少数民族优秀传统文化强大的底蕴和不竭的活力源泉。

（四）满足宫廷内外参与者的娱乐需求

由于冰嬉运动极具娱乐性和观赏性的特点，深受宫廷内外参与人群的喜爱，冰嬉运动基本不受限制，只要在冬天冰上进行即可，参与运动的人数可多可少，而且互动形式灵活多样。再加上统治者对于此项运动的高度重视，不断吸取汉族和其他民族的杂技、武术的艺术内容,不断增加冰嬉运动的动作难度,创造出双飞舞跑、仙猴献桃、青龙回头、哪吒探海、鹞子翻身、洞宾背剑、金鸡独立、童子拜观音、大蝎子、燕子点水等高难度动作。其中,双飞舞跑属于花样滑冰项目,又称为三条腿走路、两人三足赛跑。具体方法是两人需要并肩、两腿相并而不能分离,主要靠两人协调步伐一致滑冰前进。在春天、夏天、秋天的无冰雪季节中,满族人可在陆上练习双飞舞,由此得名"双飞舞跑"。后来这些冰嬉运动项目逐渐被其他民族所接受,无论是运动的人员还是参加运动的人员,都可以从中得到乐趣,清朝诗人杨米人在其所写的《都门竹枝词》中提道:"冰合琉璃明似镜,万人围看跑冰来;往来冰上走如风,鞋底钢条制造工,跌倒人前成一笑,头南脚北手西东。"正由于冰嬉运动具有较强的娱乐性和竞技性,并且极具观赏价值,使其成为宫廷及民间百姓喜爱的娱乐活动。

七、冰嬉运动的现代意义

(一)冰嬉运动在当代的重现

冰嬉运动历经百余年的辉煌,虽然随着清王朝的灭亡而走向落寞,但其作为我国冰上运动的前身,并未消失在人们的视线中,而是在我们的传承与演绎中以其他方式出现。冰嬉运动是我国少数民族传统体育文化的不可或缺的一部分,也是我国世界多元文化的重要组成部分,我国北方多地在近几年重现冰嬉表演,滑冰高手们将冰嬉运动的内涵表现得淋漓尽致,使我们仍能感受到冰嬉运动在其辉煌时期带给人们的视觉享受。

(二)对于当前冰嬉运动重演的必要性的分析

1.冰嬉运动蕴含丰富的文化内涵

文化不是单一发展的,而是在不同的民族、不同的地区、不同的国家多种思想的交流及碰撞下发展起来的,不同的民族在不同的生活环境和发展过程中都有其独特的文化特点和价值观。我国少数民族传统体育文化是我国传统文化的重要标志,更是世界多元文化中不可缺少的重要元素。2022年北京冬奥会的成功举办,离不开对我国少数传统体育项目的借鉴,更离不开我国传统冰嬉运动对当今冰雪文化的指引。我们应该对冰嬉这样的传统体育项目给予更高的重视,这也是彰显我国古老文化软实习的重要证明。

(1)中国少数民族传统体育的文化标志。

文化既来源于人类,又塑造着人类。不同的地域、不同的生活环境、不同的社会关系所产生的文化都有着或多或少的差异,如中国功夫、韩国跆拳道和日本柔道都是各自民族传统体育文化的重要组成部分,但由于其内在的特点差异又属于不同民族的文化。民族性使不同国家和不同民族创造出不同的文化,彰显出不同的文化特征。世界上不同的民族在不同的社会实践中形成了不同的体育文化,产生了不同的文化标志。中国传统文化有着五千年的悠久历史,其积厚流光从未中断为寰宇之仅见。改革开放后,曾经不被人们所记起的民族传统体育在全球化的体育文化中表现出强大的生命力。今天,中国的民族传统体育文化不断被挖掘、创新和发展,有的项目在交流过程中还被其他民族吸引和借鉴。民族传统体育文化日益丰富着中国传统体育的多样性,也在不断丰富着世界的体育文化。五千年的华夏文明孕育了独特的中华民族传统文化,少数民族传统体育文化是其重要的内容,具有东方文明的传统体育文化将以其特殊的价值观和理念彰显出中华民族传统文化"和而不同"的民族性特征。民族性是某一民族文化区别于另一民族文化的显著特征,各民族在生活方式、行为方式、生活习惯和思维方式的不同,会导致即使是一个国家的不同民族也会产生不同的文化,正是这些有区别的文化才产生了不同的民族,不同的民族不仅具有不同的体育文化,更具有不同的文化特色,每一个民族的或不同国家的不同文化都是这些地区和国家的显著象征。传统民族体育文化扎根于不同的民族文化的土壤中,体现了不同民族的文化特征。

冰嬉、蹴鞠这样具有民族特色的体育文化,在发扬民族精神方面发挥了巨大的作用。它们不仅是我们少数民族传统体育的符号,更是我们少数民族传统体育独一无二的标志,是加强我们对于民族传统文化的认同感的一种运动。我们应该从我们中华民族传统文化的土壤中,建设和挖掘有着中国特色的中华民族传统体育的全貌,把握中华民族传统体育发展的脉络和新方向。在全球化的进程中,必须正确认识和理解外来文化,并与我国的具体实际相结合,提升文化软实力和创新力,对我国传统体育文化进行创新,才能让我们的中国体育文化独具一格,在世界体育文化交流中获得真正的自信与荣誉,才能真正成为我们传统文化的标志。

(2)世界多元传统文化中独具魅力的宝贵内容。

在西方文艺复兴的背景下,在工业革命的浪潮中,现代体育以及我国少数民族传统体育,都是为满足人们的精神文明需要和促进人类发展而创造的文化。我们可以清楚地看到,由于时间和空间的差异,我国少数民族传统体育与西方世界的现代体育相比有着明显的差异,而这种明显的差异在与当今世界接轨的情况下,使得越来越多人的重点放在了现代体育上,而对我国少数民族传统体育的专注和研究始终不足。实际上,正是由于冰嬉、蹴鞠、捶丸这种富有地方民族特色的传统体育活动在技术方法、规则制度和组织结构方面的差异,才体现了我国少数民族传统体育文化的独特魅力。

由于缺少对于史实的相关文字记载,人们往往会将游戏、舞蹈、体育竞技等作为弘扬民族文化的重要手段。我国民族传统体育是世界体育文化中不可缺少的内容,其中许多传统体育项目的文化价值是其他国家体育文化所无法比拟的,它们源远流长,特别注重修身养性,因此,世世代代传承。但是过去我国民族传统体育缺乏宣传没有受到人们的重视,所以有很多优秀的传统体育项目已经在外来体育文化的侵蚀下逐渐消失。因此就要在中国传统体育文化和外来体育文化中找到合适的契机,在保持我国传统体育文化精髓的同时,吸收和借鉴外来体育文化的优点,形成新的发展模式。我们要合理地筛选和改造我国少数民族优秀传统体育文化,使其更加科学,同时理性地宣传和弘扬我国优秀传统体育文化,使其成为我国宝贵的体育文化资源。

我国少数民族传统体育文化有着鲜明的民族个性,富有丰富的民族情感,聚集了多个少数民族文化的精华,具有与现代体育不同的文化特色和内涵。文化的发展告诉我们,多元的世界文化都是以具有特殊性和鲜明性的民族文化为基础和前提的。我国传统体育文化离不开冰嬉这样具有民族特色的传统体育项目的。因此,冰嬉虽随着清朝的灭亡已经淡出人们的视野,但其作为中华民族传统体育文化的一部分,也是人类多元文化中独具魅力的宝贵内容。

2. 冰嬉运动是当代群众冰上体育的前身与体现

(1)当前冰上运动是对冰嬉运动的体现与传承。

冰嬉运动虽然随着清朝的灭亡而走向衰落,但其仍然是我国传统体育文化的重要组成部分,也是我国当前群众冰上体育所值得借鉴的优秀传统项目。冰上活动仍然是北方的居民们冬季喜爱的项目,无论白天黑夜,都可见络绎不绝的人群通过冰上运动带来的乐趣与享受。

笔者在对冰嬉运动进行初步的研究后,为进一步了解当前我国群众冰上运动项目有何演进,对黑龙江松花江和牡丹江上的冰上项目进行了现场观察与参与。观察发现当今的冰上项目在参与方式上以及形式上有很大的不同,但仍延续了古代的冰嬉运动的大概的方式。比如滑冰项目与"抢等"略同;"高地滑雪"与"打滑挞"略同;"小冰车"与"冰床"略同;"狗拉爬犁"项目仍在存在,只是现如今的狗拉爬犁只是一项娱乐项目,而在我国古代是为一种交通工具。除这些项目外,还有许多近现代新出的一些项目,如"打冰嘎""雪上漂移""冰上摩托"等,项目种类繁多,十分吸引南方游客。

(2)当前群众冰上体育进入快速发展阶段。

2022年北京冬奥会的成功举办,国家对冰上体育项目给予了极大的扶持与鼓励,不仅对于冬奥项目给予了大力扶持,群众冰上体育运动也得到了相应的发展,开始进入快速发展阶段。在各级政府和国家体育总局的积极引导下,冬季冰上运动的项目、设施、设备以及人才供给方面取得了极大改善,一些中小学也开始将冰上体育带到学生身边来,极大地推动了我国冰上人才的后备力量。

为群众冰上体育拥有强大的人力基础,随着经济的快速发展,人们经济水平的稳步上升,生活质量在显著提高的同时,人们更加注重对身体的保养。所以在北方冬季,冰上运动便成为大多数人进行锻炼的首选,不仅可以在寒冷条件下锻炼顽强的意志,更重要的是增强了参与者的心肺功能,极大地提高了身体的抵抗能力。因此,越来越多的群众开始并乐意参与到冰上体育运动当中来。

第三产业的发展也为冰上运动的发展注入了强大动力,每到冬季,旅游爱好者便将转向冰上旅游,参与考察的松花江、牡丹江等地封冻的江面上便成了广大游客们的旅游胜地。

第二节　冰嬉运动起源与发展

一、冰嬉运动的起源

冰嬉作为清朝时期一项被定为"国俗"的体育项目,它的形成与发展不是一蹴而就的,而是在传统的冰上运动中不断形成和发展起来的。唐宋时期就已经出现了关于人们在冰上活动的相关记载。到了元代,冰嬉运动就开始走进人们的日常生活和生产劳动中。到了明代,冰嬉运动虽然还没有被定为"国俗",但在民间已经开始十分盛行,并逐渐传入宫廷,开始成为皇家在冬季盛行的一项娱乐活动,为日后在清代成为"国俗"奠定了坚实的基础。

(一)生产生活方面

早期社会,人们还不具有改造自然的能力,只能被动地适应自然环境,各民族在不同的气候和自然环境下,在漫长的生产、生活过程中,逐步形成了具有本民族风格和独具地方特色的传统民族文化。满族先人在入主中原以前,世世代代居住在我国东北地区,而东北地区就是我国最为寒冷的地区。古人早就对这寒冷地区做了相关描述。《龙江纪略》中记载:"四时皆寒,五月始脱裘,六月昼热十数日,与京师略同。夜仍不能却重衾,七月则衣棉矣。立冬后,朔气砭骨,立户外呼吸,顷须眉俱冰。出必勤以掌温耳、鼻,少懈则鼻准死,耳轮作裂竹声,痛如割。土人曰,近颇称暖。十年前,七月江即冰,不复知有暑也……雪有迟早,卜魁常在八九月,艾浑八月,墨尔根七月。雪不必云也,晴日亦飞露。或皎月无翳,晨起而篱径已封。旭光杲杲,雪未已也……冬月,窗壁挂冰皆满,疏棂间如饰晶玉。午后,窗嗔不能作字,火炙之与纸俱落……"除此之外,《黑龙江述略》中记载:"江省入冬以后,窗皆高丽坚纸蒙蔽无隙,辄上厚冰寸许,视如积雪。盖屋中之火,与庭中之雪,相薄而成,至次年三月始消。北墙尺许厚亦然。每雪落地,则散粒如砂,往来行步,踏之有声而不滑足,其下坚冻二三尺不等。……冬雪外出,耳轮辄以皮囊之,否则冻欲死。"由此可见,东北气候之严寒。而正是由于生活在如此寒冷的环境中,才使得人们的日常生活与冰、雪息息相关。

由于满族人生活的东北地区,冰封时期较长,人们就需要在冰上进行一些生活或生产活动,滑冰、滑雪等冰雪运动便随之产生。比如,狩猎就是满族人生活的核心之一,在严酷的生存和自然条件下,为了狩到更多的猎物,同时训练下一代的狩猎本领,骁勇善战的满族人民带领下一代学习狩猎的技能以及锻炼勇气,而大部分狩猎活动都是在冰面上进行,由此他们就练就了"工于鞍马,精于骑射"的特殊技能。再如,渔猎作为重要的生产劳作形式,更是离不开便利的雪上交通工具——恰尔奇克(俗称滑雪板),它起初是用木板制作的,在下面覆上动物的皮毛,既轻巧又结实。爬犁也是重要的雪上交通工具,在两根坚实的木杆上架一副车架子,既可以用来拉货物又可以坐人,可谓是当时最为便利的拉人和载物的交通工具。这时冰上活动已成为人们重要的生活方式。

除了作为重要的交通方式,冰上运动还被运用到了其他的生产活动领域中。《皇朝经世文编·卷八十二兵政十三山防》中记载:"山内木笋、纸耳、香蕈、铁沙金各厂,皆流寓客民所藉资生者,而木厂为大……所伐老林,已深入二百余里。必先作溜子,凸处砌石板,凹处下木椿,上承枕木,以平为度,沟长数十里,均作溜子……多在山沟。度山越岭……九十月后,浇以冷水,结成滑冰,则巨木千斤,可以一夫挽行……"由此可见,冰上运动的广泛运用为以后的冰嬉运动的发展奠定了坚实的基础。

(二)娱乐竞技方面

1.皇家贵族娱乐活动

清代的冰嬉大典观赏者主要就是皇家贵族和朝廷中德高望重的大臣,有时也用来招待外宾、款待外邦藩属。如此供外宾欣赏,不仅突显了外宾的地位尊贵,更向外宾彰显了我大清王朝的繁荣昌盛。

2.民间百姓娱乐活动

虽然冰嬉大典只供皇家贵族观看,但冰嬉运动却不是为宫廷所独享的。冰嬉大典之所以能够繁荣发展并达到鼎盛,与民间的冰上运动的兴起是分不开的。民间的冰嬉活动具有相当高的普及性,由金、元、明流传开来的,大多数是以冰床活动为主的,群众自发地在冰面上自由嬉戏。在我国东北部生活的满族人,更是以在冰面上嬉戏为日常生活的重要组成部分。而后,随着清朝入主中原后,为了保护本民族文化的清统治者,逐渐把冰嬉运动发展成"国俗",使之成为传统文化不可缺少的一部分。

二、冰嬉发展的主要过程

(一)发展初期

冰嬉运动的发展初期大致包括两个阶段:萌芽时期和发展上升期。在入关前,满族先人早就与雪结下了不解之缘,但"冰嬉"一词还未有详细的史料记载。在后金政权建立以后,冰嬉被称为"国俗"的说法开始有据可查。相传在努尔哈赤统一各部后,天命十年(1625年)正月,在太子河举办过一次冰上运动会。《满文老档》对此就有详细的记载:"正月初二日,汗率众福晋、八旗诸贝勒及其福晋、蒙古诸贝勒及其福晋、众汉官及官员之妻等,至太子河冰上,玩赏踢球之戏。诸贝勒率随侍人等玩球二次之后,汗与众福晋坐于冰之中间,命于二边等距离跑之,先至者赏以金银,头等各二十两,二等各十两。先将银置于十八处,令众汉官之妻跑往取之。落后之十八名妇人未得银,故每人赏银三两……跑时摔倒於冰上者,汗观之大笑。遂杀牛羊,置席于冰上,筵宴,戌时回城。"此次大典开创了冰上庆典的先河,属于冰嬉运动的萌芽阶段,为以后的冰嬉大典奠定了坚实的基础,但此时庆典的参与人十分单一,并且没有形成相应的惯例,只是偶尔会举办。

随后,随着满人南下入关,迁都于北京并建立政权,顺治年间,为了平定四海,安抚汉人与各少数民族热门之间的矛盾,统一政权,无暇顾及娱乐嬉戏之事。因此,冰嬉运动在此阶段还属于初始阶段,对冰嬉的相关记载也比较少。但是仍旧保持着每年十月检验士兵冰上技能的惯例。到了康熙时期,大清王朝初步建立了政权,政权开始稳定下来,宫内的冰嬉庆典活动也开始慢慢增多,据当时名臣高士奇在康熙年间成书的《金鳌退食笔记》中记载:"在皇家西苑太液池内,当寒冬冰冻,以木作平板,下用二足,裹以铁条,一人在前引绳,可坐三四人,行冰如飞,名曰拖床。积雪残云,景更如画。又于冰上作掷球之戏,每队数十人,各有统领,分伍而立,以皮作球,掷于空中,俟其将堕,群起而争之,以得者为胜。或此队之人将得,则彼队之人蹴之令远。喧笑驰逐,以便捷勇敢为能。本朝用以习武。所着之履,皆有铁齿,行冰上不滑也。"由此看出,这才是真正的冰上活动,也是冰嬉运动真正由萌芽走向鼎盛的上升时期。此时冰嬉庆典的举办不仅丰富了宫廷内部的生活,更在训练过程中锻炼了士兵的冰上技能,增强了他们的战斗力和胆量,可谓一举多得。

(二)鼎盛时期

到了乾隆时期,大清政局十分稳定,经济取得了极大的进步,人们对于文化生活的要求也有了相应的提高,由于乾隆十分重视冰嬉的发展,冰嬉运动发展到了鼎盛时期。其内容、种类开始变得丰富,形式多样,明确规定了举办冰嬉大典的具体时间和地点,并且具有完备的规章制度进行相应的管理,冰嬉运动更是被赋予了"国俗家法"的定义。为此,《皇朝文献通考》对于特定的制度和常例有相关记载:"冰戏,每岁十月咨取八旗及前锋统领、护军统领等处,每旗照定数各挑选善走冰者二百名,内务府预备冰鞋、行头、弓箭、球架等项。至冬至后,驾幸瀛台等处,陈设冰嬉及较射天球等伎。分兵丁为二翼,每翼头目二十名,服红黄马褂,余俱服红、黄齐肩褂。射球兵丁一百六十名,幼童四十名俱服马褂,背小旗,按八旗各色以次走冰较射。陈伎毕,恩赏银两,头等三名各赏银十两,二等三名各赏银八两,三等三名各赏银六两,其余兵丁各赏银四两,俱由内务府广储司支给。"这期间还出现了大量的以冰嬉为题材的著作,最著名的就是乾隆撰写的长达1300多字的《冰嬉赋》,对冰嬉活动进行了详细的描述和评论,同时他还命宫廷画师张为邦、姚文瀚对冰嬉活动的壮观场面进行描绘。最著名的就是金昆、程志道、福隆安等人合作的《冰嬉图》,最直观、全面地反映了冰嬉盛典的情况,原版为故宫博物院所藏。乾隆长达半个多世纪的统治期间,是冰嬉运动最为辉煌和鼎盛的时期,也是当时世界最具影响力的活动。

嘉庆年间,冰嬉运动虽已显示出微弱之势,但仍继承了乾隆时期的传统,每年都会举办一次大典,用以供皇亲国戚、立功大臣和外藩观赏。虽然这个时期的冰嬉运动的开展已经不如乾隆时期鼎盛,但仍旧很辉煌。

(三)衰落时期

进入道光年间,大清已"不复狩猎",开始向农耕经济发展,统治阶级不再重视冰嬉运动的发展,慢慢减少了对冰嬉运动的资金投入。八旗士兵开始坐吃山空,冰嬉运动渐渐失去了它的军事功能,此时西方滑冰也被引入了国内,冰嬉运动开始走向衰微。当时,关于冰嬉活动的相关记载见于《养吉斋丛录·卷十四》:"旧制,八旗兵皆演冰鞋,分日阅看,按等行赏。道光初,唯命内务府三旗预备,后则三旗亦停止。仅给半赏之半而已。"也就是说,在乾隆时期,八旗士兵在冰上的表演内容很多,要分为几天来观看,按照等级进行奖赏。而道光初期开始,内务府就只允许八旗士兵中的三旗参加,奖赏也只为原来的四分之一。此时的冰嬉运动早已没有了过去的恢宏气势,随着大清王朝进入内忧外患的重重危机,冰嬉运动便逐渐消失了。

第三节 冰嬉运动在高等学校的传承与研究

一、冰嬉动作丰富多彩

冰嬉运动包含花样滑冰、速度滑冰、冰上杂技、冰上队列滑、打滑挞(高坡滑冰)、冰上蹴鞠、冰床等项目。黑龙江大学体育教研部从保护传承非遗的视角出发,挖掘、整理古代冰雪体育文化资料,打造了一条具有黑龙江大学特色的民族体育发展之路。冰嬉的集体队列滑行包括滑行的技巧及滑行阵式的变化,八旗阵式变化多端,包含对阵、叫阵、布阵、变阵等形式。史料记载的冰嬉运动项目丰富,包括猿猴抱桃、鹞子盘云、金鸡独立、双飞燕、哪吒探海、大蝎子、摇身晃、香炉爪、凤凰展翅等,这些花式动作被称为一马十三式(类似花样滑冰)。

二、冰嬉引入高等学校体育教学的策略

随着现代化进程的逐渐加快,很多优秀的少数民族传统文化日趋衰微甚至濒临消失,高校肩负着保护和传承中华民族传统文化的重任,为了将满族传统冰嬉项目引入高等学校体育教学,运用高校平台传承中华民族优秀传统文化,并将满族传统冰嬉项目进行活态传承,黑龙江大学进行了有益的尝试与探索。

(一)多方联动,项目传承

2009年,黑龙江大学与香港大学饶宗颐学术馆、意得集团三方共同合作,设立了"满族文化抢救开发研究"项目,黑龙江大学满学研究院(原满族语言文化研究中心)负责该项目,重点是抢救并保护濒危的满族传统文化,推动黑龙江流域满族传统文化的深度研究与开发,体育教学研究部负责满族传统体育文化研究,重点是对东北少数民族传统冰雪体育项目进行研究与筛选,找到适合高校开设的民族冰雪体育课程,冰嬉成为首选。生活在苦寒之地的东北少数民族,如满族、赫哲族、鄂温克族、鄂伦春族、锡伯族、柯尔克孜族,早已将冰雪运动融入生产、生活及狩猎。为更好地推进学校体育课程教学实践改

革,笔者将不断研究、整理适合高校开展的民族传统体育项目,传承中华优秀传统文化。

(二)开设课程,扎实传承

黑龙江大学于 2016 年秋季开设满族传统冰嬉课程,冰嬉作为通识选修课开设,学生首先要练习轮滑基本技术动作,从站立行走到熟练地进行蹬地滑行,需要提高腿部力量和身体协调性,在有一定滑行基础后就可过渡为集体队列组合练习。随着天气转冷,学生怀着期待和喜悦在冰场操练。黑龙江大学分别于 2015 年开设了满族传统摔跤(布库)课程,2018 年开始开设珍珠球课程,2019 年开始开设毽球课程,2018—2020 年连续 3 年开设了满族传统体育传承创新实践班。今后黑龙江大学还要不断研究、挖掘适合高校开设的民族传统体育课程。同时,对冰嬉教学过程进行评估,设计调查问卷,制定评估指标体系。通过加强冰嬉课堂教学评估,发挥评估的激励与发展的功能,促使体育教师提升专业素养,增强教师的内化驱动力,从而提高冰嬉教学质量,实现对冰嬉传统体育文化的深度传承。

(三)阵型设计,创新传承

经对《冰嬉图》、史料及冬运会开、闭幕式视频进行观摩与研究,黑龙江大学体育教研部满族文化传承创新团队,整理出以具有代表性的冰上集体队列滑行表演动作造型。

1.八旗"抢等"

抢等即跑冰,抢等类似于现在的速度滑冰。清人吴振棫所撰《养吉斋丛录·卷十四》中记载:"去上御之冰床二三里外,树大纛,众兵咸列,驾既御冰床,鸣一炮,树纛处亦鸣一炮应之,于是众兵驰而至御前,侍卫立冰上,抢等者驰近御坐,则牵而止之。至有先后,分头等二等,赏各有差。"意思是指参加冰嬉大典的八旗士兵在距离皇帝的冰床二三里之外站好,每个人脚穿带有冰刀的冰鞋,发令后集体向皇帝乘坐的冰床处疾驰而去,最后根据到达的先后排定名次,分等行赏。表演者脚穿统一的冰刀,从冰场的一端向冰场的另一端进行滑跑,制动再滑回初始位置。

2.八旗"十字"阵型

这是八旗士兵进行排兵布阵,"静时呈十字,动时画圆圈",这是全体士兵进行攻击时使用的阵型。将士身着颜色相近的八旗士兵服,表演者各分成一队(镶黄旗和正黄旗、镶白旗和正白旗、镶蓝旗和正蓝旗、镶红旗和正红旗),所有表演者伸出右手,左手拿旗,每支队伍的排头依次手腕相扣,在冰上进行顺时针旋转,旋转数圈,换手后再进行逆时针旋转。每个表演者在滑行时需要注意速度,滑行速度由慢到快,方向由内到外,做到相互兼顾,协调一致,阵型整齐。

3.八旗"双飞燕"滑行

清代乾隆年间宫廷画师所作的《冰嬉图》是如今极为珍贵的文物,此画卷描绘了花样滑冰和冰上杂技的情景。花样滑冰的动作有大蝎子、金鸡独立、哪吒闹海、双飞燕等,杂技滑冰有射箭、爬竿、翻杠子、飞叉、耍刀、使棒、弄幡等。表演者两路纵队立于冰上，集体以"二龙出水"的形式出发，左侧出发表演者伸出右手，右侧表演者伸出左手，两只手拉在一起向前蹬冰滑行，注意是左侧右腿蹬冰、右侧左腿蹬冰，整体双人外侧脚蹬冰，内侧脚滑行表演，以此类推，滑到冰场中间位置时，双人进行燕式平衡表演。

4. 冰嬉表演，持续传承

到目前为止，黑龙江大学已举办了 3 届学生冬季运动会，每届冬季运动会开幕式，都有冰嬉表演，表演者从满族传统冰嬉选修课、轮滑选修课、轮滑社团和满族传统体育传承创新班的学生中选拔，并且不断有新生注入，逐渐形成了动态、稳定的传承队伍。第三届学生冬季运动会还有冰蹴球、越野滑雪、冰壶、雪地球、雪地足球等表演，邀请了汉服社团进行冰上滑行表演。此外，黑龙江大学还在春季田径运动会等盛大节日进行冰嬉表演。在 2022 年北京冬季奥运会开幕式上也有展现中华民族传统冰雪体育文化的节目，满族传统冰嬉项目不但历史悠久，而且内涵丰富，再将轮转冰、轮转雪表演融入舞台表演当中，会起到震撼的效果。除了花样表演，可增加冰上杂技表演，冰上表演太极拳，以及滑轮和滑板等雪上项目的演出，这些都能传递中华传统文化。

5. 成果展示，推广传承

为响应中共中央办公厅、国务院办公厅印发的《关于实施中华优秀传统文化传承发展工程的意见》中提出的深入开展"我们的节日"，2019 年 3 月，黑龙江大学制作了《满族传统冰嬉》视频并上报教育部，参加了弘扬中华优秀传统文化《传承的力量》的成果展示。2019 年 10 月，接到栏目组通知，经筛选，此次共邀请了 7 所学校录制拍摄《传承的力量》春节篇，黑龙江大学《满族传统冰嬉》入列其中，《传承的力量》栏目组将来黑龙江大学拍摄。2019 年 11 月 22 日摄制组到来，经过几天的场馆及室内外拍摄、人物访谈、校园取景，摄制组顺利完成了此次拍摄。《传承的力量》春节版于 2020 年 1 月 25 日农历大年初一在中华人民共和国教育部网站和中国青年报客户端同步播放。黑龙江大学通过满语春联、满族传统摔跤和冰嬉列阵祝福 2022 年北京冬奥会。《满族传统冰嬉》成果在教育部网站进行展示有着重大的示范与推广意义。

第八章　滑雪运动

第一节　滑雪运动概述

一、滑雪运动在我国开展的情况

我国北方的古代民族很早就掌握了滑雪技能,用于打猎时追捕猎物,战国时期的《山海经》中就有详细的记载。近代,人们又把滑雪用于军事,如解放战争时期东北剿匪部队滑雪与土匪周旋并最终把敌人消灭的事迹广为流传,家喻户晓。

黑龙江省是我国开展滑雪运动较早的省份。20世纪60年代,在玉泉就建立了滑雪训练基地,但限于当时经济、交通、器材等方面的原因,滑雪运动并没有在群众中开展起来。尽管以后我国陆续又开辟了一些较大型的雪场(亚布力滑雪场、吉林北大湖滑雪场等),但主要用于竞技训练和比赛,群众性滑雪始终处于停滞阶段。真正意义上用于滑雪旅游的雪场建设热潮起始于20世纪90年代,至今全国有大小雪场100多个,黑龙江占半数以上,吉林、新疆、北京等地也有不少雪场。

中国的雪场建设很容易让人联想到20世纪60年代的欧美,都处于追求数量扩张的阶段。雪场的规模、设备参差不齐。根据黑龙江省旅游局的统计数字,黑龙江省的50余家雪场中,只有亚布力、二龙山和玉泉3家滑雪场的建设相对较好,其他雪场均为初级雪场,规模小、档次低、设施简陋、基础设施不配套,根本不具备深开发的地理条件。目前黑龙江省所有雪场加在一起,有雪具万余副,索道50余条,每小时运送滑雪者不超过2000人,供住宿的床位5000余张,滑雪学校3所,教练百余人。其他地方的雪场情况大多如此,比如新疆维吾尔自治区,乌鲁木齐有雪场34个,而其中最大的一家雪场有雪具1000套左右。[①]

二、我国大众滑雪运动的发展对策

(一)建立和完善大众滑雪相关政策法规

政策法规是我国大众滑雪市场健康发展的保障和依据。通过对专家学者的访谈进

---

① 丁霞. 大学生体育锻炼与户外运动[M]. 长春:吉林人民出版社,2021.

行整理后可知,在我国大众滑雪的市场化进程中,政府从最初的招商引资、政策扶持和政策倾斜,逐渐过渡到进一步规范、监督和管理大众滑雪市场。政策法规也随着大众滑雪运动的发展而有所调整,但不论是最初阶段,还是其后的发展阶段,一直追求的理想境界是,大众滑雪市场的规范化、正规化,成熟的、完善的、配套的法律法规及政策体系,这也是最基本的也是最重要的保证。

(二)自主研发、培养人才、促进滑雪俱乐部的发展

我国强大的、有效的大众滑雪需求,促进了滑雪运动的繁荣,推动了大众滑雪运动的发展。但我国目前尚没有一家自主品牌的滑雪器材生产厂家,致使滑雪爱好者只能高价购买国外产品,使滑雪成了"贵族"运动,制约了大众滑雪运动的发展和推广。政府应引导有实力的企业投资办厂,引进国外先进的生产线和技术,生产物美价廉的滑雪器材。

滑雪人才培养是产业发展的基石,包括体育行政职能部门的大众滑雪管理人才,滑雪场、滑雪俱乐部及器材服装经营管理人才,大众滑雪培训机构的管理人才及受训的滑雪指导员,等等。

目前,我国的滑雪俱乐部一般都是由滑雪爱好者自发组成的,形式比较松散,缺乏制度建设,针对我国大众滑雪俱乐部规模小、经营成本高等实际情况,建议以股份制的形式建立适当规模的滑雪俱乐部集团。通过集团化的运作实现企业的规模效益,最终达到降低成本、提高利润的目的。同时,政府应加强对俱乐部管理人才的培养,制定完善的规章制度,从而促进滑雪俱乐部的发展。

(三)推动竞技滑雪与大众滑雪的协调发展

奥林匹克主义是增强体质、意志和精神并使之全面发展的一种人生哲学。它追求的是体育运动与教育、文化的融合,创造一种在努力中求欢乐、发挥良好榜样的教育价值并以基本公德原则为基础的生活方式,并提出"一切体育为了大众"的口号。借助大型综合性体育赛事,必将推动大众滑雪运动的开展。例如,我国承办了2007年亚运会、2008年北京奥运会、2008年全国冬运会、2022年北京冬奥会,这些都极大地宣传、促进了冰雪运动,对全民健身活动的开展产生深刻影响。大型赛会的承办使城市市容市貌大有改观,建成一批具有国际标准的场地场馆,有利于群众性的冰雪运动得到极大的普及和开展,提高了一些滑雪场的知名度,展示了中国的新形象。竞技体育集中体现了奥林匹克运动的宗旨,奥林匹克理想也通过本国竞技运动员的优异表现传播和渗透给普通民众。因此,举办多种国际国内滑雪体育赛事,有助于提高我国竞技滑雪运动水平,将公平竞争、娱乐身心、完善自我的体育文化融入大众内心,使竞技滑雪与大众滑雪运动形成良性循环,互相促进,共同发展。

(四)鼓励大众滑雪在学校的开展和推广

目前倡导学生课外体育锻炼,全民健身运动也在普及,此时将滑雪作为一项健身运

动在一些区域有条件的中小学和大中专院校中推广,这对于大众滑雪运动的发展将是一个建设性的举措。滑雪在学校的开展和推广,不仅有益于提高学生的身体素质,同时也为他们创造了一个走进自然、认识自然、磨炼意志和胆识的机会,进而从一个侧面推动了课外体育锻炼的实施。

高校体育师资力量比较雄厚,是我国体育界高学历、高职称的知识技术密集型专业群体,在教学、科研、训练诸多方面集聚了一流人才。我国高校体育拥有相对先进的体育场馆、设备仪器,拥有较为完备的图书资料及档案,在教材、大纲、师资培养方面的建设比较完善,部分有条件的体育学院还建立了国内一流的滑雪教学训练基地,教学秩序、质量得到了有力保障,为高校开发滑雪培训市场提供了范例,这都说明我国高校在开发滑雪培训市场方面已具有了较坚实的基础。

(五)加大大众滑雪的宣传和推广力度

运用各种媒介和现代化传播工具,将我国的冰雪体育旅游资源全面而翔实地宣传和推广;不仅要让国内的人提高认识,知道如何科学合理地发展冰雪旅游产业,还要让更多的人了解我国独特的自然及人文资源特色,从而吸引大量的游客前来进行冰雪体育旅游,以促进我国冰雪体育旅游业的快速发展;扩大滑雪在人们生活中的影响,进一步加深普通人对滑雪的了解,排除人们在认识上的误区,如让人们认识到雪道分为初、中、高 3级;不同年龄、不同性别、不同水平的人都能从中体验到驰骋的乐趣;通过提高滑雪运动在社会公众中的影响,可使滑雪成为冬季体育健身的潮流之选。

(六)宣传冰雪文化和休闲文化,倡导健康生活方式

社会生产力的进步,使更多的人从繁重的体力劳动中解放出来,在满足物质生活的需求后,追求精神生活的满足,提升生活质量和水平,体育活动较之于其他休闲娱乐活动,有其独特的魅力,于是人们把体育活动作为闲暇生活的一个内容。大众滑雪运动作为一种冰雪文化,集健身、益智、消遣、审美、激励等作用于一体,我们应积极宣传、弘扬冰雪文化和休闲文化,倡导健康的生活方式。对于有钱、有闲的人们来说,进行大众滑雪活动是一种社会时尚,一种积极的生活态度,一种同时满足健身与娱乐两项要求的活动方式。

大众滑雪已经成为我国冬季运动中最受关注的项目。在众多的滑雪爱好者看来,滑雪已经不仅仅是一种强身健体的体育运动,更是一种健康时尚的户外活动。我国有着丰富的冰雪文化资源,大众冰雪体育运动的开展从一定程度上代表了滑雪运动在中国发展的脉络。对我国大众滑雪运动的研究来说,有利于掌握滑雪运动在我国发展的规律,促使人们从实际出发,探索一条适合中国国情的大众滑雪之路。

(七)树立以人为本的经营观念,消除隐患

管理部门应加紧建立滑雪行业标准,督促滑雪企业执行行业规范,完善各种防范措施、各种提示,提示标志应齐全、无误、醒目,减少意外事故发生的可能性。滑雪企业应加

大相关投入,进一步完善救护体系,救护设备、救护人员应确保能在最短时间内到达事发现场,使伤者得到及时救治。

第二节　东北地区少数民族滑雪运动的演变与功能及传承发展

一、东北地区少数民族滑雪运动

(一)赫哲族滑雪运动

赫哲族是我国北方的少数民族之一,主要分布在黑龙江省三江流域及完达山余脉的佳木斯市、同江市、抚远市、饶河县等地。赫哲族的先民由于生存生活的需要,聚居于我国北方的江边水畔和山野荒原,成为渔猎民族。① 我国北方渔猎自然资源非常丰富,渔猎生产是赫哲先民主要的生活来源。每逢冬季,赫哲族居住地就成了林海雪原,白雪冰封,雪深没膝,行走艰难,外出狩猎或采集山果时行动不便,在一步一陷的雪地里,赫哲族的先民难以追赶上猎物,更不容易捕获到猎物。赫哲的先民在冬季狩猎和生活中经过不断的总结创新,发明了滑雪交通用具。赫哲族没有本民族的文字,赫哲族滑雪是怎样产生的,虽无史记可查,但关于滑雪和滑雪板却有一定的历史记载。唐代的《北史》卷对中国北方民族地区有这样的记载:"气候最寒,雪深没马,地高积雪,惧陷坑阱,骑木而行。"在《新唐书》《山海经》中也有类似的记载。据日本札幌冬季运动博物馆资料考究,中国新疆阿勒泰一带是滑雪运动的发祥地。东北和西北等地区,气候比较寒冷,冬季雪期漫长,生息于当地的蒙古族、鄂伦春族、鄂温克族、赫哲族、阿尔泰族、哈萨克族、维吾尔族等少数民族,用树皮和木板制成雪板,进行交通狩猎等活动,并世代相传。依玛堪三部曲之一——《杜步秀莫日根》故事里,有个叫子克秀的莫日根与杜步秀比武。两人穿上踏板,穿山越岭,杜步秀落后了十几里。清代李重生所撰《赫哲土风记》记载:"赫哲地滨北海,天气早寒,重阳后即落雪花,十月则遍地平铺,可深数尺,土人以木板长五尺贴缚两足跟,手持长杆,如泊舟之状,划雪上前进,则板乘雪力,瞬息可出十余里,雪中乏食,则野兽往来求食,多留其迹,凡遂貂鼠各兽,十无一脱,运转如飞,虽飞鸟有不及也。"②

在19世纪末,每个赫哲族男子都必须有一副滑雪板,每家都应有一挂狗拉雪橇,这是他们冬季狩猎和出行的交通工具,在赫哲族人的生活中发挥着重要的作用。赫哲族人能将木段砍成一定长度和宽度的薄木板(大多数是将稠李子木砍成167~200厘米长、约10厘米宽、约8厘米厚的木板状),用火烧烤使前头翘起,钻眼拴绳能拖着走,后边做成稍

---

① 贺春林,梁世君.赫哲族叉鱼的演变及搏击功能[J].搏击(武术科学),2014,11(1):88-89.
② 尤志贤.赫哲族的生活习俗,三江赫哲[G].佳木斯:政协佳木斯市委员会文史资料委员会,1991.

有翘头的圆形,中间隆起,形成滑雪板的形状。若用于狩猎,要用有毛的狍子或鹿的腿皮等,顺毛贴绑在板底(毛尖朝后,下坡时顺毛速滑,上坡时逆毛防滑);在滑雪板的中段钻孔,用鹿筋将其穿绑在一起,制成滑雪板;使用滑雪板时,可将滑雪板捆绑在脚上,再用树干做成一根或两根支撑用的雪杖,就能够支撑滑雪了。赫哲族人穿上滑雪板在山川雪地上追逐野兽,交通滑行时驰骋如飞,比骑马还快还方便。赫哲族人骄傲自豪地说"骑木马(滑雪板)跳山涧,划桦皮船骗江过海"。赫哲族滑雪技术和狩猎技能的不断提高,促进了赫哲族渔猎生活水平的不断提升和发展。

(二)达斡尔族的滑雪运动

达呼尔(今达斡尔族),其名始见于 1667 年,初作"打虎儿"。达斡尔族的族源迄今仍无一致说法,流行最广、影响最大的是蒙古同源说和契丹后裔说。17 世纪初(明末清初),鄂温克、鄂伦春等族被称为萨哈尔察(满语,意为黑色貂皮)部,后称索伦部。分布西起石勒喀河,东至牛满江(今称布列亚河),北抵外兴安岭南麓,南达黑龙江上中游沿岸地区。明末清初,精奇里江(今结雅河)自中流以下,黑龙江自漠河对岸沿江下至精奇里江口一带区域,为达斡尔人最集中的居住地域。达斡尔族是中国古代北方民族中,少数将从事滑雪活动的习俗保留至中华人民共和国成立之后的民族之一。滑雪板,达斡尔语为"肯骨楞",选用轻巧而坚固的松木板制成肯骨楞,宽约 12 厘米,厚约 3 厘米,长达 1.35 米,前端略呈尖翘。为保护肯骨楞,提高滑速,减轻上坡的倒退力,常用鬃尖朝后的公野猪皮贴包肯骨楞的底面。

(三)鄂温克族的滑雪运动

鄂温克,名称初为索伦,见于明末清初,有"索伦部"和"索伦"之分。鄂温克是索伦人的自称,意为"住在大山林中的人们"或"住在山南坡的人们"。鄂温克族是元代"林木中百姓"、明代"野人女真"的一支。凡有三支:第一支分布在今贝加尔湖以西的勒拿河支流威吕河、维提姆河地区,共有 12 个大氏族,被称为"喀木尼堪(汉)"或"索伦别部",以驯鹿为乘载工具;第二支分布于贝加尔湖以东至赤塔河一带,共有 15 个氏族,被称为"纳米雅尔"部落或叫"那妹他",以马为运载工具;第三支散居在自石勒喀河至精奇里江(今结雅河)的黑龙江以北的广大地区,是索伦部中最主要的一支。鄂温克族是将从事滑雪活动的习俗保留至中华人民共和国成立之后的又一古代北方民族。鄂温克人早期的滑雪板多以白桦树或松木为原料,长约 1.6 米、宽为 18 厘米,前端呈弯状,翘度大而窄;后端呈坡形,翘度小而宽,中间略厚,置有绑脚皮带。有的滑雪板多以狸皮包底,爬坡不易后滑,可提高速度。《黑龙江志稿》卷六记载:"以木板长五尺贴缚两足,手持长竿,划雪前进,则板乘雪力,瞬间可出十余里……运转自如,虽飞鸟有所不及。"

(四)鄂伦春族的滑雪运动

鄂伦春,名称始见于清崇德五年(1640 年),初作"俄尔吞",后作俄罗春、鄂罗春,康熙二十九年(1690年)始用鄂伦春名,也作俄乐春、俄伦春、鄂尔吞、鄂鲁春,皆同音异译。含义有:鄂伦春人说,意为"住在山上的人";清代文献认为,是"使用驯鹿的人"之意。清初一个时期,被清人与达呼尔人(今达翰尔人)、索伦人(今鄂温克)统称之为"树中人""萨哈尔察部",后又被包括在索伦部中,鄂伦春族为古肃慎的后裔,来源于明代野人女真中的北山野人一支。17世纪中叶以前,鄂伦春人散居在黑龙江北岸西起石勒喀河,东至日本海包括库页岛在内的广大地区。鄂伦春族是将从事滑雪活动的习俗保留至中华人民共和国成立之后的又一古代北方民族。滑雪板,鄂伦春语为"亲那"。滑雪板是用桦木或樟子松制成,板宽为18~20厘米,长约2米。滑雪板用皮筋绑在鞋底下。撑杆用没有节子的柳木等制成,杆长按身高,下端削尖或安上铁尖。板分薄厚两种:在深雪中进行活动时用厚板,一般情况则用薄板。

二、东北地区少数民族滑雪运动的功能

(一)东北地区少数民族滑雪运动在狩猎生产中的功能

东北地区少数民族使用独特的滑雪用具,其雪杖上系有一根弓弦,既可以作为雪杖支撑滑雪,又可以在捕猎时作为一张良弓,将两根雪杖捆绑插入雪地,作为弩或枪射击的支架。杖、弓、支架的巧妙结合使用,是东北地区少数民族人聪明才智的结晶。东北地区少数民族在冬季狩猎时,选在野兽经常出没的山坡,自上而下地寻找和捕获猎物,多人一同出猎时,要通过集体的搜寻、伏击、围堵捕获猎物。顺坡而下的滑雪速度很容易追捕雪地中奔跑的中小型猎物,也很容易追捕负伤逃跑的大中型猎物。如果捕获到的猎物较少,就能够全部带回,若猎获到的猎物较多,就挑贵重的猎物和兽皮带回。滑雪成为东北地区少数民族人民不可缺少的冬季狩猎生产和生活技能。

(二)东北地区少数民族滑雪在抵御外夷入侵时的功能

东北地区少数民族从事滑雪运动较早,在17—18世纪,俄国人侵入黑龙江流域时,尚未掌握滑雪技术。在冬季,这些俄国入侵者常常受到脚踏滑雪板的赫哲族的有力反击。[①] 每当侵略者入侵赫哲族家园时,赫哲族的勇士们便穿好滑雪板,背上弓箭和弩箭,挎好猎刀,手执激达(赫哲语音译,意为"扎枪"),埋伏在入侵者必经之路的山坡上,当入侵者进入射程后,全体人员居高而下,激达和弓箭在远处即能投射入侵者,入侵者纷纷中箭、中枪倒地,顿时阵脚大乱,惊慌失措,赫哲族的勇士们乘势滑进敌群,挥舞激打和猎刀左刺右砍,同时顺坡滑至山下。入侵者屡遭袭击后,元气大伤,惶恐不安,只得狼狈逃窜。抗日战争时期,赫哲族勇士曾参加东北抗日联军和抗日武装,英勇抗击日本侵略者。

---

① 麻晓燕,姜洪波. 浅析赫哲族的军事教育[J]. 黑龙江民族丛刊,1994,1(1):64-69.

三、东北地区少数民族滑雪功能的演变

(一)东北地区少数民族滑雪休闲娱乐功能的演变

中华人民共和国成立后,东北地区少数民族人民生活日益富裕,冬季狩猎的生产工具和交通用具的现代化发展,促使东北地区少数民族滑雪的原始狩猎生产功能逐渐减弱,休闲娱乐功能逐渐增强,赫哲族莫日根、追鹿和滑雪跳远等传统体育游艺项目得到了传承和发展。

(二)东北地区少数民族滑雪竞技比赛功能的演变

东北地区少数民族滑雪休闲娱乐游戏时,一些争强好胜的青少年,经常会在40°~50°的雪坡顶上开始竞技滑行,主要是比滑行速度和距离、滑行姿势和技术,并将其作为检验人们对于劳动技能掌握的熟练程度的标准,优胜者会得到族人的尊敬,促进了东北地区少数民族滑雪竞技比赛功能的不断发展。赫哲莫日根赛是一种从山顶向下滑行3次的滑雪竞技游戏,参赛者获评"莫日根""莫日根堪"(准英雄)"滑雪手"等称号。追鹿是一种参加者滑雪5~7千米模仿冬季猎鹿的竞技游戏,训练东北地区少数民族青少年的滑雪追踪能力。丰富多彩的滑雪竞技游戏活动成了东北地区少数民族喜爱的传统体育竞技运动。东北地区少数民族滑雪竞技比赛已经发展成在适宜滑雪的山林或积雪的河道场区内进行,参赛者在规定的滑道上由起点滑行至终点,竞比速度或耐力。按照先后到达终点的顺序来确定比赛的胜负;或按背负重物者到达终点的先后顺序确定名次。1958年,在全国滑雪大赛上,东北地区少数民族运动员尤满昌获30千米高山滑雪少年男子组第一名,吴明新获得30千米高山滑雪成年男子组第六名。

四、东北地区少数民族滑雪的教育功能及科普发展

(一)东北地区少数民族滑雪的教育功能

滑雪体现了东北少数民族人民在原始式的、土著式的冬季狩猎生产和生存条件下,艰苦奋斗、吃苦耐劳、顽强生息,在冰天雪地的自然环境中,不畏千难万险、与自然条件抗争、与凶猛野兽搏斗,利用自然资源条件,改进生产工具。这种勇于探索、顽强拼搏进取的精神,是中华民族的自强自立精神和优良传统,是在现代生活中被广大学生和青少年所淡忘的中华民族创业精神。利用东北地区少数民族滑雪及其文化内涵对学生和青少年进行中华民族创业精神再教育和优良传统再教育,进一步培养广大学生和青少年的中华民族意识与传统美德修养。东北地区少数民族虽然人口数量极少,却是令侵略者闻风丧胆的"东亚雄族",东北地区少数民族滑雪在抗击入侵者的斗争中发挥了极其重要的特殊功能,体现了东北地区少数民族保家卫国的爱国主义精神,体现了东北地区少数民族不怕牺牲、不畏强敌的大无畏精神。这是对生活在和平年代的学生和青少年进行爱国主

义教育的良好题材,能够进一步激励并提升广大学生和青少年的爱国主义精神,面对周边邻国屡挑边境事端的现象,学生应增强忧患意识,发扬"东亚雄族"对强敌敢于亮剑的精神,保家卫国,立场坚定,爱我中华,精忠报国。

(二)东北地区少数民族滑雪的科普发展

东北地区少数民族滑雪是一项经济实用的冬季体育健身运动,东北少数民族滑雪用具易于创新制作,成本低廉,易于使用,易于学练,是贫困地区和经济不发达地区的学校及群体部门(主要指无能力购买正规滑雪用具地区的学校及群体部门)冬季体育健身的良好活动项目。东北地区少数民族滑雪用具投资小,适合贫困地区自制使用或产销。东北少数民族滑雪游戏技术便于传授辅导和进行安全教育,可以在坡度较小、坡面较短的适宜雪坡上安全滑行,有利于北方山区学校和群体管理部门进行组织和实施,促进经济不发达地区和贫困地区百万青少年参加冰雪活动,促进行了区域性冬季冰雪运动、经济效益和社会效益及学生体质健康达标的可行性开展。建议贫困地区和经济不发达地区的学校和群体运动相关管理部门科学开展滑雪等休闲娱乐游戏及竞技比赛活动,创新东北地区少数民族滑雪实用新型用具,拓展东北地区少数民族冰雪运动的活动方式并提升健身效果,同时,利用其传统文化内涵对广大学生和青少年进行中华民族优良传统再教育、爱国主义再教育、中华民族精神再教育,促进东北少数民族滑雪功能的传承发展。

第三节　东北地区高校滑雪体育课程的开设

一、东北地区高校开设滑雪体育课程的必要性及优势

(一)东北地区高校开设滑雪体育课程的必要性分析

1. 完善冬季体育课程的需要

近几年来,我国不仅提出了"全民健身计划"战略目标,还制定了新的《全国普通高等学校体育课程教学指导纲要》,强调学校要以学生为中心,一切从学生的年龄特点出发,根据所在地的气候、场馆设施等情况,科学地编排体育课程内容,注重课程内容的多样化,满足现代学生的各种运动需求。[①] 提及东北地区,人们脑子里首先会想到"气候寒冷,冰天雪地",这些是开展滑雪运动的有利条件,滑冰始终都是该地区冬季体育项目的主要内容。但是冬季校园户外运动项目并不多,难以充分调动大学生冬季体育锻炼的积极性,所以开设滑雪体育课程是完善冬季体育课程的需要,与体育教学改革的方向一致。

---

① 　王忠波. 东北地区高校越野滑雪体育课程的开设[J]. 冰雪运动,2020,42(2):63-67.

2.学生锻炼身体素质的需要

体育教学最突出的价值在于增强体质,传播体育知识,让学生在体育运动中感受生命的活力,为终身体育意识的形成奠定了基础。作为一门可在校园内新兴的体育运动项目,滑雪的运动形式独特,魅力无穷,整个运动过程充满着快乐,也在很大程度上锻炼了参与者的身体。东北地区拥有丰富的冰雪资源,该地区高校可以借此条件开设滑雪课程,让学生在学习压力下放松心情,缓解压力。参加惊险的高山滑雪,不仅可以增强学生的心肺功能,锻炼大腿、小腿的肌肉,强健大臂和腹肌,而且可以大大增强身体的平衡性、协调性。也就是说,东北地区高校开设滑雪体育课程,是为学生提供了一种比较综合的体育锻炼方式,能满足学生强化身体素质的迫切需求。

3.学生综合素质培养的需要

从各种体育赛事来看,争夺冠军虽然是最响亮的口号,但它不是运动员们唯一的追求,最为可贵的是培养参与意识和拼搏精神。在东北地区高校开设滑雪体育课程,能为大学生提供风格奇特的户外运动方式,使大学生充分享受雪和大自然带来的快乐,进而更加热爱生活。在寒冷的东北地区拥有令人羡慕的滑雪环境,当地大学生踊跃参加滑雪运动,有助于培养他们不畏严寒、坚忍不拔的意志。与此同时,新的时代要求高校体育课程突出对学生体育能力的培养,而较强的体育能力与个人品质息息相关,只有永不言弃,坚持到底,才能取得最后的成功。所以,东北地区高校滑雪课程的开设,不断地训练学生的滑雪技能,有助于培养大学生形成勇于克服困难、战胜自我的优秀品质,这也符合当前学生综合素质培养的需要。

4.和谐人际关系构建的需要

在每个人的一生中,都会或多或少地遇到一些不顺心的事情,必将影响人的情绪,干扰正常生活。不良情绪有损于健康,不利于与人交往。体育运动可以有效调整人的情绪,特别是滑雪运动,可以有效改善不良情绪。另外,许多滑雪场建于名山大川和丛林之中,空气清新,视野开阔。东北地区的雪景更是优美无比,高校体育开设该课程,可以缓解学生内心的压力,消除繁重学习任务所带来的疲劳,也有助于学生和谐人际关系的构建。

(二)东北地区高校开设滑雪体育课程的优势

1.学校优势

学校优势是开设滑雪课程的关键。首先,东北地区为冰雪运动的开展创设了良好环境,冰雪运动一直都是学校体育所重视的内容,开设滑雪课程的高校也都能严格按照国家颁布的教学大纲,科学地设定教学目标。其次,有的高校不断优化滑雪课程教学内容,使其更具有本校特色,并能够根据自身的实际条件,为滑雪课程的有效开展夯实基础。最后,东北地区高校体育教师的学历、职称情况普遍较好,冰雪运动教学经验丰富,一般都能运用现代化教学手段开展教学,有助于滑雪课程的开设。

2. 政策优势

从表面上看,体育教育似乎比不上其他文化课程教学在人们心中的分量,但是它绝不是可有可无的学科。离开体育教育,人们的体质将会下降,无力学习和工作,更难以实现"体育强国"的宏伟目标。中共中央吉林省委就在 2014 年第 13 号文件中提出了"全民冰雪运动普及计划"的口号,带动了东北地区冰雪体育运动事业的可持续发展。2014 年 2 月,习近平主席出席索契冬奥会开幕式,并会见国际奥委会主席巴赫。在此次出访期间,习近平提出了"三亿人参与冰雪运动"的伟大号召。这些都为东北地区高校开设滑雪体育课程提供了政策优势。

3. 地域优势

东北地理位置独特,气候寒冷,冬季厚厚的积雪随处可见,这些特点为高校体育开展滑雪运动提供了得天独厚的条件。一方面,东北地区的雪季极其漫长,滑雪时间充足,大多数人都乐意参加冬季运动项目,锻炼身体抵抗严寒。其中,滑雪项目倍受大学生的欢迎,这就为高校体育滑雪项目的有效开设提供了可能。另一方面,随着全民体育运动的日益普及,东北地区已经开发出众多滑雪场地,其中一些雪场具备承担大型冬季滑雪项目活动的资质,可以为高校滑雪课程所用,这些也都得益于东北地区的地域优势。

二、制约东北地区高校开设滑雪体育课程的因素

(一)经济因素

大体上讲,滑雪不是一般的体育运动项目,它所需要的开销比较大,既要配备优质的运动场地设施,又要配备结实的器材装备,以防止意外事故的出现。同时,由于滑雪场大多位于地市郊区,甚至有的位于极其偏僻的山区,以至于开设滑雪课程需要一大笔交通费用、餐饮费用、住宿费用等,这对没有专项经费的东北地区高校是一个很大的经济困扰。解决资金问题是关键所在,经济因素是制约东北地区高校滑雪体育课程开设与落实的一个重要影响因素。

(二)器材因素

纵观国际许多冬季体育赛事,很多都是在我国东北地区举行的,其中包括一些国际性的滑雪赛事。这些赛事的举办自然会存留滑雪用具,直接为东北地区高校开设滑雪体育课程提供了现成的器材。然而,由于部分高校缺乏自己的雪场,基本上都是借助外界雪场进行授课,这种情况下即使雪场配有相应的运动装备,但可用于租借授课的滑雪器材仍非常有限,难以同时提供大量的滑雪装备,导致许多滑雪课程计划难以落实到位,制约了东北地区高校滑雪体育课程的顺利进行。

(三)师资因素

在我国,滑雪项目起步较晚,运动员人才储备不充足,有实力的专业教练员更是寥寥

无几,大多数都是转行过来的体育教师,对滑雪课程的教学了解甚少。尽管有的高校滑雪课程教师为退役运动员,但也是来自一些专业的体育院校。最典型的,在黑、吉、辽三省的普通高校体育教学队伍中,专业的滑雪教练员就寥寥无几。这些都表明当前东北地区滑雪专项的师资力量不足,直接制约着滑雪课程在高校体育教学中的开展,不利于普及滑雪运动。

(四)课时因素

高校滑雪课程的课时一般都比较短,而教学时长的合理与否,必然决定着教师能否完成滑雪教学任务。充足的课时数量是学生掌握技术动作的重要保证。一方面,滑雪授课时间与气候有关,基本授课时间为3～4个月,无法做到全年授课,从而限制了滑雪的教学时数。另一方面,滑雪教学场地偏远,必须考虑交通、食宿等事务所花费的时间。由于学习滑雪必然要占用其他学科的学习时间,但是其他学科的教师也未必愿意腾出时间为其所用,无奈之下,滑雪课程只能暂停或减少教学时数。

三、促进东北地区高校滑雪体育课程开设的有效措施

(一)加强高校领导的重视

合理开设东北地区高校滑雪体育课程,需要加强高校领导的重视。首先,增强高校领导对滑雪运动的认识,督促他们了解社会需求,科学地培养社会需要的滑雪专业性人才。其次,高校要从体育教育改革的角度出发,注重滑雪课程的开设力度,不断为学生创造良好的滑雪学习条件,尽量建立属于自己的场地和配备运动装备。最后,对于难以解决的问题,应当充分利用已有资源,错开上课时间,实现模拟教学环境与实践教学的相互结合,创造符合当前越野滑雪课程的上课条件。

(二)加强教师的继续教育

任何专业课程教学效果的提升,都离不开授课教师孜孜不倦的教诲。所以要想促进东北地区高校滑雪体育课程的开展,必须加强滑雪教师的继续教育,提升他们教学的专业性和训练指导能力。其一,高校要积极、尽可能多地开办专业的滑雪培训班,确保所有滑雪授课教师都能参与专业的技术培训,以便获得最先进的越野滑雪技战术理论。其二,高校要加强年轻滑雪教师的培训工作,既要提升示范能力,又要丰富理论能力。这方面可以通过"以老带新"的方式进行,真正实现经验教学和示范教学的有效结合。

(三)合理开设第二课堂

滑雪课程在校开设的时间有限,学生很难迅速掌握所学知识。东北地区高校体育教师应当合理地开设第二课堂,定期组织学生参与校外的滑雪课程,可以与协会、俱乐部等组织合作,为学生提供展示滑雪潜能的机会。值得注意的是,东北三省高校都拥有较长

的寒假时间,可以充分利用期末或寒假期间的空闲时间,鼓励学生学习滑雪课程。这不但能锻炼学生的意志,而且避免了滑雪课程与其他学科课程在课时上的冲突,实施集中授课更有助于学生迅速掌握滑雪技术动作。

(四)宣传滑雪的知识

在高校开设滑雪课程,发展滑雪运动,不仅要靠学校单方面的努力,还需要学生的主动参与,因此加强滑雪知识的宣传至关重要。首先,东北地区高校体育教师要引导学生了解滑雪运动的益处,使他们发自内心地喜爱滑雪运动。其次,通过多媒体教学的方式,直接地向学生示范技术动作,帮助学生在短时间内牢记滑雪知识和动作技巧。最后,体育教师要更新教学观念,优化冬季滑雪课程教学方法,培养学生养成良好的体育行为习惯,并在此基础上制定一套科学的高校滑雪运动知识体系,让整个校园都充满学习滑雪课程的良好氛围。

(五)共享相邻学校的资源

东北地区高校基本具备滑雪课程的开设条件,但各个学校的教学环境不同,教学资源也不尽相同,由此出现了高校滑雪体育课程开设不平衡的问题。当然,各高校不能因为这些问题而放弃对滑雪课程的开设,应当采取有效措施,争取实现相邻学校滑雪教学资源的共享,让各个学校的学生都能享有学习资源。同时,各个高校还可以互商互议,充分利用有限的资源共建滑雪课程,使学生群体和滑雪场资源优势互补,不断促进东北地区高校滑雪体育课程的有效开设,并付诸实际教学当中。

(六)借助冬奥会加大投资

政府在"体育强国"目标实施过程中的作用不可忽视,因为政府不仅对体育运动项目的发展起着宏观调控的作用,还能为硬件设施提供充足的资金支持。从目前来看,2022年冬奥会的成功举办,东北地区各省政府可以抓住这个契机,加大对滑雪运动的投资力度,注重高校滑雪体育课程的全面开设,激励全体师生踊跃参与,各自为"冰雪强省"的打造添砖加瓦。同时,政府相关部门要大力支持滑雪项目的训练竞赛,建立配套的医疗保障体系,形成相关的科研服务链,争取更多赞助商的支持以改进滑雪运动装备,全力促进东北地区高校滑雪体育教育事业的蓬勃发展。

第九章　滑冰运动

第一节　滑冰运动概述

一、滑冰运动概述

有关滑冰运动的起源,众说纷纭。据我国史书记载,远在唐代北方结冰地区就已经有了滑冰;在宋代,滑冰已发展成为一项体育运动,被称作"冰嬉";到了清代,由于满族自古就有滑冰的传统,满族入关建立清王朝后每年便会在北京举办大型滑冰运动会。在欧洲,滑冰起源于荷兰。1250年荷兰制作了世界上第一双冰刀。1742年,英国成立了第一个滑冰俱乐部。1772年,英国皇家炮兵中尉罗伯特·琼斯撰写的《论滑冰》在伦敦出版,这是世界上第一部关于滑冰的书。1882年,在维也纳举行了第一次国际滑冰会议,会议决定滑冰比赛分速度滑冰和花样滑冰两大类,并制定了竞赛规则。

1892年,在荷兰的提议下,成立了国际滑冰联盟(ISU)。规定每年举行一次世界男子速滑锦标赛和世界花样滑冰锦标赛。第四届奥运会首次将花样滑冰列为正式比赛项目。1920年在第五届奥运会上冰球也被列为正式比赛项目。

1924年第一届冬奥会开始,速度滑冰、花样滑冰、冰球均被列为正式比赛项目。1960年第八届冬奥会中又增加了女子速度滑冰项目。我国早在1935年就有了滑冰比赛,是在当时的北平举行的。1943年延安曾举行过冰上运动会。中华人民共和国成立后,1953年在哈尔滨举行第一届全国冰上运动会。以后每年均举行一次。

1957年,我国速滑选手第一次参加速滑全能世界赛,仅女子一人取得了全能第21名。1963年在日本的世界速滑锦标赛中,我国男运动员罗致焕在1500米比赛中获第一名,并创下了世界锦标赛纪录,为我国第一次赢得了世界锦标赛的金质奖章。进入20世纪90年代,我国在世界冰坛上取得了十分优异的成绩。1990年,女选手王秀丽首先在世界女子速滑锦标赛上取得1500米第一名。1991年、1992年,叶乔波在500米比赛中取得世界第一名。1992年,叶乔波还获得世界杯速滑系列赛500米和1000米两项总分的亚军。1992年在法国阿尔贝维尔举行的第十六届冬奥会上,叶乔波获得500米和1000米两块银牌,实现了我国在冬奥会速滑比赛中"零"的突破。

二、滑冰运动基本技术

滑冰运动包括速度滑冰、花样滑冰和冰球。速度滑冰又分为标准场地和短距离道两种。本节只简单介绍速度滑冰的技术。

(一)直道滑跑技术

1.滑跑姿势

动作要领:上体向前倾斜,肩部稍高于臀部,或肩部与臀部水平。上体与冰面成15°～25°,两腿向前弯曲,膝关节大约成90°,踝关节与冰面成50°～70°。两手相互握住,自然背在腰部,身体重心放在两腿之间,并且要稍含胸、收腹和团身。上体不要向前探出,臀部不要向后坐,背部肌肉要自然放松,膝关节前弓,头稍微抬起,目视前方4～5米处。

2.蹬冰动作

动作要领:蹬冰时蹬冰幅度要大。蹬冰幅度是指滑跑者的身体总重心点从蹬冰前的位置移动到蹬冰结束后的位置之间的距离。蹬冰时,要快速伸展蹬冰腿,也就是要做到快蹬冰,同时和其他技术动作紧密而协调地配合。

3.收腿动作

动作要领:从蹬冰结束后的侧位收到后位,再从后位摆到前位,即浮腿冰刀做下刀动作,贴近支撑腿冰刀内侧。收腿要以髋关节为轴,大腿带动小腿,从侧位沿着最短路线积极、快速地做收、摆动作,用最短的时间与支撑腿靠拢。冰刀要紧贴支撑腿冰刀内侧悬起,做好冰刀着冰的准备。

4.下刀动作

动作要领:下刀积极、速度快,带有冲滑动作。在做下刀动作前,浮腿从后位用膝关节领先,带动小腿加速向前摆。浮腿和支撑腿膝盖靠拢时,浮腿冰刀做下刀动作的位置是在支撑腿冰刀内侧,浮腿冰刀和支撑腿冰刀滑进方向平行,两只冰刀几乎没有开角,但要保持身体的倾斜度。浮腿下刀动作和支撑腿冰刀做蹬冰动作几乎同时进行。

5.自由滑行

自由滑行是指借助蹬冰后向前滑进的惯性滑行,也叫惯性滑进。

动作要领:冰刀平刃支撑,支点在中后部位,滑行的直线性,身体的纵向"三点成一线",即鼻、膝、刀尖三个部位沿着滑行方向成一条纵向垂直的线。

6.全身配合动作

(1)两腿的动作配合。

动作要领:滑冰时,单脚支撑滑行、蹬冰、收腿、交换蹬冰,完成两腿动作的循环配合。

(2)上体、臀部与腿的配合。

动作要领:滑行时,上体和臀部需保持平稳,移动协调,与滑跑方位纵向一致,蹬冰时上体、臀部向蹬冰相反方向水平移动。

(3)摆臂动作与腿的配合。

动作要领：当左臂摆于前位高点时，右臂处于后位高点，这时左腿处于蹬冰结束阶段，右腿处于单脚支撑惯性滑行阶段；当左臂摆至下垂点时，右臂也要摆至下垂点，左腿处于收腿最后阶段，右腿又转为蹬冰开始，两臂的配合摆动，构成上述动作循环。

7. 摆臂动作

动作要领：当右臂摆动到前高点、左臂摆动到后高点时，右腿蹬冰结束、左腿冰刀做惯性滑进动作；[1]当右臂和左臂都摆到下垂点时，右腿冰刀做收腿动作、左腿冰刀做惯性滑进动作；当右臂摆到后高点、左臂摆到前高点时，右腿冰刀做惯性滑进动作、左腿冰刀做蹬冰结束动作。注意：摆臂最好是前、后大幅度摆动，前摆时要用力，后摆时要放松。

（二）弯道滑跑基本技术

1. 滑跑姿势

弯道滑跑姿势与直道滑跑姿势基本相同。在滑跑中身体始终向圆心倾斜，同时要稍微含胸、团身。整个身体向左倾斜时，臀部不要有意识地向里倾倒，肩部不要向外倾斜，左肩和右肩要平齐，整个上体呈水平状态，并保持鼻、冰刀、膝盖成一条直线向左倾斜。在弯道滑跑时，调整好身体倾斜度，是掌握弯道滑跑技术的关键之一。初学滑跑选用小冰场，弯道半径越小，掌握弯道压步动作越快。

2. 蹬冰动作

弯道蹬冰动作结构与直道蹬冰动作结构基本一样，但也有不同点。在弯道滑跑中，左腿冰刀和右腿冰刀都是向身体右侧做蹬冰动作，而且是用交叉压步的方式，不停地交替进行蹬冰动作。单腿向前滑进时间比直道单腿向前滑进时间短。滑跑时身体重心是沿着弧线向前移动的。

当左腿冰刀蹬冰结束后，冰刀离开冰面，右脚冰刀用后部内刃开始蹬冰，等左脚冰刀接近右脚冰刀时，右脚蹬冰进入最大用力蹬冰阶段。当右脚冰刀蹬冰结束后，冰刀抬离冰面，左脚冰刀开始做蹬冰动作，等右膝越过左膝前面时，左脚蹬冰进入最大用力蹬冰阶段。

做蹬冰动作时，要快速而有力，要有一种"前送蹬"的肌肉感觉，使膝关节有前弓、前送并往下压的动作。

做蹬冰动作后，要利用冰面的反弹力和重力，快速、积极地做收腿动作。如果浮腿在侧位有停留时间，就会延长单腿支撑滑进动作步幅和长度，既加重了支撑腿的负担，又消耗了体力，影响滑跑速度。

3. 收腿动作

当右腿蹬冰结束后，顺着蹬冰后的反弹力积极由外侧向内侧收腿，在侧位不停留，浮腿冰刀抬离冰面。以髋关节为轴，大腿带动小腿，膝盖领先，用积极内压、快收的方法，向左腿靠拢。当右脚冰刀刀跟超过左脚冰刀刀尖时，右脚冰刀用内刃中后部准备在新的切

---

① 尹立波. 休闲体育运动文化与实践[M]. 北京:新华出版社,2017.

线方向上着冰,完成右腿的收腿动作。

当左腿冰刀结束蹬冰后,借助蹬冰的反弹力,冰刀抬离冰面,以髋关节为轴,大腿带动小腿,膝盖领先,用拉收的方法,向右腿靠拢,左腿冰刀刀尖收到右腿冰刀刀跟时,左腿膝盖和右膝窝贴近。然后,左腿冰刀继续贴近右腿冰刀内侧向前移动。当左腿冰刀刀尖稍越过右腿冰刀刀尖时,靠近右腿冰刀顺势用外刃做下刀动作,但小腿不要向前伸出。

在收腿过程中,两腿要紧密配合身体重心的移动。完成收腿动作时,不能向内摆肩或向外扭臂,应保证身体的左右平衡,充分发挥蹬冰力量。

4. 下刀动作

弯道滑跑时,下刀动作与弯道线的切线方向一致,向着滑进方向,与支撑刀靠近并互相平行,用冰刀的中后部位先着冰,而冰刀一着冰就做向前滑进动作。

当右腿用积极内压快收的方法收腿时,冰刀的刀跟要有向左压的动作,刀尖偏离雪线,刀尖内刃着冰。同时要防止小腿向前跨和摆动,膝关节要前弓。右腿和身体向左倾斜,两腿冰刀之间的距离越近越好,为左腿蹬冰创造良好条件。

当左腿用积极拉收的方法收回时,要先用冰刀中后部外刃贴近右腿冰刀内侧着冰,刀尖要偏离雪线,小腿和身体向左倾斜。

5. 自由滑进动作

在弯道滑跑过程中,当右腿冰刀蹬冰结束时,正是左腿冰刀自由滑进阶段,身体重心在左腿冰刀的后部。当右腿冰刀抬离冰面、收回靠拢左腿时,身体重心由左腿冰刀的后部移动到冰刀中部。当右腿冰刀继续向左移动准备做下刀动作时,左腿冰刀自由滑进结束。左腿冰刀蹬冰开始,正是右腿冰刀做自由滑进动作时。在两腿冰刀分别做慢性滑进时,身体向左侧的倾斜角度要相对稳定。

6. 全身配合动作

(1)两腿配合动作。

右腿冰刀蹬冰结束后,利用冰面对冰刀的反弹力,抬离冰面,马上积极、快速地向左腿摆收靠拢,同时,左腿冰刀快速地做蹬冰动作,同样右腿在做收腿动作的同时,左腿蹬冰。当右腿收回与左腿并拢时,左腿冰刀要以最大力量蹬冰。右腿冰刀在左腿冰刀前面用刀中部内刃着冰时,速度要快,而且要有向前滑的动作,此时左腿靠近右腿。

(2)两腿和肩部、上体、臀部的配合动作。

两腿在收腿、下刀、蹬冰过程中,上体要始终保持与冰面平行,不要左右摇摆、上下起伏。左肩不要低于右肩,肩部不要有意识地向右侧摆动。臀部不要向左侧扭转。

7. 摆臂动作

弯道的摆臂动作是不对称的,左右臂摆法不同。右臂前后摆动,前摆至左前方,手与鼻、膝、刀四点成一线,后摆至后侧,手不要高过肩;左臂摆动幅度小,上臂靠近身体,前臂顺着躯干前后摆动,起着协调平衡的作用。前摆时微屈肘,后摆时不要过肩。

8.进、出弯道

(1)入弯道。

进入弯道的方法:先确定入弯道点,左腿蹬冰,在直弯道交接点前结束,右腿冰刀前滑离开雪线1~2米处入弯道。身体顺势果断地向左倾倒,左腿冰刀用中后部外刃,贴近右腿冰刀的支撑点下刀。右腿冰刀结束蹬冰抬离冰面,髋前送向左斜,左刀外刃蹬冰。滑到弯道顶点时要紧贴雪线,并加快频率。

进入大弯道时,右腿冰刀从直道和弯道交接处滑进,在距离大弯道雪线1~2米处向弯道里面深入。先滑进大弯道的是左腿冰刀。

在左腿完成收腿动作时,身体要大胆、果断地向左侧倾斜。当身体向左倾斜到一定程度时,左腿冰刀的刀尖外刃贴近右腿冰刀内刃着冰,放在新的切线上,并稍偏离雪线,身体不要向前探,肩部不要领先,臀部不要向后坐。进入弯道时,还要结合在直道滑跑时获得的速度和进入弯道的半径、身体倾斜角度来进行判断完成滑跑。

顺风时入弯道,要离弯道近一些,逆风时进入弯道,要离弯道远些。

(2)出弯道。

出弯道时,右腿冰刀在弯道滑跑最后一步,前半步在弯道上,后半步在直道上。上体要和滑进方向一致,身体处于较稳定的动力平衡状态,同时左腿正在做收腿动作。当左腿结束收腿动作、靠近右腿冰刀着冰时,右腿结束蹬冰,进入收腿动作,左腿冰刀支撑身体,在直道上滑出第一步。

滑跑弯道时,要时刻注意含胸、团身,逐渐加快滑跑频率。出弯道时,滑跑频率大于入弯道时的滑跑频率,身体要有一种被甩出弯道的感觉。

第二节　东北地区高校滑冰课程教学改革研究

一、东北地区高校的冰场温度、冰场质量和冰鞋质量等硬件条件方面有待完善

东北寒冷地区基本从11月份开始进入结冰期,11—12月两个月时间里白天的平均气温会在-20℃左右,有些地区气温更低。最为合适的冰面温度是-4℃到-6℃,而东北寒冷地区大部分室外冰场的冰面温度基本在-20℃左右,甚至更低。这样的冰面异常坚硬,不适宜冰刀更好地切入冰面,给初学者则带来了更大的困难。高校的公共体育滑冰课一般为80~100分钟,在这样长的时间里、这样的低温环境下要上好滑冰课着实有一定的困难。黄河流域以南(包括黄河流域)的中国广大地区没有建立室外冰场的自然气候条件,所以高校里大多数学生并没有冰上运动的体验,广大学生是怀着极其强烈的好奇心选修了滑冰课。再者内蒙古、新疆和东北等寒冷地区室外温度虽然很低,但室内

基本都是全天取暖,所以生活以教室、宿舍和食堂三点为一线的广大学生并不需要准备很厚很保暖的服装和鞋帽。由于没有穿很厚的服装和鞋帽的习惯,绝大部分学生都会对严寒准备不足,所以经常难以保证教学时间,这给正常的滑冰教学增加了困难。

普通高校的冰场通常会选择在一个不经常使用的田径场上浇水并冻冰建成,也有的选择在湖面上或河面上修建而成。由于季节的限制从冻冰季节的开始到进入寒假,大概只有两个月的时间,那么从湖面或河面结冰强度足够开始到进入寒假可能时间更短。所以很多高校的冰场修建是十分仓促的,出现的问题主要有场地不够平整、场地不够大、缺乏维护等。场地不平整是由多种原因造成的,可能是基础场地不平整或落差太大,也可能是浇冰工人技术有限或责任心有限。场地不够大或者不是椭圆形的冰场,也可能是由于场地基础不理想或者高校投入不够造成。冰场建好之后还需要每天的维护和修缮,主要是浇水修缮被划伤的冰面和扫雪两大工作,尤其是北方空气沙尘偏多,冬季多雪,这样的自然条件对冰场的维护提出了更高的要求。另外,还要注意保持场地四周缓冲带始终有充足松软的雪堆。

冰场硬件的不足也给教学带来了一系列困难,当前还有很大一部分高校滑冰教师传统地认为滑冰说的是速度滑冰,而不包括花样冰刀、冰球刀等。所以绝大多数高校的冰鞋是普通的、传统的低帮速滑冰鞋。[①] 已有科研工作者表示低帮速滑冰刀不易掌握,不适合初学者使用。而适合初学者使用的是一种硬质的高帮速滑冰刀,这种冰刀保留了传统速滑冰刀直线性能好的优势,不易前后翻倒,同时这种冰刀锁住了脚踝,让足部和小腿部连接成为一个整体,减轻了踝关节的负担,初学者都能完成教学的第一步,首先冰刀垂直冰面地站在冰面上,这大大减小了滑冰的难度。目前大多高校在滑冰课上采用班级统一发放或出租的模式,这种模式需要大量的冰鞋,而且对于冰鞋的保养和维修也提出了更高要求。很多学生由于冰鞋的残次和破损而没有体验到滑冰的快乐,更有甚者在考试中发挥失常得了低分或不及格,这样就得不偿失了。

二、东北地区高校教师水平、教学理念和保护伤害措施制度等软件方面有待完善

当前对于高校公体课教师的培养模式为一专多能,很多体育教师并不是以冰雪运动为自己专长的,冰雪运动因其开展时间上的局限,造成教师并不能在开冰课的两个月以外的时间里去研修的局面。所以有很多教师照本宣科,纸上谈兵。甚至有的教师自己站在地面上给冰面上的学生讲课和示范。

在多年的教学实践中笔者发现了一个有趣的现象,冰课教师往往注重技术教学而忽略了对学生兴趣方面的培养。首先,教师要根据具体的教学内容、任务,有目的地向学生介绍本课内容的健身价值,以激发学生的学习兴趣。例如,在冰课教学中,教师可着重向学生介绍中长跑能增强人体心脏及物质代谢的功能,提高消化系统和呼吸系统以及器官

---

① 邢末. 高寒地区高校公共体育滑冰课教学改革的几点建议[J]. 中国电子商务,2012(24):127-128.

的机能,是终身体育的一个主要组成部分。学生明白了参加滑冰的目的,就可以有效地调动学生学习的积极性,促使学生由"要我锻炼"向"我要锻炼"的方向转化。其次,教师要合理地安排教材内容的深度与广度,使学生能够学有所趣、学有所得,是提高学生身心效果的一个重要因素。如果教师只是在某一个方面片面地深入,学生就会逐渐产生单调乏味的感觉,使学生对体育学习失去兴趣;如果在一段时间内的学习内容过于多样化,学生的学习效果就会如同"蜻蜓点水"一般,不能真正掌握知识、技术,而失去学习的兴趣。教材的枯燥与乏味会直接影响学生学习的兴趣和动机。体育教学要将一些枯燥乏味的内容与自然界的各种趣味性活动有机地联系起来,以恰当的情境教学来激发学生的求知欲望。因此,滑冰教学既要向学生讲明课堂学习的目的,也要把身体锻炼、文化学习与人类生存、生产等活动联系起来,让学生认识到体育对健体以及对人类生存、生活、生产等的重大作用,激发学生浓厚的体育课学习兴趣。教学只有在学生主动获取知识的条件下才能生效。教学过程必须以学生为主体。也就是说,学习者的内因起着决定性的作用。教学行为必须通过教师的内因才能起作用。要想使体育教学从传统的教学模式进行真正意义上的改革,必须在教师的帮助下进行。只有教师认识到传统教学模式的弊端,理解教学改革的意义并主动投入教改实践,才能真正发挥教师的作用。

滑冰课的伤害出现率在高校其他项目体育课堂中属于较高的,因为冰鞋一改人类以往的着地方式,加之学生初次滑冰的兴奋和好奇也会加大受伤的比例。作为体育教师,应该从教学角度想方设法地减少伤害,增强学生的安全意识,培养学生养成文明活动的好习惯。教师要通过平时的事例和课堂上可能存在的隐患对学生进行及时的教育,让学生了解教师的良苦用心,培养学生对事故的预见能力和防范能力,并养成一种安全练习的习惯。这不仅对体育课堂有所帮助,对学生的文化学习及生活也是有百益而无一害的。提高场地器材的安全系数。不可否认,许多安全事故是因为场地器材的安全系数不高造成的。为此,教师要经常保养、检修冰场周边的缓冲带和冰鞋。一些长久不用的器材更要保养好,在使用之前一定要确定好它的安全性能。常用器材要做好及时的维修工作,做到勤观察、勤体验、勤动手,只有这样才能有备而无患。

第三节　东北地区普通高校滑冰课程建设构想

一、东北地区普通高校滑冰课程概况

通过对东北地区特别是哈尔滨、长春、沈阳三所高校相对集中,并且具有代表性的城市进行调查,总结东北地区普通高校滑冰课程所具有的共性,归纳如下。

(一)课程设置

大学一、二年级上半学期冬季时间的必修课,多数高校在当年 12 月初至次年 1 月中旬开设滑冰课程,黑龙江省高校的开课时间较早,课程持续时间长于吉林、辽宁两省。

(二)教学时数

滑冰课程教学课时数根据地区不同和各个高校实际情况的差异而有所不同,一般有4～8学时/每学期。

(三)场地与器材

绝大多数高校滑冰课程教学所使用的场地是在本校内自行修建,个别学校会前往较近的滑冰馆上课。

教学中以使用速滑冰刀为主,有的学校男生使用冰球刀,女生使用花样冰刀。冰鞋的提供有两种情况:一种是由学校提供,免费使用;一种是由学生或租或买,自行配置。

(四)上课时间

在上、下午常规体育教学时间段内进行课程教学,少部分学校选择在晚间 17:00—19:00 时间段内集中授课。

(五)教学与考核内容

以速度滑冰为主要教学项目,以简单的直道滑行为主要教学内容,并以此内容设立50～100 米的直道滑行技术为主要考核内容,考核重点在于学生能否完成滑行动作。

(六)师资队伍

速滑专业教师在全体教师中占比偏少,主要由体育师范专业毕业的其他专项教师兼任滑冰课程的教学工作。

二、东北地区普通高校滑冰课程开展存在的问题

(一)滑冰课程在普通高校体育教学大纲中所占比重偏低

由于滑冰课程会受季节气候因素的影响,此课程在高校体育教学大纲中普遍被确定为季节性阶段项目,用作弥补冬季大多数体育项目室外无法开展活动的手段。通过对滑冰课程在体育教学大纲中位置和比重的分析,我们将不难判断出滑冰课程在体育教学活动中受关注的程度。高校普遍将滑冰课程教学时数安排在 4～8 学时/每学期,由于滑冰课程仅能在冬季的学期开设,所以对于每位大学生而言,高等教育过程中滑冰教学总学时数为 8～16 学时,无论是学期学时数还是总学时数远远少于高校体育教育的其他课程(如篮球为 28 学时/每学期)。[1] 这样的学时安排不可避免地给滑冰课程造成负面影响,

---

[1] 王大伟. 东北地区普通高校滑冰课程建设构想[J]. 冰雪运动,2013(1):64-67.

体现出滑冰课程在高校体育教学大纲中的被动地位和易被轻视的可能性。教学大纲是教学活动的指导性文件,对教学活动起着指挥棒的作用,教师是选择教材、安排教学进程、组织教学活动的依据。教师在思想意识上也会受教学大纲安排的影响,不自觉地产生对滑冰课程教学不重视的认识,对滑冰课程有轻视的思想意识必然造成行动上表现出应付了事的状态,这种情况必然导致教学质量的下降。

(二)普通高校冰场呈现逐年减少的趋势,导致滑冰课程开设范围的缩减

对东北黑龙江、吉林、辽宁三省的普通高校进行体育教学环境的调查,结果显示冬季浇冰的教学场地正逐渐缩减。

1. 为保护人造草坪而放弃冰场的铺设

近几年来,普通高校相继进行基础建设,力求改善教学环境与条件,绝大多数高校对体育场馆进行了新建和翻修,室外操场铺设了人造草坪和塑胶跑道,原先的土场地被人造草坪和塑胶跑道代替,土场地几乎消失,难觅踪迹,校园整体环境有了巨大的改善,但这却成为浇冰场学滑冰教学的障碍。在人们的习惯思维中,以前的操场是"三合土"地面,冬季到来时在其表面冻冰修建冰场,第二年春季冰面融化,对操场不会造成损害,可是在人造草坪表面大面积冻冰会直接对草坪造成损害,影响草坪的使用寿命,为保护人造草坪几乎所有的学校都不允许在其上面浇冰,校内无土场地可使用,因此只能放弃修建冰场,进而滑冰课程相继被其他课程取代,面临消亡的尴尬境地。事实上,经调查发现在人造草坪上冻冰修建冰场,将降低草坪的使用寿命这一观点是错误的,在过去连续5年间,哈尔滨体育学院在人造草坪表面修建了冰场并进行滑冰课程的教学,非但没有对草坪造成损害,相反却在一定程度上起到保护作用,避免了低温环境下在草坪上面运动使"草"折断的问题,因为在草坪上浇灌稍厚的冰面,覆盖在人造草坪上面,对草坪起到了隔离的作用,减少"草"受到平行于地面的横向作用力的伤害机会。人造草坪和土场地同样可以铺设冰场,开展常规的滑冰课程的教学活动。

2. 冬季气温升高导致冰期缩短影响浇冰

全球性的气温升高使得浇冰期缩短,以前多数高校在11月末、12月初开始浇冰自建冰场,但近几年进入冬季后气温下降缓慢,到12月中旬才能进行冰场的铺设,第二年春节气温早早地回升,冰场迅速融化,冰上活动期大大减少,这将直接影响高校铺设冰场的积极性。

(三)滑冰专业教师的缺乏无法保证教学质量的提升

由于滑冰课程教学时间不长,普通高校不愿录用过多滑冰专业教师担任体育教学工作,如吉林大学滑冰专业教师仅占教师总数的5%,此比例远远小于其他专业教师所占比例。授课时通常是非滑冰专业教师讲解技术动作,缺乏系统的教学方法和解决实际问题的能力,无法对学生实施有效的教学组织活动,学生在此条件下进行的是"放羊式"教学,

不能及时获得教师的指导与帮助。教学整体场面混乱,教学效果不佳,加之学时数少,学生在滑冰课程的教学时限内滑冰能力提高缓慢,甚至原地踏步。

(四)经费投入不足对滑冰课程的不良影响

教育事业的发展是需要强有力的经济实力作后盾的,我国现今处在社会主义市场经济体制初期,经济建设刚刚起步阶段,国家努力加大教育投资,可是仍无法完全满足教育事业迅速发展的需求,各高校将有限的教育资金有所侧重地调拨给学校有影响力的重点学科。体育教育在高校教学中,属于基础学科范畴,无法直接产生社会经济效益,因此在当前状况下,相对教学的需求而言,能从学校获得的体育教学维持经费不足,并且滑冰课程是短期教学活动,在体育学科中经常受到忽视,于是经常得不到应有的经费支持,经费条件欠佳无法保障滑冰课程的顺利开展。经费不足直接体现在器材的提供使用方面,冰鞋是滑冰教学的必须器材,学校提供冰鞋免费使用的情况近年来正在急速减少,原因在于普通高校参与滑冰课程的大部分学生都是初学者,穿着冰鞋学习时由于踝关节力量不足或没掌握技术要领,造成冰鞋损坏率极大,每年需消耗大量的资金对冰鞋进行维修和增补,由于学校教学经费有限,迫不得已采取延长冰鞋的使用更换周期、降低器材使用成本方法来弥补冰鞋数量的短缺,形成学生穿着破旧的冰鞋应付滑冰教学的局面。教学经费不足也无法提供充足数量的冰鞋,保证冰鞋号码的齐全,课堂教学时存在学生大号码的脚没鞋可穿,或小号码的脚穿大鞋的情况,降低了学生的学习热情。学生不愿上滑冰课原因的调查显示,有56%的学生对冰鞋质量、鞋尺码提出疑问。大量的损坏使学校背上了沉重的负担,进而不愿继续进行此项教学活动,经费投入不足甚至会导致滑冰课程被最终取消。

(五)滑冰课程的考核造成学生的心理负担

通过部分高校教师的访谈得知,开设滑冰课程的高校多数会在滑冰教学课的最后一节进行技术掌握程度的考试,列入学期体育课成绩。在学生对滑冰课程体会的问卷调查中,考核难度一项学生选择"非常困难"的比例为87%,学生对滑冰技术考试普遍存在畏惧心理,滑冰课程开设时间在12月至第二年1月初,此时间段正是高校期末复习考试阶段,学生主观上倾向于文化课程的考核,滑冰考试增加了学生考试负担,学生对此会有心理压力,影响了滑冰课程的学习积极性。另外,仅通过两三节课的教学就能大幅度提高技术水平是不现实的。滑冰课程的考试设置不利于学习动机的培养。

(六)季节特性决定滑冰课程的地域局限性

滑冰课程的教学实践活动极其易受季节条件的制约。目前仅有北方部分地区高校开设了此项目教学活动,其中尤其以东北三省开设此课程较为广泛,因此形成了强烈的地域性特征。季节气候因素极大地限制了滑冰项目在更大范围的普及与推广。

三、东北地区普通高校滑冰课程开展优势

(一)滑冰课程是冬季休闲娱乐活动开展的有力支持——娱乐性需求

休闲运动是在一种理念支配下的体育活动,是在闲暇时间进行的一种有益于身心健康的体育活动。21世纪随着经济发展和社会变迁,城市化、现代化与大自然的分离,激烈竞争带来巨大的生存压力,使人们对休闲运动的追求日趋强烈,希望能从中得到身心压力的缓解。休闲运动多种多样,能够在寒冷的冬季环境下开展的项目却不多,滑冰运动是其中的一项。滑冰作为冬季休闲娱乐的主要方式,长期以来被人们广泛地接受和认可。在学习的空闲时间,和家人、朋友、同学一起前往滑冰场尽情地欢笑,放松紧张或疲惫的心情,是一件十分惬意的事情。可是很多学生却因为不具备滑冰的基本技术,而无法进行滑冰运动,无法体会参与其中的乐趣。普通高校开设滑冰课程恰好为学生提供了一个学习滑冰技术的平台与机会,通过课堂学习,学生掌握了基本的滑冰技能,对于学生在冬季参与校内外的休闲娱乐活动是很好的帮助。滑冰运动具有极强的趣味性,学生对滑冰产生浓厚的兴趣,对学生滑冰兴趣的调查也确切地证明了这一点。学生对滑冰运动充满好奇心,特别是南方籍的学生具有强烈的尝试滑冰的愿望。

(二)东北特定气候条件下高校"阳光体育"活动顺利开展的有利保证——健身性需求

为进一步加强青少年体育、增强青少年体质,促进青少年健康成长,中共中央、国务院于2007年5月7日印发的《关于加强青少年体育增强青少年体质的意见》文件中明确规定:"广泛开展'全国亿万学生阳光体育运动'。鼓励学生走向操场、走进大自然、走到阳光下,形成青少年体育锻炼的热潮。"由于受地理环境和自然条件的限制,在冬季东北地区用于健身的运动方式很少,滑冰运动可以避免受东北地区冬季气候的制约,是冬季最佳的室外活动方式和健身内容,是无可替代的特定体育教学项目。东北地区的气候条件决定了冬季体育教学的特殊性,滑冰课程的开设可最大限度地顺应时代的需求,将学生吸引到阳光下,使学生冬季体育锻炼活动变得丰富多彩。滑冰运动是在低重心情况下,对身体平衡性、灵活性、协调性等多方面的锻炼,同时是发展下肢力量的良好方法。参与滑冰运动有助于改变冬季学生长时间在室内缺乏运动的现象,使学生保持良好的精神面貌和旺盛的活力。

第十章　雪地足球运动

第一节　雪地足球运动概述

一、相关概念

(一)雪地足球

雪地足球是一项在雪地上进行的足球运动,区别于传统足球,它的特点是场地小,比赛节奏快,极具观赏性,深受广大青少年以及学生的喜爱。受环境的影响比较大,在我国东北地区流行。发展得最好的是黑龙江省哈尔滨市,已具有联赛规模。在我国东北地区雪地足球不仅成为各级学校冬季体育教学的重要内容,还建立健全了较为完善的竞赛规则。目前,雪地足球赛事基本采用五人制和七人制雪地足球竞赛的规则,并依据雪地足球的特点,对一些规则进行了适当的调整。雪地足球规则的具体内容包括如下:

(1)比赛时间的规定,根据气候的状况以及参与者的基本素质状况,分为 30 分钟制和 40 分钟制两种形式。

(2)五人制比赛场地的长度为 25～42 米,宽度为 15～25 米;七人制比赛场地的长度为 70～80 米,宽度为 48～64 米。两条较长的线叫边线,两条较短的线叫球门线。

(3)五人制赛制的球门高度为 2 米,宽度为 3 米;七人制赛制的球门高度为 2.2 米,宽度为 6.6 米。两门柱内侧之间的距离是 3 米,横梁的下沿至地面的距离是 2 米。

(4)比赛用球的周长为 69～72 厘米,球的重量为 421～503 克,比赛用球的制作材料采用柔软的反毛皮,毛长为 0.1～0.2 厘米,球胆与球皮之间夹有厚度为 0.5 厘米的海绵体,球的气压从标准用球的 0.6～1.1 个大气压力减少为 0.3～0.5 个大气压力,球的颜色以暖色调为主,如红色、橙色等(这种特殊的比赛用球,在 2008 年被国家知识产权专利局正式批准为国家专利项目)。

由于雪地足球在开展环境、场地用球、竞赛规则上具有独特性,因此,该项运动具有较为明显的运动特征。第一,雪地足球传承了足球运动的竞技性特征。雪地足球作为一项集体运动项目,竞赛是体现其社会价值与功能的重要手段,只有通过比赛方能充分展现其独特的魅力。第二,雪地足球具有突出的健身性。由于雪地足球是在积雪场地上进行的,对运动员的跑动、技术动作的发挥造成严重的影响,因此,为了获取比赛的胜利,运动员要更加积极地奔跑、技术动作要更为扎实,这对于运动员自身的体质健康水平的发展具有明显的促进作用。第三,雪地足球有助于促进对参与者意志品质的培养。雪地足球是北方地区"因地制宜"地开展足球运动的产物,由于雪地足球是在雪地上开展的,这种开展环境以及场地设施所具有的特殊性,不仅要求运动员在参赛或锻炼的过程中,付出更大的体力消耗,同时,更需要运动员要具备顽强的意志品质,能够在寒冷的气候环境中充分发挥自身的技战术特点,为取得比赛的胜利提供坚实的保障。

(二)雪地足球课程

雪地足球课程是指高校学生所应学习的雪地足球相关技能、理论的总和及其进程与安排。雪地足球教学是指以体育课程标准为依据,依据雪地足球课程的相关要求对学生进行雪地足球技能与理论知识传授的行为过程,从而实现增强体质、培养学生意志品质的目的。教学的内容主要包括雪地足球技战术能力的培养。

二、开展雪地足球运动的意义和价值

(一)增强学生体质,培养学生终身体育意识和习惯

在雪地足球运动中,参与者要在雪地上不断地运用追逐、拼抢、奔跑、扑接、急停、急起等动作,同时要维持好身体平衡,这都需要参与者有良好的灵活性和柔韧性。由于雪质较软,运动过程中参与者还需要有较好的耐力和力量素质,这对学生的心肺功能和身体素质方面也是一种很好的锻炼,是锻炼身体、增强体质的有效办法。雪地足球运动可以提高人们的耐寒能力,特别是预防疾病方面起到了积极的作用。在-30℃左右寒冷的气候中,运动员御寒要消耗体能,服装厚重要消耗体能,雪地奔跑时保持平衡及控球要消耗体能,可以确定雪地足球运动员的体能消耗远远大于绿茵场上的足球运动员。学生通过参加雪地足球运动,不仅提高身体素质,还掌握了雪地足球的运动技能,通过雪地足球这一运动手段,培养逐渐养成良好的运动习惯和意识,提高学生冬季体育锻炼的能力,形成了健康的生活方式,并终身受益。

(二)释放学生心理压力,获得快乐、成功体验

体育运动能够使人体释放出一种叫作多巴胺的物质,这种物质可以使人感到神清气爽,叫人感到快乐、愉悦,并使情绪变好。可见,运动是学生获得快乐和自信的唯一来源,能够缓解他们的心理压力,排解沮丧、郁闷等不良情绪。学生在寒冷的冬季,呼吸着新鲜的空气,奔跑在雪地上,进行雪地足球的竞技,在充分展示自己个性和风采的同时,会得到同学与观众的喝彩和加油,心理得到了满足,获得了快乐、成功的体验。雪地足球运动可以消除不良情绪,有助于学生更加心情舒畅地投入学习和生活,教学效果尤佳。

(三)养成学生良好道德风尚,培养集体主义精神

雪地足球是一项集体运动项目,雪地足球队员在比赛中获得的成绩和荣誉属于他们

所在的集体,因此集体的荣誉影响着集体中的每一位成员。雪地足球运动能够增强集体荣誉感、责任感,有助于集体主义精神的形成,增加集体凝聚力。在雪地足球运动中,只有学生具备耐力、良好的灵活性以及正确的战术,才能在比赛中获胜。利用雪地足球运动来培养当代学生的意志品质,会使学生在学业或事业中受益匪浅,终身受益。

雪地足球运动是以脚支撑球,两个队互相攻、守对抗的一项体育运动,它要求人们不断克服体力和精神上的障碍,从而培养人们顽强、坚毅、勇敢、果断、自制力和进取心等意志品质。由于雪地足球运动是有组织的社会活动,有利于培养参与者的组织纪律性、协调精神和集体主义;培养参与者公正、诚实、谦虚、礼貌和友好的优良品质。学生们通过雪地足球运动的练习和竞技,磨炼了自身顽强、拼搏、勇于进取的意志品质,学会了与他人的竞争与合作,养成了遵守规则、尊重裁判的社会公德,塑造了健康的人格品质,形成了集体主义精神,培养了高尚的集体主义精神。

(四)丰富校园文化生活,推动全民健身和竞技体育的发展

雪地足球是一项国内新兴的地域性较强的冬季体育项目,其特点是具有体育锻炼、竞技表演、娱乐和经济等多种社会功能,具有很高的观赏价值、健身价值和文化价值。中小学雪地足球运动得到普及后,能够培养青少年热爱体育运动兴趣,促进青少年的身心健康。因此,把学校教育的功能延伸到社会,让更多的人了解和热爱雪地足球,有利于推动东北地区冬季群众体育运动的开展。高校应充分考虑大学生的生理和心理特点,端正大学生运动态度,激发运动需要,培养运动兴趣,完成运动的重复体验,促进大学生运动习惯的形成,养成终身体育的良好生活方式。组织校园雪地足球比赛,营造一种生机勃勃、奋发向上的校园体育文化氛围,促进了北方高校冬季体育项目的多样化,而学生在这种积极进取的校园氛围中,心情愉悦地去增强体质、塑造人格,对学生的成才具有不可估量的价值和作用。

雪地足球是具有北方特色的体育运动项目,由于雪地足球比赛场地小,人数少,规则特殊,既展现了足球比赛的特有魅力和竞技性,又增加了娱乐性、趣味性,所以更适合大众开展,为贯彻实施《全民健身计划(2021—2025年)》增添了新的体育项目和内容。同时应发挥雪地足球的特殊作用,扩大足球基础,增加足球人口,加大竞技体育金字塔的塔基力量,推动全民健身运动的发展和百万青少年的群体冰雪体育运动的开展。

三、开展雪地足球运动的应对措施

(一)政府职能部门要高度重视雪地足球运动的开展

各级教育行政部门和体育行政部门应高度重视雪地足球运动的普及和发展工作,政府应加大投资,将雪地足球运动坚持和开展下去,重视和完善雪地足球比赛的开展,加大力度面向全社会及大、中小学校,组织周期性的比赛。各级政府职能部门应以积极的工作热情、良好的工作态度和高效的工作效率来进行雪地足球运动的开展工作,采取有效

措施加大关注力度；依据政策法规，加大资金和政策扶持力度，为学校雪地足球运动的开展提供必要的条件和保障，切实做好校园雪地足球运动的组织工作，建立和完善组织领导机构，推动东北地区校园雪地足球运动的蓬勃开展。

（二）学校应从场地和师资等方面给予大力支持

东北地区高校应从多方面进行规划和调整，整合各种环境因素，做好场地和师资等方面的工作，将雪地足球运动有序、健康地开展起来。首先，做好硬件设施的完善、修缮和维护工作，保证学生正常的训练和比赛需求；其次，通过组建雪地足球运动俱乐部，组织和开展不同规模和范围的雪地足球比赛，健全竞赛机制；最后，做好雪地足球教师、教练员和基层指导员的队伍建设工作，加速教师岗位培训工作，激发和培养雪地足球教师的工作热情和创新意识，培养雪地足球高水平骨干教师，提升雪地足球运动的整体水平。

黑龙江省每年都开展"百万青少年上冰雪"活动，雪地足球作为其中的比赛项目之一，已经开展了多年。高校应积极借鉴黑龙江省推广冰雪运动的经验，在高校中积极开展雪地足球比赛，比赛层级可以设计为班级之间对抗赛、学院（系）之间对抗赛、校际的对抗赛，可举行省级大学生雪地足球比赛，也可举办东北三省雪地足球对抗赛。通过竞赛的杠杆作用激发大学生冬季参加体育活动的热情，通过参加雪地足球运动和担任不同的场上位置，体会和感觉自己在场上的角色、职位和义务。

大学生只有参与其中，有了切身体验，感受到体育比赛的魅力，才能产生感悟、升华和变化。例如，通过参加雪地足球比赛体验自己的主观价值；不仅改变了自己，也改变了自己在团队中的地位，使学生感受到为团队做出贡献的同时，也彰显了自我。冬季雪地足球体育课教学的内容、方法和手段是大学生适应未来社会需求、职场竞争和自我生存能力的最佳手段。

（三）社会、家庭、商家应加大对雪地足球运动的赞助力度

社会商家是雪地足球运动发展和壮大的重要支撑。很多商家为了推动自己的品牌、扩大市场而加大了对雪地足球运动赞助的力度，促进了雪地足球运动的大幅发展。动员全社会的力量关心和关注雪地足球运动的发展，同时雪地足球运动的开展也会给商家带来无限商机，二者相辅相成，达到双赢。

此外，学生家长应转变观念，不仅要充分认识到雪地足球运动的锻炼价值，还要支持学生参加雪地足球运动，让学生在寒冷的冬季也能进行体育运动，为终身体育奠定坚实基础，促进冬季群众体育的发展，扩大足球运动的后备人才，推动雪地足球事业快速发展。

（四）注重宣传打造品牌比赛与网络节目

东北地区校园雪地足球运动的普及和开展离不开一个好品牌的宣传。通过校园网络、微信、报纸、电视等非传统媒体对雪地足球比赛的宣传，吸引更多人的注意，更好地获

得商家的赞助。例如,创办东北三省高校雪地足球争霸赛,创办一个寻找大学生雪地足球王的网络节目等。通过打造品牌赛会来宣传活动,提高大学生的参与度,使冬季的校园变得不再寂静,使冬季体育教学变成彰显学生个性、促进身心健康发展的大舞台。

(五)学生应养成良好的运动习惯

在雪地足球课程中,教师在教会学生技能的同时,要注重学生终身体育习惯和意识的养成,激发学生对雪地足球运动的兴趣,从而建立积极向上的运动态度和生活方式,自觉、主动地参与雪地足球运动,并受益终身。

第二节 朝鲜族中学雪地足球教学开展现状及对策研究

一、国内雪地足球运动的开展现状

(一)我国雪地足球运动的开展现状

王伟东在其撰写的《黑龙江省对雪地足球运动开展的可行性研究》[①]一文中,主要研究的是在学习党的十九大背景下,中国足球进入了快速发展的阶段,同时为了响应国家的"三亿人上冰雪"活动。黑龙江省由于其独特的地理位置,冬季被冰雪覆盖,这种环境开展雪地足球运动既利用了冰雪优势,又响应了国家的发展政策,既增强了运动员的身体素质,又提高了团队协作能力,为黑龙江省的雪地足球运动提供了翔实的参考依据。

陈静静、周凤祥、马云霞在其撰写的《全民健身视阈下伊犁农牧民雪地足球开展现状研究》[②]一文中,主要研究我国牧民参与雪地足球的情况,牧民主要以男性为主,一般是与朋友一起进行雪地足球运动。牧民的特点是学历普遍偏低,缺乏专业的训练指导员。雪地足球的发展现状问题是场地设施不足,政府对雪地足球的支持力度小,投入的资金也相对较少。根据问题提出针对性的意见,首要的是加大宣传,重点是利用"雪之恋"冰雪节等赛事提高雪地足球的知名度,进而吸纳资金,强化组织能力,加大对雪地足球的培训。

马超在其撰写的《2012 年齐齐哈尔地区雪地足球运动开展现状的研究》[③]一文中,重点调查分析了齐齐哈尔市在 2012 年举办的雪地足球赛事,通过对 3 次雪地足球赛事的

① 王伟东. 黑龙江省对雪地足球运动开展的可行性研究[J]. 南方农机,2018,49(10):241.

② 陈静静,周凤祥,马云霞. 全民健身视阈下伊犁农牧民雪地足球开展现状研究[J]. 伊犁师范学院学报(自然科学版),2018,12(1):80-86.

③ 马超. 2012 年齐齐哈尔地区雪地足球运动开展现状的研究[J]. 内蒙古民族大学学报(自然科学版),2014(6):731-733.

研究,进而总结出影响当地雪地足球运动发展的主要因素,通过横向比较的研究方法来分析3次比赛的现状以及出现的问题,并且根据发展现状提出针对性建议:首先以提升运动员的自身能力为主,然后发动宣传,积极营造良好的社会雪地足球氛围,以获取政府等相关部门的支持。

李伟、李华东在其撰写的《东北地区开展青少年课余雪地足球运动的影响因素研究》①一文中,首先对黑龙江、吉林和辽宁三省的相关专家学者进行了访谈,内容主题是影响东北三省雪地足球运动的发展因素,通过调查分析得到3个相关因子:主体因子、助力因子、保障因子,并提出首先要提升体育教师的自身素质,提高政府和社会对雪地足球的支持力度等,为东北青少年课余的雪地足球运动和相关的足球管理部门的发展提供参考。

(二)我国校园雪地足球的开展现状

张建在其撰写的《冬季提升大学生身体素质的路径:校园雪地足球运动》②一文中,结合大学生冬季体育运动的形式,利用东北地区的降雪条件,为促进大学生的身体素质提供新的路径,指出雪地足球运动既丰富了大学校园文化生活,又促进了大学生的户外运动。以其特有的魅力深受广大学生的喜爱,并且结合雪地足球运动的特点以及开展的形式等,为学生参加雪地足球运动设计了相应的训练方法,并提出相应的发展策略,采取开展大学生雪地足球联赛等措施促进了雪地足球的发展,为提升大学生的校园雪地足球运动提供了参考。

孙波在其撰写的《黑龙江省足球特色小学校园雪地足球赛事的开展现状及对策研究》③一文中,通过实地调研等方法研究黑龙江省小学校园雪地足球的发展现状,在黑龙江省冬季特殊的气候条件下,对影响当地校园雪地足球运动的因素进行分析,并提出相关策略。集中研究了特色学校的发展与推广问题,为黑龙江省特色校园雪地足球运动的发展提供了相应的理论支撑。

周剑,孟巍在其撰写的《东北地区普通高校开展五人制雪地足球运动的可行性》④一文中,研究的是在国家体育局和教育部大力发展青少年的足球工作中,对我国东北地区高校,开展五人制雪地足球运动加以阐述,通过调查分析得出雪地足球运动具有运动强度大,娱乐兴趣强的特点,使高校学生的意志品质、身体素质方面都得到了提升,为东北地区冬季雪地足球运动项目的开展提供了理论依据。

李大同在其撰写的《东北地区校园雪地足球运动的普及和开展》⑤一文中,通过对东北地区雪地足球运动的发展、学生终身体育意识的形成、雪地足球运动的普及等方面的

① 李伟,李华东. 东北地区开展青少年课余雪地足球运动的影响因素研究[J]. 冰雪运动,2008,30(1):93-96.

② 张建. 冬季提升大学生身体素质的路径:校园雪地足球运动[J]. 冰雪运动,2019,41(4):38-41.

③ 孙波. 黑龙江省足球特色小学校园雪地足球赛事的开展现状及对策研究[J]. 赤峰学院学报(自然科学版),2018,34(5):110-111.

④ 周剑,孟巍. 东北地区普通高校开展五人制雪地足球运动的可行性[J]. 冰雪运动,2015(6):85-88.

⑤ 李大同. 东北地区校园雪地足球运动的普及和开展[J]. 冰雪运动,2015,37(3):77-80.

研究,得出雪地足球运动不仅是学生获得快乐的源泉,而且能培养学生良好品德的养成,增强学生团队合作意识,有利于学生体质的增强,最终形成多彩的校园文化。文章从社会、学校、家庭等角度提出相应的发展对策,并且对学生在雪地足球运动中出现的损伤提出相应的应对措施。

袁磊、于萧、张高华等在其撰写的《新时期农村中小学开展雪地足球运动的探讨》[①]一文中,重点分析了在我国成功举办第 24 届冬奥会的背景下,我国农村地区中小学雪地足球运动开展的现状,以及在发展过程中遇到的困难,对发展过程中所遇到的困难进行分析,有针对性地提出相应的策略,提出了农村学校在寒冷的冬天更应当开展不同活动形式的雪地足球,为我国足球事业的发展源源不断地输送人才。

崔煜、简萍在其撰写的《关于哈尔滨市普通高校雪地足球运动员损伤的原因及对策研究》[②]一文中,对哈尔滨高校运动员在训练和比赛中受到的运动损伤进行分析,分析其损伤的原因,采取了针对性的防护措施,并且提出了科学的运动训练方式;通过对高水平运动员受到损伤后的恢复情况,以及对受伤后如何恢复其运动技术水平的研究,为东北地区高校学生进行雪地足球后如何减少运动损伤以及怎样预防在运动中受到损伤,提供翔实的理论依据。

(三)关于我国校园雪地足球教学的研究现状

汪广磊、孙瑜在其撰写的《我国东北高校雪地足球教学课程设置的可行性研究》[③]一文中,主要分析了我国东北高校对雪地足球教学的发展现状以及高校开设的雪地足球课程等内容。将我国校园足球的发展和世界其他国家的发展现状进行对比,并得出雪地足球运动项目在我国具有一定的群众基础,科学地设计了适合雪地足球的教学内容,为我国东北高校在冬季开展体育运动提供了理论依据。

高宝泉、陶永纯在其撰写的《雪地足球限制性教学比赛的设计与实施方案》[④]一文中,以体育相关部门的规定为基准,运用数学建模思想,提出教学过程最优化的理论思想,从教学的三维目标进行优化,为促进雪地足球教学提供新思路,通过寻找最佳途径和教学方法,最终培养学生良好的运动习惯,养成"健康第一"的教育思想,打破原有的教学环节、教学内容,把教学过程看作一个整体,以整体的思维去探究其教学方法,为我国雪地足球教学发展提供新思路。

王国滨在其撰写的《雪地足球教学中对学生观察能力的培养》[⑤]一文中,主要采用观察法,提倡在雪地足球教学中要提升对学生观察能力的培养,从不同的角度观察大学生

① 袁磊,于萧,张高华,等. 新时期农村中小学开展雪地足球运动的探讨[J]. 当代体育科技,2019,9(26):70,72.
② 崔煜,简萍. 关于哈尔滨市普通高校雪地足球运动员损伤的原因及对策研究[J]. 冰雪运动,2006(3):130-132.
③ 汪广磊,孙瑜. 我国东北高校雪地足球教学课程设置的可行性研究[J]. 西部素质教育,2016,2(7):55,77.
④ 高宝泉,陶永纯. 雪地足球限制性教学比赛的设计与实施方案[J]. 冰雪运动,2002(4):89-91.
⑤ 王国滨. 雪地足球教学中对学生观察能力的培养[J]. 冰雪运动,2004(9):33-34.

在雪地足球运动中具体的步骤和方法,通过观察大学生每次的进步来总结出改善雪地足球教学的方法,并且总结了如何提升学生的雪地足球运动能力的方法,以及当代大学生如何在雪地足球运动中寻找乐趣,通过雪地足球运动提升学生的运动技能和身体素质,促进终身体育思想的养成。

魏跃臣、王长虹在其撰写的《雪地足球比赛在我省高校体育教学中的应用》①一文中,主要研究在高校中进行雪地足球比赛时如何提高运动能力的内容,发现高校大学生的运动强度在明显下降,参与雪地足球比赛大多是想在比赛中寻求乐趣,或者是为了锻炼身体,对雪地足球的基本技能掌握不强,文章通过对学生掌握技战术能力的多少,学生本身的运动强度进行分析,发现在比赛中学生的成绩有明显的提升。为我国当代大学生如何提高技战术能力以及在高校体育课程教学中提供一定的参考。

王文通在其撰写的《试论雪地足球技战术特点与训练指导》②一文中,主要对雪地足球比赛进行详细的分析,并相应地提出如何提高雪地足球技战术能力,通过观察学生参与雪地足球比赛,理性地提出普遍适合大众的雪地足球教学方法,通过训练让其学员基本掌握雪地足球运动的基本技能,在此基础上再进行技战术能力的加强,主要目的是让雪地足球运动员尽快掌握实战技巧,在比赛中灵活运用技巧,并且为广大雪地足球教师以及广大雪地足球教练员提供了相对科学的指导训练方法,具有一定的参考价值。

二、朝鲜族中学雪地足球教学开展中存在的主要问题

(一)场地、器材等基础设施滞后

所有的运动发展都需要资金的支持,没有资金的支撑很难发展起来。雪地足球运动的开展也是一样,没有资金,雪地足球的开展只是空谈,不切实际。修建雪地足球场地、引进先进的训练设备、聘请专业的足球教练员,都需要资金的支持才能完成。部分学校足球器材破损严重,训练器材过于陈旧,器材的保养和不断更新也需要资金维持。由于人工造雪费用高昂,冬季在不下雪时只能进行正常的足球教学。

雪地足球的基础建设就是场地、器材的建设,朝鲜族中学现在所配备的场地等基础设施,已经跟不上时代的发展,满足不了师生的需求,严重影响了雪地足球的发展,是制约通化地区雪地足球发展的重要因素,而且国家现在大力发展足球和冰雪运动,随着这两项运动的迅速发展,这种矛盾会日益突出。因此,加大对学校经费的投入,不断完善学校雪地足球场地设施的建设,不断更新基础设施,让参加雪地足球的学生人数和所需要的硬件设施保持在一个稳定的水平上,这是影响通化地区雪地足球发展的重要问题。

(二)家长对雪地足球运动曲解的认知态度

通过问卷调查,发现学生家长对雪地足球运动的支持率很低,其主要的原因是家长

---

① 魏跃臣,王长虹.雪地足球比赛在我省高校体育教学中的应用[J].冰雪运动,2005(3):88-89.
② 王文通.试论雪地足球技战术特点与训练指导[J].哈尔滨体育学院学报,2005,23(1):111-113.

认为足球专业的就业率低,就业面比较狭窄,考虑到孩子未来的发展,很多家长在初中阶段只重视孩子的文化课成绩,而且在课外时间让孩子参加各种补习机构,只认文化课分数,忽视了体育运动,没有考虑到学生要全面发展。他们认为参加雪地足球运动影响了学生的学业,参与雪地足球运动妨碍了学生的发展。现在的竞争已如此激烈,未来的竞争压力会更大,所以他们不希望孩子输在起跑线上,认为成绩就是一切,成绩好就能提高竞争力,就能找到一份好工作。

有一些家长认为,雪地足球由于路面比较光滑,更容易摔倒,容易产生危险,所以家长选择让学生参与一些对抗比较小的运动来达到锻炼身体的目的,放弃了雪地足球运动。有些家长在对待孩子训练和学习关系的问题上,有着自己的理解,他们只是把雪地足球当作是孩子的兴趣培养,并没有认识到雪地足球运动对孩子的团结协作能力、坚持不懈品质等方面的培养起动重要的作用。调查发现很多家长并没有认识到雪地足球运动对孩子成长过程中的重要性,家长对雪地足球运动的观念还需改变。总之,家长对待雪地足球运动的认识还有很大的偏差,当今社会,需要的是综合素质能力突出的人才,要德智体美劳全面发展,重视学生身心的健康发展,而不仅仅是成绩突出就可以,雪地足球运动能锻炼学生吃苦耐劳、坚强品格的形成,而且作为一项团体运动有利于培养孩子的合作意识和团队意识。

(三)师资力量薄弱和教师的积极性不高

开展雪地足球活动除了需要充足的资金、场地、设备以外,还需要专业教师。通过对朝鲜族中学的调查,发现部分学校缺乏专业的雪地足球教师,有很多非足球专项的体育教师对雪地足球并不太了解,由原来的体育教师兼任雪地足球教学。这样会造成雪地足球教学的非专业化,从而会严重影响雪地足球教学水平,而对于非足球专项的教师,他们并不能清楚地知道雪地足球的教学目标、训练方式及教学内容,容易按照其他专项的训练方式来训练,所以长时间看不到雪地足球的教学效果。这种现象严重地制约了雪地足球教学的发展,就算学校有了专业的训练设施和充足的训练资金,没有专业教师的指导,这些硬件的作用也不能得到充分发挥。通过对问卷调查的总结,朝鲜族中学教师师资力量不足是制约雪地足球发展的一个重大因素,同时,体育教师参与培训的次数偏少,教师后续的学习能力不足,很多教师安于现状,不想通过深造来继续提升自己,很多老教师讲的内容依然和以前的一样,没有创新,跟不上时代的发展。虽然进修学校会定期安排专业的足球培训活动、指导足球训练,但是参与培训的人数远远低于雪地足球开展所需要的教师人数,还需要更多的教师来支撑雪地足球教学的开展。

通过调查发现,教师的积极性会严重影响雪地足球教学的开展,学校重视文化课成绩,把时间都用来提升文化课的成绩,导致学生的学习时间与训练时间发生冲突,没有充足的锻炼时间来进行雪地足球的训练。通过调查发现,文化课教师职称晋级时优势明显高于体育教师,学校的资源也会重点倾斜于文化课教师,对体育教师的重视程度不够,导致体育教师积极性不高,体育课形式化。

(四)社会关注与宣传力度不足

通过调查研究,发现家长对雪地足球不是很了解,学校和家长之间的沟通主要由班主任负责,或者是以开展家长会的形式和家长进行交流,而班主任往往是主科教师,对雪地足球本身关注很少,更无法形成有效的沟通,而开展家长会时往往体育教师也不参与,无法面对面和家长进行沟通,而学校往往也没有具体的雪地足球领导小组,缺乏相关的宣传组织。家长只能通过学生的描述来了解雪地足球运动,不清楚雪地足球的训练目的,也不清楚学校对于雪地足球运动的态度。另外,朝鲜族中学组织雪地足球比赛的力度也不够,知名度、宣传度都达不到规模,很难吸引大型商户来进行赞助,导致社会对待雪地足球没有一个正确的认识。所以增加社会的关注以及大力宣传雪地足球运动是促进雪地足球教学开展的一个重要因素。

(五)学校领导的支持力度不够

朝鲜族中学雪地足球教学的开展离不开学校领导的大力支持,如果学校的领导对雪地足球不重视,那么很难保障雪地足球教学的顺利开展,雪地足球的发展则会停滞不前。部分学校的领导只重视学生的升学率,注重眼前利益,并没有深刻地认识到开展雪地足球教学带来的好处,对学生综合素质能力的重视程度不够,学校也是把学生的成绩、及格率、优秀率、平均分作为教师业绩的一项重要指标,将其作为评判教师工作能力和业绩的重要因素,导致体育教师工作的积极性不高。通过调查发现,部分朝鲜族学校领导一方面响应国家的号召,要推进足球发展和冬季冰雪运动,另一方面不想加大对雪地足球的投入,害怕对雪地足球的投入时间过多会导致学生文化课水平下降,甚至有些领导认为雪地足球运动的安全性得不到保障,害怕学生在运动中受伤、发生意外等,家长和学校之间容易发生矛盾等。

由于学校领导的不重视,缺少雪地足球专项资金,这些因素严重地影响了教师的积极性,已经严重阻碍了通化地区雪地足球教学的开展。

三、朝鲜族中学雪地足球的发展对策

(一)完善中学雪地足球基础设施建设,采用新颖的教学方法

通化地区的经济发展相对比较落后,尤其是一些贫困县城,导致雪地足球运动发展缓慢。基础设施的不完善、场地规模的大小是阻碍雪地足球运动发展的主要因素。资金制约着雪地足球运动的发展,并对雪地足球的发展起到决定性作用。所以要不断加大对雪地足球运动的资金投入,加大对朝鲜族中学的资金倾斜。同时,政府应有计划地逐步增加对雪地足球的资金投入,相应的教育行政部门要保证资金落实到位,为雪地足球训练、教学以及比赛的正常进行提供保障。建立监督机制,进一步跟进资金的使用情况,保证分拨的资金用在发展雪地足球教学上。除了教育部门的专项拨款,学校还可以发动家

长的力量,通过与家长和社会等足球相关部门的合作,引进社会资金,完善雪地足球所需要的设施,促进雪地足球的稳步发展。在资金不充足的情况下,朝鲜族中学可以尝试和一些企业合作,或者向企业拉赞助,通过和企业共享一些体育资源来实现共赢的目的。这样体育设施的后期维护成本也有所保障。

进行雪地足球教学需要特殊的环境,如果采用传统教学模式则很难调动学生的积极性,所以要采用新颖的教学方法。例如,可以适当采用一些盲人足球的训练方法以提高学生的兴趣和注意力。教师应当充分利用冰雪资源的优势,创造出适合学生的教学方法,促进学生更加积极、主动地学习,从而提高训练效果,增强学生的运动技能。良好的教学方法可以起到事半功倍的作用,教师要因材施教,针对不同类型的学生要采用不同的教学方法。

(二)加强对雪地足球运动的宣传力度,正确引导学生和家长

通过家校合作的方式,定期召开家长座谈会,为家长制作雪地足球宣传册,或制作学生参加雪地足球运动的视频,调查发现近五分之一的家长不支持学生参加雪地足球运动,是因为害怕学生在参与雪地足球过程中受到伤害,这些家长并没有真正看到学生参与雪地足球的情况,可以把学生参与雪地足球运动情况和比赛情况录制成视频,通过视频让家长们看到相应的保护措施,以及学生在参与雪地足球运动过程中快乐的笑脸,让家长从思想上转变对雪地足球的看法。还有接近三分之一的家长认为参与雪地足球运动会影响孩子的学习成绩,对此,可以为孩子制订学习计划和雪地足球训练计划,让孩子按计划进行,这样孩子在学业成绩和雪地足球技能训练方面都能得到提高,让家长看到学生的进步,从而转变观念。还可以让家长们组织啦啦队,为孩子加油,如果条件允许可以让家长走进雪地足球场地,参加亲子足球赛,感受雪地足球运动带来的快乐,消除家长的顾虑。有条件的学校可以邀请一些知名的足球运动员或者训练员来学校举办讲座,让学生和家长一起参加,让家长知道参与雪地足球运动是为了培养学生的综合素质,对于学生的身心都有积极作用。积极向家长宣传一些通过足球而走出世界的成功案例,如志丹县青少年足球的发展进程,让家长认可雪地足球运动。

学生是雪地足球的主要参与者,要想提高学生的学习热情,关键是让学生喜欢上雪地足球,提高学生对雪地足球运动的兴趣,学校应当引导学生正确认识雪地足球,在校园内开展丰富多彩的雪地足球活动,让师生都参与进来,以形成良好的雪地足球文化。在班级之间或者学校之间举办雪地足球友谊赛,并且建立健全奖赏制度,对成绩特别突出的学生要进行表扬,鼓励学生利用课余时间进行雪地足球活动,并做好学生的防护措施,让学生在安全的前提下进行雪地足球训练。有条件的学校还可以成立雪地足球社团,让雪地足球这颗种子在学生心中生根发芽,可以组织学生去参观知名的雪地足球比赛,假期的时候可以组织冬令营等活动,让学生参与其中,真正让学生喜欢上雪地足球,从而促进雪地足球运动项目快速发展。

（三）强化师资队伍建设，引进专业人才

朝鲜族中学雪地足球专业教师的数量不能满足正常雪地足球的教学活动，虽然可以定期参加培训，但是培训的人数和次数仍然不能满足朝鲜族学校的需求，所以应当增加培训的次数与规模，逐渐提高培训的层次。同时，应每学期进行一次雪地足球教研活动，由当地教研人员牵头，所有体育教师共同参与，研讨今后雪地足球的发展方向，对一些教学过程中遇到的问题集中处理，不搞形式化。建立校校通，和雪地足球运动开展得比较好的学校建立帮扶关系，实现资源共享，遇到问题时，可以通过共享平台获得解决方案，鼓励教师参与网上培训，对参培教师给予帮助，体育教师的专业能力提高了，学生的训练水平也会随之提高，有利于雪地足球的开展。

通过调查发现，朝鲜族学校足球专项教师的数量很少，很多教师的专项都不是足球，一所学校如果没有专业的教师来进行教学，专业性就不能保证，没有专业的雪地足球教师，雪地足球运动开展就会遇到各种障碍，延缓其发展的步伐。首先，建立健全通化地区的专业人才引进计划，通化地区在最近几年的教师招聘中已经表明其对人才的重视，在2018年的人才引进计划中，招聘的人才提供5年的住房保障机制，并且优化岗位待遇，表现优秀的人才可以破格提升到公务员岗位；但是足球专业招收的人才数量较少，在未来的引进人才方面应加大对足球专业的倾斜。其次，在引进人才的同时要考虑留住人才的问题，通化地区的学校很多都在偏远的山区，这需要当地的行政部门以及学校对人才提供生活保障，加大对人才的培养力度，并在人才晋级、培训方面提供绿色通道。最后，借鉴国内足球俱乐部的模式，让退役的国家队、省队运动员担任学校的训练教练，这样不仅能让学生得到专业的培训，而且本校的体育教师也能学到很多专业知识。不断更新雪地足球专业知识，提升雪地足球教学能力，有利于通化地区雪地足球运动的开展。

（四）建立健全校园雪地足球联赛机制，推动雪地足球赛事的规模化与规范化发展

朝鲜族中学现有的比赛都是在学校内部举行的一些比赛，或者是两个学校之间进行的友谊赛，缺乏相对完善的雪地足球联赛机制，应当借鉴一些成功的雪地足球赛事，如"长白山杯"等赛事。由本地区的足球协会牵头，当地的教育行政部门联合每所学校，定期举行雪地足球赛事，联合制定出科学有效的联赛模式，建立健全涵盖组织规则、赛事制度、保障措施、监督体系以及相关奖励细则等内容的赛事机制；把学校比赛的结果放入学校发展评定标准中，设立"最佳运动员""最佳教练员"等荣誉称号，提高师生参与的热情；邀请群众观看比赛，提升比赛的热度；邀请当地的电视台进行采访，提高雪地足球在社会中的认可度，提升比赛的知名度，这样更容易通过比赛来拉取赞助商，解决资金不足等问题，这样既提高了学生参与的热情，又达到了很好的宣传效果，提高群众对赛事的关注度。

(五)建立雪地足球领导小组

在朝鲜族中学和相关的教育行政部门中建立雪地足球领导小组,由当地教育行政部门牵头,起草方案、制度,由各个学校共同研讨,最终确定领导小组;实行专人负责制度,对学校的日常雪地足球教学进行管理监督;同时向上级汇报雪地足球发展工作,领导小组要建立雪地足球台账,对雪地足球资金进行统一管理,做到专款专用,不断完善雪地足球运动的基础设施建设,在保障硬件设施达标的同时,要保障雪地足球课程教学的课时数每周不少于一节,保证雪地足球课程不能被其他学科占用,并对教学成绩突出的优秀教师和雪地足球比赛成绩突出的优秀学生进行表扬,教育行政部门也要定期检查雪地足球领导小组,保障足球领导小组工作正规化、常态化。

第三节　东北地区高校开展
五人制雪地足球运动的可行性

一、五人制雪地足球的特点

(一)雪地足球的特点

雪地足球近几年在我国东北地区逐渐兴起。我国东北地区气候特殊,这本是偏向弊端的一种条件,然而人们运用智慧创造条件,因地制宜将不利变为有利,开发出雪地足球运动,以供喜爱足球的人们在雪地上进行足球运动。松软的雪地和平常开展足球运动的草地不同,雪地更加松软且表面不平整。在这样的雪地上完成传接球和射门等技术动作,飞扬起的雪花和随时可能令人打滑的地面使得比赛结果变化大,这让比赛更加富有观赏性。雪地足球运动具有十分强的趣味性和娱乐性,也具有一定的竞技性。以哈尔滨为例,哈尔滨市已经成功举办了数届雪地足球赛,获得了广大参赛足球爱好者的一致好评。同时雪地足球具有极大的参与性,互动性,可成为东北地区旅游特色项目,具有一定的旅游价值。

(二)五人制足球的特点

五人制足球(Futsal)是足球的一个变种。该词源自西班牙语"fútbol"(足球)和"sala"(大厅或房间)的缩写。英语为"indoor football"(室内足球)。在五人制足球中,每支球队只有5名队员上场比赛而不是通常的11名队员。五人制足球与普通足球的其他不同之处包括:在较小的场地比赛,使用较小的球门和较小尺寸的足球,以及缩短了的比赛时间;比赛通常在室内进行。该项目在国际足联的绝大多数会员协会中得到了广泛开展。

五人制足球是由完整的十一人制足球演变出来的一种新型的足球运动。其特点是相对于完整的十一人制足球,场地更小,足球尺寸更小,比赛时间更短,比分更多。这些特点使得五人制足球较之十一人制足球更加激烈,运动量更大。

(三)五人制雪地足球的特点

1.五人制雪地足球的属性

五人制雪地足球是一项冰雪竞技运动,属于冰雪运动的范畴。

2.五人制雪地足球的场地准备

场地尺寸按照五人制足球规则准备,用铁铲等工具在雪地上笔直地画出露在地表的雪沟作为场地标示线,宽度为5厘米左右。球门使用可移动的五人制球门。球场工作人员应当时刻确保比赛场地标示线清晰明确。如有标示线被积雪覆盖的情况,应当通知裁判员,并在死球时进行维护,维护完毕后方可开始比赛。因雪地的场地材质具有特殊性,会出现球在仍然有速度的时候被标示线的沟壑卡住而停在标示线上的现象。根据规则"球场标示线为球场的一部分"可以判断此种情况应当属于足球仍在场地内。裁判员应当注意此种情况,不要出现错判。

3.五人制雪地足球对参与者的保护

我国东北地区因为天气寒冷,所以拥有这样一个便于开展雪地足球的天然环境;同时,寒冷的环境使足球爱好者进行足球运动时有冻伤的可能性,因此要预防冻疮,预防运动后低温。五人制雪地足球因其攻守频率较快,运动量较大,使得进行五人制雪地足球运动的爱好者身体会产生更多的热量,降低了冻伤发生的概率。

二、可行性分析

(一)普通高校开展足球活动的现状背景

我国各大高校积极响应,《国家体育总局、教育部关于加强全国青少年校园足球工作的意见》,纷纷开展有关足球的工作。例如,全国大学生联赛、中国校园足球四级联赛的龙头,它们都是国内官方认可的十一人制大学生校园足球联赛。同时,我国校园足球四级联赛也已初步建成,各学校内部构建联赛,校园足球发展正处于一个稳步上升的阶段。在五人制足球方面,"李宁杯"全国大学生五人制足球联赛吸引了13个省市300余所高校参加。可见,高校学生对五人制足球拥有较高的热情。

(二)东北地区普通高校开展冰雪运动的现状背景

冰雪运动历史悠久,东北地区是我国最早开展冰雪运动的区域,同时,东北地区是我国培养优秀冰雪运动运动员的主要基地。东北地区各大普通高校在冬季基本都会开设冰上运动或者雪上运动的相应体育课程教学。2014年大学生冰壶邀请赛在哈尔滨举行。

同时,一部分高校开设了诸如滑雪、滑冰、打冰尜等民族传统冰雪运动项目课程。可见,东北地区冰雪运动的开展在普通高校中十分普及。

(三)开展五人制雪地足球运动对参与者的影响

五人制雪地足球是一项集体竞技项目,通过锻炼,既能增强参与者的团队意识,又能促进参与者养成良好的集体主义精神;同时,其独有的外部气温条件,也使参与者的意志力得到磨炼,形成一种敢于面对困难的逆难而上的精神;科学调查表明,五人制雪地足球运动有利于参与者心境的提升,雪地足球具有的趣味性和竞技性,在冬天进行五人制雪地足球运动对参与者是十分有益的,能促进参与者的身体健康,使参与者的呼吸系统和心血管系统机能均有提升。

(四)开展五人制雪地足球运动对校园的影响

东北地区冬季室外积雪深,自然堆积的积雪厚度可达 10 厘米或以上,相比于南方地区,不便于开展诸如篮球、网球等一系列的室外活动。冬季校园内部活动骤然减少。实际上,仅有部分学生表明学校目前的体育设施、器材能满足需要。五人制雪地足球运动的开展,使部分平常习惯于室外锻炼的学生的运动需求得到满足。同时,雪地足球对场地要求低,为一部分不具有室内体育馆或者体育馆规模、不能满足需求的学校提供了一种新的可供冬季体育教学的方式。

(五)开展五人制雪地足球活动的建议

1. 开展五人制足球教学活动

学校可在除冬季外,开设普通的五人制足球教学活动,教学内容可从五人制足球规则、战术教学与训练入手,如叫号传球、跑动中传接球、二过一配合等。冬季时,五人制足球教学活动便自动转为五人制雪地足球教学活动,可通过对比普通五人制足球和五人制雪地足球的不同,再结合雪地特点,相应地创造出新的技战术以及配合,使足球课程做到四季无休。

研究表明,雪地足球运动是运动性损伤发病率较高的运动项目之一,在以往的许多有关资料中都可以得到证实。另外,雪地足球运动中的损伤发生在下肢的要多于躯干、上肢和头颈部。雪地足球运动的损伤类型以拉伤、挫伤、扭伤为主,下肢受伤以膝、踝关节为主。从受伤原因的角度来看,力量、耐力、柔韧性素质的水平低和队员的自我保护意识不够,自我保护方法、措施不当是受伤的主要原因。

为了更好地开展雪地足球运动,在教学和训练中应注意以下几点:①加强参赛队员的自身素质训练,如力量、耐力、速度及柔韧性练习;②加强保护措施,培养良好的自我保护意识;③提高参赛队员的心理素质和思想素质,防止动作的变形和粗野;④提高裁判员的水平;⑤加强场地设施的建设和完备。

2. 开展校内五人制雪地足球比赛

各高校内部可以开展以院系或班级为单位的友谊性质五人制雪地足球比赛。赛制可以视情况而定。比赛全场可以参考设置部分特殊规则如下：全场比赛 30 分钟，上、下半场各 15 分钟，比赛不停表；只有直接或者任意球，无点球判罚；每场比赛换人无限制。同时，比赛组织方需要注意参与者的保暖，可在比赛地点附近提供暖房、热水等设施。比赛的建立可以使在五人制足球教学中习得技能的同学们得到一个实践和展示的平台，有助于在学生群体中培养起对五人制雪地足球的热情。

第十一章　休闲冰雪运动项目

第一节　爬　犁

一、爬犁概述

(一)爬犁简介

爬犁,又称扒犁、扒杆、雪橇、冰床、拖床、桫床,满语称为法喇。爬犁是用两根一丈多长的木杆,木杆的一端用火烧烤,使其高高翘起,用作辕子,另一端触地平直的部分钉上横杆,加上支柱,做成车厢,可以坐人,也可以装货。

爬犁是北方地区人们生产、生活中的主要运输工具。北方一年中有三分之一的时间处于冰雪期,而户外山川沟野之间的雪非常大,往往填没了"道眼",而爬犁可以不分道路,只要有冰、有雪,便可在其上行走,而且靠的是动物的牵引。

过去,北方各民族在户外活动主要靠爬犁。为什么叫爬犁?因为这种工具很像在地里耕地用的"犁杖",可能古人是受了"犁杖"形式的启发。"爬"是指这种东西没有轮子而能在冰雪上滑,远远看去像在地上爬,所以称之为爬犁,既准确又形象。

(二)爬犁的作用

北方的爬犁有两种:一种是用同等粗细的小杆,经火和热气熏烤变软后窝成弯形,穿上横带制成爬犁。这种架子爬犁轻便、精巧,主要是人拖,用于赶集、运粮或砍柴。还有一种是跑长途的重载爬犁,用粗木凿铆镶镶死。铆不用钉子,榫对准铆后用水泡浸。木头一涨比钉子钉的还结实。这种爬犁往往是拉重载、跑长途,爬犁架子也大,最大的有两顶小轿那么大。如果拉人还要支上"睡棚",那就舒服多了。这种睡棚又叫暖棚、皮棚,是用各种动物的皮子搭好的,左右各留一个小窗,里面有火盆、脚炉等,长途在外可过夜和抵挡风雪。

(三)爬犁的构造

爬犁的构造如下:接触地面滑行的两个部位称为爬犁橇;爬犁橇上面前后共有 4 个立柱称为爬犁腿;立柱上面有两个横撑称为爬犁棚。其中,爬犁橇大约每根 1.1 米长,多用韧性较好的柞木、桦木制作；爬犁腿约 30 厘米高。

二、赫哲族狗拉爬犁

(一)简述

赫哲族狗拉爬犁，赫哲语为"拖日乞"，是赫哲人冬季出行载人拉货的主要用具。辽阔的三江平原是赫哲人散布地区，其中黑龙江省北部则是赫哲人的主要聚集地。在漫长的冬季休渔季节(通常长达 7 个月)，赫哲族交通出行的大量人员往来和大宗货物运输，主要靠传统的狗拉爬犁(图 11-1)和俄式马拉雪橇来完成。

图 11-1　赫哲族狗拉爬犁图

赫哲族狗拉爬犁的具体制作方法如下：先做用以装货、坐人的主要承重结构——爬犁底板：以两根 5 厘米粗细、长约 280 厘米的长木棒作为滑行橇棍，对其进行细化处理，即将橇棍两头约半米处之间切削成平薄状，两端则切削成上翘尖状。这两根滑行橇棍呈弓弧状，末端尖锐是为了减少与地面冰雪的摩擦面积，从而减少阻力，增加滑行速度。木棒中端平阔，是为了使其上安装的 4 根承重立柱("橇棍腿")与滑行橇棍之间的构件接触面增大，提高构件衔接的牢固度。4 根承重立柱均约半米高，其上再搭建各类横档和隔板(通常是 2 纵 4 横)，形成供人乘坐、供货搭载宽约 60 厘米的厢体。厢体底部横铺一层厚厚的软枝条，形成缓冲层，为的是在爬犁运动状态下对承载物体起一定的缓冲、避震作用，减缓颠簸给乘坐人员造成的不适和货物移动时造成的损坏。赫哲族狗拉爬犁套狗的方法，是先将一条固定在橇棍立柱上的牵引主绳以"交叉跨肩"方式套在一只经过训练的"头狗"身上，其余的狗各依其在狗队中所处位置先以皮圈脖套固定，然后再用长短不一的绳索系结在"头狗"与爬犁之间的牵引主绳上，以便在统一行动时产生牵引合力。赫哲族狗拉爬犁所用的狗队，因有以"头狗"编队排列的缘故，均为奇数，各视所需速度、载重多少而定，配以 5～10 只。

据 20 世纪 80 年代当地民族学者考证，赫哲地区在元代起就建有赫哲族狗拉爬犁的管理站点，俗称"狗站"，专门为往来犬只和驭手饮食、过夜休息及货物配送服务，必要时更换掉疲惫、伤残的犬只。狗站的职能类似于古代汉人专门管理长途马匹和人员物资补给的驿站,通常一昼夜路途(约 100 千米)设一个狗站。与中国境内其他各民族不一样,古老的赫哲族与犬只之间的关系,可谓亲密无间。赫哲人几乎家家养狗,人人喜欢狗、爱护狗;狗不仅为赫哲人看家护棚,还提供了赫哲人冬季交通与运输的所有畜力。偶尔或特殊情况下,个别赫哲人也有吃狗肉的行为,但狗肉从来没有登上赫哲族传统主食与各种食材、菜式的名单中。由于狗是赫哲人使用的唯一畜力,古代赫哲族也称为"犬部""犬国"。① 赫哲族所在地区的夏季水上交通网也有类似的站点,俗称"水狗站",专门负责三江流域河沟湖汉水网地区船只往来的人员歇脚、饮食与船只修缮、维养和物资集散。至晚清和中华民国初期,大量俄国移民入境,其冬季主要用马拉雪橇,夏季用烧劈柴的蒸汽客轮,载人多、拉货重、速度快,使赫哲地区古老的冬季狗站和夏季船只水狗站在短短的几十年内便逐渐消失,迄今已荡然无存,实物例证也无迹可寻。

黑龙江省地处中国最北端,地理位置接近高寒地带,气象学意义的冬季气候(零下温度、不时有降雪过程)通常要占全年气候的一多半。由于常年低温,今日的黑龙江各地城镇均建有统一的市政或商业机构,用锅炉设备燃烧煤炭以烧气供暖,并建有密布于各个家庭居住点之间的供气管网,集中向辖地居民家庭供气取暖,一般从当年的 10 月初开始供气,次年 5 月初停止供气,时间长达 7 个月。除新疆北部的阿勒泰、塔城地区,黑龙江全省地区在气候上冬季长度超过了其他三季的地区,在中国是绝无仅有。赫哲族聚集地区的这种常年冰雪覆盖的地域特征,加之赫哲人爱狗、养狗的民族共性,使狗拉爬犁成了赫哲人在冬季出行的主要传统工具。北欧、北美地区也多见狗拉雪橇,所以在厢体、木橇等木质构件制造与套狗方式、人坐物载方法上相互借鉴、相互影响。现代赫哲地区的狗拉爬犁早已退出日常实用领域,仅成了民族节庆活动时的体育竞赛项目——赛拖日乞。研究赫哲族狗拉爬犁的形成、功能、演化、被替代的全过程,使我们更加理解一个道理:设计事物产生于"特定时空概念范围人们"的日常生产生活的具体需要,并受具体自然条件、技术条件和文化积淀的制约,反过来可以作用于这些与之相对应"特定时空概念范围人们"的日常生产生活,以提升生产效率、改良生活品质。

(二)狗拉爬犁运动研究

1. 狗拉爬犁产生于北方地区冰雪气候的自然条件

过去的北方地区,地广人稀,冬天漫山大雪,整个大地一片白茫茫,分不清道路与方向。为了适应冰天雪地的地理环境,人们经过长期的摸索,发明并制作了一种冬季可以在冰天雪地上行走如飞的交通工具——狗拉爬犁。狗拉爬犁不分道路,只要有冰有雪,借助冰面、雪地里较小的摩擦力,便可以行于其上。现在的东北稍微偏远的乡村,人们还使用狗拉爬犁作为交通、运载工具。也有人把狗拉爬犁当成一项娱乐性活动,玩得很有趣味,给严寒的冬季带来了一番生机。

---

① 王浩滢,樊进,单芳霞,等. 中国少数民族设计全集:赫哲族卷[M]. 太原:山西人民出版社,2019.

2. 雪橇犬被训练成冰雪上的重要交通工具

爬犁的种类多,从驾驶的畜力品种划分,爬犁可分为马拉爬犁、狗拉爬犁、驯鹿拉爬犁、牛拉爬犁等。其中,狗拉爬犁最为常见。但不是所有的狗都适用于拉爬犁,用于拖拽爬犁的狗,一般具备个头大、叫声粗憨洪亮、蹄掌厚大、四肢粗壮、耐寒等特征的雪橇犬。狗拉爬犁通常使用 5 只雪橇犬拖拽,如果人多、货物重,可以增加雪橇犬的数量。雪橇犬必须经过训练以后,才能套拉爬犁。没有经过训练的雪橇犬被套上时,它不会往前奔走,而是横冲直撞,想将套在自己头上的用具踢掉。主人除了鞭打雪橇犬以外,还会在它的头前位置戴个夹子,夹子上挂着一块肉。雪橇犬如果想吃肉,就会奋力直前,但它总是吃不到那块肉,于是,雪橇犬在追逐肉的过程中向前奔跑,由此学会了拉爬犁,被训练成冰雪上的交通工具。在几头拉爬犁的雪橇犬中,总有一头雪橇犬位于先列,由它来听驾驶主人的命令,以定行止和转弯的方向。这头雪橇犬一般是雌狗,它需要非常听话,不然难以担任先行的重任。

3. 狗拉爬犁发生、发展及其演变成图

(1)狗拉爬犁成为冰雪上的交通工具是早期生产劳动的需求。

狗拉爬犁,通俗地讲就是用狗拉的雪车,雪车又叫作"冰床"。黑龙江流域赫哲族叫狗拉爬犁为"托尔基",汉族人叫它"狗爬犁"。赫哲族时代,以渔猎生产为主,由于得天独厚的冰雪地理环境,狗拉爬犁成了赫哲族独具特色的交通工具。元代是我国历史上狗拉爬犁的鼎盛时期,当时,为了加强边疆地区和内地的联系,设置了 1500 个交通驿站,形成四通八达的交通线路。进入漫长的冬季以后,这些交通驿站在军政官差、客旅的食宿和货资运送上发挥了很大的作用,也促进了文化的交融与传播。狗拉爬犁作为赫哲族的一种文化现象,传承着古老的东方文明,是赫哲族人民勤劳与智慧的结晶。狗拉爬犁之所以成为北方广大群众普遍接受的交通工作,很大原因是爬犁在冬春冰雪运输中成了不可替代的交通工具。古时候,每逢冰天雪地,雪地上布满爬犁辙印。为减少爬犁道的摩擦系数,人们在运送物资时沿着爬犁道洒水。水结冰后,爬犁在上面行驶,轻捷疾快。清代康熙年间学者高士奇的《扈从东巡日录》中记载了爬犁是冰雪天气的交通工具,清代学者曹廷杰的《西伯利东偏纪要》中描述了爬犁的形状,《黑龙江述略》记载了黑龙江使用狗和鹿来作为爬犁的工具。可见,爬犁在古代北方人民的生产生活中曾经起着非常重要的作用。

(2)狗拉爬犁成为赫哲族的传统体育比赛。

狗拉爬犁除了作为交通工具以外,还是赫哲族传统的体育比赛项目。比赛狗拉爬犁以前,参赛的主人先挑两根长条方木块并行排放,木块前端微微上翘,然后在两根长条方木块上安上立柱和横木,制成高 2 尺(67 厘米)、宽 4 尺(133 厘米),长一丈(333 厘米)多的爬犁。爬犁前端套上几条被训练过的雪橇犬。人坐在爬犁上面,统一指挥犬只参加比赛。比赛的地点通常不固定,谁家的狗爬犁跑的速度最快、拉的物资最多,谁家的狗就获胜。

(3)狗拉爬犁演变成马拉爬犁源于娱乐的需要。

近百年来,随着经济的发展,即便有爬犁传统的黑龙江地区,狗拉爬犁的使用也在逐渐减少。随着生产力的迅速发展,汽车、拖拉机等现代交通工具广泛替代了狗拉爬犁。但是,狗拉爬犁作为北方地区少数民族古老的交通工具,在当代并没有完全被废除,而是改头换面,寻找到了发展的新契机,如有人把拉爬犁的雪橇犬换成了马,狗拉爬犁逐渐演变成了带有娱乐性质的旅游项目之一——马拉爬犁。

马拉爬犁既丰富了北方地区冬季体育旅游产品的内容,又增加了爬犁活动本身的趣味性。

2015年冬季,第4届以"冰雪寒极魅力富蕴"为主题的雪地马拉爬犁比赛在富蕴县可可苏里景区的湖面上拉开序幕,来自全县的10支哈萨克族爬犁队参加了比赛,吸引了前来旅游观光的游客和各族群众3000多人,大家一起驻足欣赏着"马拉爬犁"的雪地表演。

(4)狗拉爬犁演变成电爬犁源于工地生产的需要。

工地上,技术工人受到狗拉爬犁的启示,将狗拉爬犁改装成适于工地运输的新型劳动工具电爬犁。野外钻探需要用汽车、马车等交通工具运送物资、设备。在高山上,搬迁是常做的事情。路陡时,需要动用全部人员以肩抬物,任务繁重。作业人员少,任务重,难以连续作业,直接影响了生产任务的完成。于是,技术工人想出了制作电爬犁车的办法来协助运输。爬犁车是由电动机、减速箱、卷筒、爬犁、钢丝绳、滑轮等零件组成的。爬犁车的工作过程是用钢丝绳在卷筒上缠绕3~4圈,在山上固定一个滑车,爬犁固定在钢丝绳上,整个钢丝绳呈闭合状态。当卷筒回转时,靠钢丝绳与卷筒的摩擦力使闭合线路的钢丝绳运行,带动爬犁上山。爬犁下山要靠电动机反转,带动卷筒反转,爬犁即可下山。

辽宁省黄柏峪、沙金沟两个矿区就使用了这款革新创制的电爬犁车,载重大,搬迁速度快,使用方便。电爬犁车适用于陡峭山路,大大改善了矿区机台搬迁的劳动条件,加快了器械的搬迁速度,节约了劳动力。

(5)狗拉爬犁响应"百万青少年上冰雪"号召。

从20世纪50年代起,北方开展了广泛的群众性冰雪运动,长跑、雪地足球、狗拉爬犁、武术、健身操等冬季体育运动大大增强了人的身体素质。尤其是自哈尔滨市体育局于1978年主办"百万青少年上冰雪"活动以来,哈尔滨的中、小学长期保持"百万青少年上冰雪"活动,人们普遍认为运动是现代生活的体现。狗拉爬犁这项冰雪运动,不仅能够丰富学生、市民的冬季业余体育运动内容,激发人们对冰雪运动的激情,还起到了锻炼青少年身体的重要作用。

(6)狗拉爬犁成为冰雪体育旅游产业的组成部分是运动自身发展的需要。

冰雪体育旅游产业最初发源于欧洲,是体育旅游的一个重要组成部分。这种冰雪体育旅游不断吸引着喜欢健身、娱乐和猎奇的游客。当越来越多的人把精力放在如何增强自己的体质以及提高生活质量时,体育旅游产业就成了旅游产业的重要组成部分。冬季冰雪体育旅游作为北方部分省市经济发展的新增长点,取得了初步成效。比如,沈阳避开哈尔滨的"冰"优势,大做"雪"的文章,着力打造"东北冰雪旅游第一站"的文化品牌,以其独特的魅力在旅游市场上获得了较快的发展。而今,冰雪体育旅游已经在全国范围内呈现出竞争势态、多极化发展的格局。这时,狗拉爬犁也成为冰雪体育旅游产业的组成部分。

(三)狗拉爬犁的可持续发展研究策略

1. 在冰雪体育旅游产业的基础上,开发狗拉爬犁运动

近年来,北方只要有降雪的城市,当地政府意识到冰雪体育旅游对加速当地经济发展的重要作用,纷纷投入巨资开发冰雪体育旅游。2014 年 12 月 22 日,位于保定农业生态园内的国元冰雕冰雪嘉年华盛大开业。在国元冰雕大世界,除了古城盛景、华夏文化、海底世界、恐龙时代、梦幻世界等六大展区外,还有狗拉爬犁的收费活动。

从调查情况来分析,这些不同省市所挖掘的冰雪体育旅游项目千篇一律,没什么特色。北方的冰雪体育旅游产业如果办不出特色,对游客的吸引力就会日渐衰退。但是,在哈尔滨冰雪欢乐谷内,狗拉爬犁吸引了众多游客参与。据测算,狗拉爬犁项目一次能坐 2 个人,每人收费 50 元,一圈就是 100 元,每条狗一天能拉 20 圈左右,扣除成本后,每条狗月收入近 3 万元。

要想实现狗拉爬犁的可持续发展,还是要放眼更广阔的北方天然雪地。天然的、优越的地理环境,为黑龙江省冰雪体育旅游提供了坚实的地理条件和广阔的开发前景,应科学定位黑龙江省的冰雪优势,打造国内独一无二的冰雪体育旅游品牌。在天然的雪域里开展狗拉爬犁,具有冬季探险、挑战耐寒的文化特色。将狗拉爬犁发展成为黑龙江地区独特的冰雪体育旅游产业的品牌,弘扬北方民族优秀的传统文化,凭借狗拉爬犁运动丰富的传统体育文化内涵,为当地居民带来经济效益,为北方传统文化带来社会效益,最终实现狗拉爬犁的可持续发展。

2. 借助文化节的平台发展狗拉爬犁

北方地区的冰雪节日比较多,如中国"哈尔滨国际冰雪节"是我国历史上第一个以冰雪为内容而命名的区域性节日,该节日在每年的 1 月 5 日,节日期间会举行冰博会、雪博会、冰洽会、冬季服装展览会、雪地足球赛、冬泳、滑雪、滑冰等活动。这些活动具有地方体育文化特色、经贸活动品位高、趣味性强等特点,其巨大的发展潜力必将带来更高的长期经济效益和长期社会效益。

文化节往往会吸引大量的游客从四面八方赶来参加活动,不少游客是为了体验当地的民俗活动,和当地居民一起参与文化节的活动。例如,将狗拉爬犁发展成了文化节的体育运动,将这项原本只有北方人接触的运输方式逐渐对外开放,让游客在欢乐的节日气氛中感受古老的狗拉爬犁的乐趣,并品尝北方当地的特色食品,聆听北方牧民吟唱长调,促进北方少数民族传统体育冰雪文化的传播与发展。

有人认为发展北方冰雪体育旅游产业所带来的经济效益和社会效益是明显的,举办冰雪文化节要当地政府的投资和协助举办,这不是浪费金钱与精力吗? 调查显示,近年来,黑龙江省在春节、黄金周等假期所接待的国内旅客的创收是惊人的。即便是疫情状态下,2021 年黑龙江省全年共接待游客 1.63 亿人次,实现旅游收入 1345.09 亿元,分别恢

复至 2019 年的 75.25％、50.22％。① 如果没有文化支撑,北方冰雪体育旅游产业就会成为无根之木、无源之水,很容易被其他有雪的地区复制。因此,深入挖掘狗拉爬犁的传统文化资源,定期举办文化节,是保护当地体育旅游文化特色不被侵权的重要举措。

3.挖掘趣味性,激活狗拉爬犁的市场潜能

北方地区冰雪体育旅游的开发是针对消费者的,大众的导向应注重旅游产品的新颖性、娱乐性和时尚性,充分调动游客参与的热情。爬犁参与体育性旅游产品的开发,尤其要注重它的趣味性,如涉及新颖、独特的爬犁工具的外观,调整适应比赛的规则等。深入挖掘爬犁的趣味性,应尽可能为旅游者提供充分的享受,激活潜在的市场。

4.解决冰雪地区交通瓶颈问题,做好安全措施

天然的冰雪资源具有不可移动性,从而形成了黑龙江省区别于我国其他地区的潜在市场。冬季的登雪山探险、冬季围猎以及狗拉爬犁比赛等大型的冰雪体育旅游项目,都是其他地区难以靠人工造雪所能体验的大自然乐趣。但是,黑龙江省的冰雪区域大都在远离交通中心的荒郊野岭,如果要用于旅游开发,会大大增加在恶劣气候环境下紧急救援的难度。黑龙江省各城市到景点的直通车少、公路等级较差,交通不便利,会直接影响游客的选择。

冰雪区域的安全保护措施不容忽视。尤其是在预知恶劣气候方面,应该提前做好防范以及采取紧急撤退的措施,切不可不顾冰雪旅游的生命风险。

5.提高冰雪区域的整体开发力度

黑龙江省冰雪旅游产业是一个涉及面广、程序复杂的大型系统工程,在管理上需要高度重视。单以狗拉爬犁这一项户外运动来说体现为以下三点:第一,需要集中力量建设有特色的狗拉爬犁运动区域,以资源优势整合为出发点,讲究科学性和合理性,防止重复性开发,避免对环境资源的破坏和浪费,从整体上提高黑龙江省冰雪旅游产业的质量。第二,需要提高与狗拉狗拉爬犁运动相关的服务质量。在交通、餐饮、住宿、通信、环境治理和保护等方面都需要进行巨额投资,吸纳优质的管理人才,提高游客对服务质量的需求。第三,爬犁运动项目的开发需要建立在市场意识的基础上,开发具有文化特色的、与爬犁相关的旅游文创产品。以高品位、有特色、有新意的个性产品吸引游客,满足顾客的旅游需求,实现冰雪运动狗拉爬犁的可持续发展。

三、赫哲族滑爬犁的演化及在赏冰乐雪活动中的应用

(一)赫哲族滑爬犁的产生和发展

1.赫哲族爬犁在渔猎生产和社会生活中的产生

赫哲族是生活在我国北方的六小民族之一,主要分布在黑龙江省三江流域及完达山

---

① 2021 年度黑龙江省旅游产业发展报告。

余脉的佳木斯市、同江市、抚远市、饶河县等地。赫哲族的先民生存生活于我国北方的江边水畔和山野荒原,是渔猎民族。每逢冬季,赫哲族的先民都要到冰雪覆盖的山林原野、江河湖泊地区渔猎,以获取冬季的食物,远则行程一二百里,时间多则一个多月,如果没有良好的运输工具,就会浪费很多的行走时间和精力,当猎获物过多时,还不得不忍痛丢弃。

赫哲族的先民逐渐感到拉或推浮在冰雪表面上的一些物体时,既易滑又省力,还能装载很多猎获物。初始时在一块足够大的兽皮一边拴上绳索,在兽皮上放置适当的猎获物等物品,拉动时,绳索一边的兽皮就能翘离雪面,轻便省力。若将兽皮顺毛贴在雪地,下坡时顺毛速滑,上坡时逆毛防后滑。还可以将若干根一头弯翘的树干平行捆绑在一起形成平台,能放置适当的猎获物等物品,在弯翘头拴上绳索,便于在雪地上拉动行走。赫哲族的简易爬犁就产生了。

2. 赫哲族爬犁在渔猎生产和社会生活中的先期发展

赫哲族简易爬犁成为冬季渔猎生产和社会生活的重要运载工具,逐渐发展成将长度和宽度适宜的一端翘起的两块等长木板作为爬犁腿,爬犁腿上有两到若干根立柱,立柱上支撑着由若干块木板制成的平台,在翘起端拴上绳索(鹿筋绳),可拉动或推动前行,即制成爬犁。这种雪地用具原称其为"杷",后来叫"扒犁",又称"雪车""冰床",现在通称为"橇",即"雪橇"。可由人力、猎犬或其他畜力拉动的雪橇,赫哲语呼为"拖尔基","拖拉气""拖日气""托日气",现称为"托日乞"。爬犁,是汉族的叫法。先前的雪橇形制似船,使用方法似撑船。

在用狗拉动雪橇时,一人在雪橇上手持篙杆支撑雪地,像撑船一样在雪面上滑行。由狗来驾驭的车子(爬犁),汉语意为狗车,亦称其为"狗爬犁"。《黑龙江志稿》中记载:"赫哲人所用狗爬犁,形如小车而无轮,以细木性软者削两辕,前半翘起上弯,后半贴地处置四柱与四框,铺以板。如运重物,则于上弯处驾犬,二人在上,以鞭挥之,其速愈于奔马。"这种狗爬犁上可坐人或载物品,一般能载重500多斤。如需增加载重量,则可加固爬犁,增加雪橇犬。赫哲族爬犁解决了渔猎生产和社会活动中远距离、长时期运输的重大问题。

(二)赫哲族爬犁功用的演化

1. 赫哲族爬犁在渔猎生产和社会生活中的功用

赫哲族爬犁主要是由犬只来拉动的,赫哲族曾被誉为是最善于役使犬的民族(使犬部)。元代鲁国公《札剌尔公神道碑》的碑文中记载:"东征元帅府道路险阻,崖石错立,盛夏水活,乃可行舟,冬则以犬驾杷行冰上。"永乐十一年救修奴尔干永宁寺碑记中"其地不生五谷,不产布帛,畜养惟狗。或野人养驾杷,运诸物品。"[①]明人著的《全辽志》记载:"水狗站,夏日乘船,水可乘载;冬日乘扒犁,乘二三人,行冰上,以狗驾拽,疾如马。"[②]凌纯声

---

① 干志耿,孙秀仁. 黑龙江古代民族史纲[M]. 哈尔滨:黑龙江人民出版社,2015.
② 孙巍巍,宋魁彦. 赫哲族传统交通工具研究[J]. 佳木斯大学社会科学学报,2010,28(2):95-98.

先生在《松花江下游的赫哲族》中写道:赫哲人"普通用五狗拖车,人多物重,狗数亦增加。如用狗十一二只,则可乘四人之多,群狗之中,必有一头狗在前先行,听驾驰人的命令,以定行止转弯。头狗大都为雌狗,受过特别训练。冬日饲之以鱼,夏日纵之于野外,任其自己觅食"。[①] 元、明、清等朝代,赫哲先民曾经营过多处狗站,被称为使犬部或使犬国。

2. 赫哲族爬犁在抵御外寇入侵时的功用

早在17—18世纪,俄国人在冬季入侵黑龙江流域时,赫哲人常常脚踏滑雪板或乘坐狗爬犁快速反击俄国入侵者。日寇占领东北后,赫哲族勇士奋起抗敌,经常分乘滑雪板和爬犁,趁夜色快速接近敌人营地发起突然袭击,像捕获猎物一样消灭敌人,当敌人惊醒欲反抗时,赫哲族的勇士早已按计划滑远,消失在夜幕中,入侵者屡遭袭击,惊魂难定,不得不狼狈退走,赫哲族的勇士们由此保护了自己的家园。在冬季的抗日战争中,大雪封山,勇敢勤劳的赫哲人利用爬犁在冰雪山林中为我军运送武器弹药、伤病人员和物资,在抗日战争中立下了卓越功劳。

(三)赫哲族滑爬犁在民族传统体育竞技游戏中的功用

中华人民共和国成立后,赫哲族生活日趋富裕,滑爬犁已成为赫哲人喜爱的冰雪游戏活动。赫哲人在雪坡上乘坐爬犁,选用两根木杖支撑雪面,爬犁就能按照人为滑行方向和路线快速地滑下雪坡。赫哲人在平地上乘坐爬犁,双手握木杖支撑雪地就能向前滑行。赫哲人在冰面上乘坐爬犁,在爬犁腿上安装铁丝,在木杖与冰面的接触端安装上铁钎,支撑木杖时将铁钎扎入冰面,就能推动爬犁快速滑行。目前,滑爬犁已成为冬季体育竞技项目和冰雪娱乐活动,人们可以通过高坡滑爬犁或冰面支撑爬犁来比速度、比技术、比耐力、比功法、竞技竞赛,增强体质。

(四)赫哲族滑爬犁在冬季学校体育游戏课教学的应用

我国北方冬季学生体育课内外活动内容较贫乏,冰雪运动器材缺失,可以用赫哲族滑爬犁补充拓展冰雪体育教学内容。学校组织制作简便实用的爬犁,利用清理冬雪的机会在校田径场一边的两侧相对相隔地堆积出斜坡滑道,用于高坡滑爬犁从而进行赫哲族"闯下坡"的游戏课教学,在适当位置浇制平面冰场,用于支冰爬犁游戏教学,开展课内外一体化滑爬犁健身娱乐活动。在教学比赛中,可以设定一定的距离,率先到达终点者获胜;或设定在一定时间内,按划定的路线或绕开摆放的障碍物并率先到达终点者获胜;也可以设定在雪坡滑道上,滑下最远者获胜;或推冰磨圈数最多者获胜,其余参赛者按先后顺序排名次。比赛时,教师要对学生进行安全教育,不要抢滑,不能有故意阻挡或冲撞他人的动作,违者要给予处罚。

---

① 凌纯生. 松花江下游的赫哲族[M]. 北京:民族出版社,2012.

(五)赫哲族滑爬犁在赏冰乐雪活动中的应用

滑爬犁在赏冰乐雪活动中有多种活动方式,可利用城乡的自然雪坡和清雪的人造雪坡,开展"闯下坡"活动,参加竞技比赛的双方各一人或多人,按所画定的路线或所需绕开的障碍,沿雪坡滑下,竞比技术、速度或远近;也可利用自然冰面和人造冰面,按所画定的线路和所需绕开的障碍物,用双手支撑小爬犁在冰面上滑行,竞比速度、耐力和技巧;还可以按推冰磨的方式竞比限定时间内推转的圈数,或一次性推转的最多圈数。教师还可以在爬犁活动中进行文化交流,通过专题讲座或学术介绍,使学生和民众知道爬犁演化过程中蕴含着的赫哲民族顽强生存、不畏艰难困苦、自强自立、团结协作、拼搏进取的中华民族精神和爱国主义精神,寓理教育广大学生继承发扬赫哲人"东亚雄族"的民族精神,努力学习,科技兴国,奋发图强,科技卫国,勇于实践,精忠报国,不断提升当代学生的中华民族优良传统观念和传统美德修养,促进广大学生优良传统美德修养的自我养成。

第二节　打陀螺

一、打陀螺的基本特征和作用

近年来,在人们物质生活得到极大满足的同时,精神文化建设的发展受到了社会各界及人们的广泛关注和高度重视,从而使一些文化产业和教育机构也加快了对各非物质文化产业基地建设的步伐,由此各类环境优雅、配套设施齐全的大型露天广场和操场应运而生,为广大基层群众提供休闲娱乐场所和运动场地的同时,也推动了我国非物质文化遗产的发展。除此之外,大型广场和操场的兴建在一定程度上也吸引了大批人民群众和中学生前来观赏,这也为打陀螺健身项目的进一步发展创造了良好的条件。

(一)打陀螺的基本特征

与其他健身项目相比,打陀螺具有一定的特殊性。打陀螺的特殊性具体表现在:其一,陀螺所用器材的获取方式比较简单,一般都是选用质地较为坚硬的石榴木和龙眼木;其二,打陀螺是一种老少皆宜的健身游戏,具有广泛性的显著特征,无论是男女、老少皆可参与。竞技陀螺是从守方旋放陀螺开始,由攻方将自己的陀螺抛掷,击打守方陀螺,将守方陀螺击出比赛场地或比守方陀螺在比赛场地区内旋转的时间更长的比赛项目。根据体育课程标准的要求原则上在中小学的体育课中都必须开展陀螺运动,但由于陀螺运动的安全系数不高,危险性较大,故很多学校都没有开展此项运动。但黔南州运动会开展了竞技陀螺比赛,每一届都有超过 8 个县市来组织学生参赛。

(二)打陀螺的基本作用

抽陀螺俗称"抽贱骨头",是一种民间传统游戏,作为当今广场文化的重要组成部分,打陀螺具有以下几方面的显著作用:

第一,打陀螺能勾起儿时的美好回忆。与其他健身项目相比,陀螺的制作方式比较简单,制作成本也相对较低,但对于学生身心健康的发展却具有显著的促进作用,因此也成为现阶段教育机构中体育教学的重点内容之一。陀螺是不少家庭特别是小孩童年必不可少的玩具之一,而近年来随着社会主义市场经济的不断发展,工作压力较大、休闲时间较短、缺乏基本的锻炼是现代年轻人和中学生所面临的显著问题,在这种高强度的社会压力下,打陀螺不仅能勾起学生们童年美好的儿时回忆,还有助于他们的身心健康发展,为其他教育工作者展开教育活动创造了良好的条件。

第二,打陀螺可以强身健体。根据相关数据调查显示,近年来中学生的体质每况愈下,因此在培养学生德智体美劳全面发展的素质教育背景下,加强对中学生体质的锻炼也成为现阶段教育机构的重点。打陀螺作为我国一种著名的非物质文化遗产,自宋朝开始经过几千年的不断演变,在当下多元文化不断发展的社会中,成了教育机构体育教学的重点项目之一。陀螺在被抽打的过程中,不仅起到了锻炼学生注意力的作用,还在提升学生臂力、强化学生体质等方面也发挥了重要的作用。近年来,在陀螺文化不断盛行的社会背景下,打陀螺已经从个人的兴趣爱好逐渐转变成了具有观赏性的表演项目,因此教育机构在加强对学生打陀螺的训练过程中,应摒弃传统单一的教学训练方式,在深入了解陀螺多元文化的基础上,丰富自身的陀螺表演形式。

二、冰上陀螺运动与冬季冰雪旅游运动项目发展的现状

近几年,黑龙江省冰雪特色旅游发展较好,其客源地可分为国外、国内。国外客源主要是来源于东南亚各国以及俄罗斯等邻国;国内客源分为省内和省外,省外客源主要来源于香港、澳门、台湾、江苏、浙江、山东、广州等,还有一些东南沿海省市及一些内陆省市的游客。

当今世界旅游市场,其发展已从单一型观光旅游向多元化、专题化和体验方向发展。旅游者不仅对异国他乡的风土人情、民俗、风光等存有猎奇心态,还对传统体育、民间体育文化旅游也具有较大兴趣。游客目前已从单一观光游向体验、参与其运动或娱乐活动旅游项目扩展。黑龙江省冬季的滑雪、冰爬犁等运动项目在近几年悄然兴起。据有关资料显示,参与滑雪的人群的年龄主要集中在20~49岁,是以较高收入的青壮年群体为主,这表明消费群的覆盖面还不够广泛。滑雪运动具有一定的危险性,无论年龄大小,有无运动基础,要想在短时间内掌握其运动方法难度较大,这也造成很大一部分人群不能参与滑雪运动。

虽然有许多人喜欢参与滑雪、雪地摩托、冰爬犁等活动,但是也有部分人喜欢冰上陀螺运动,他们在冬季松花江形成的天然冰面上,或校园、体育场所的冰场上进行冰上陀螺

游戏。据调查,目前由于缺少具有竞技性与娱乐性兼有的运动方式,造成该项运动的发展尚未形成规模,也不是冰雪旅游的主要项目,参与"冰上陀螺"运动的人数不多,与我国民族运动会上的陀螺竞赛比较,在影响面、参与人数、娱乐性、竞技性等方面均有着较大的差距。

三、冰上陀螺与竞赛规则的制定

部分群体受到北方冬季冰雪旅游项目的制约,造成客源的覆盖面不够广泛或后劲不足,我们应从冰上陀螺入手,解决影响冬季冰雪旅游发展的问题,因此对于冰上陀螺的研发、统一、普及和推广,是目前急需解决的实际问题。传统冰上陀螺运动尚未形成规范的比赛规则,而且冰上陀螺具有多样性特点,运动的场地都是在天然形成的河面上进行的,活动场地不够规范,冰面也不够平整,如果冰面不平整就可能在比赛时对其中的一方不够公平。民间的陀螺运动设备大多是比较简陋的,没有像比赛中的那么精良,不同的陀螺设备在比赛中也是影响比赛结果的一个重要因素。传统的冰上陀螺比赛中一般是按照双方的约定来进行比赛的,但是由于各个地方的传统习惯和民族风俗不同导致在比赛中不能形成一个统一的规则。在不同地区不同民族的陀螺比赛中,对场地边界以及对于参赛人数等方面不能形成一个统一的规定,比赛中的双方的陀螺设备也大不相同,在形状、样式、重量方面也没有形成统一的标准。陀螺的样式也是多种多样的,有椭圆的还有扁平的,有的像顶碗,还有的像棒槌,有的地区也给陀螺着色,形成五颜六色的花纹,旋转起来十分美观,但从竞赛角度分析,难以进行统一。由于冰上陀螺自身个体的演化以及历史上的多种原因,该项运动到目前未能得到系统的规范。

(一)冰上陀螺器材的规范化

对多年来传统冰上陀螺器材状况进行分析,我们必须从两方面对冰上陀螺器材进行分类:一种是传统的多样式陀螺,可称为"冰上花式陀螺",在材质与形状上可任其发展,如木质、钢质、铁质、铝质、硬塑等多种材质均可作为制作陀螺的材料;其形状、大小、实心、空心等不做硬性规定,所用鞭杆与鞭绳也不做统一规定,"百花齐放"任其发展。在冬季组织个人表演形式的陀螺比赛,可以促进当地冰上陀螺爱好者与南方少数民族地区的陀螺爱好者前来参与,扩大冰上陀螺的参与人群。另一种可称为"冰上陀螺竞赛",陀螺的材质、大小、形状、重量等均要进行统一,并且按现代竞技比赛的有关要素对其进行规范,使冰上陀螺竞赛具有竞技性、观赏性、娱乐性、可持续性、大众化等特点,从而吸引更多的人参与。

(二)科学实验与设计冰上陀螺的主要技术与竞技方式

冰上陀螺传统的游戏方式一般是以一人打"冰尜"或两人撞"冰尜"的运动形式进行。其运动方式过于简单、形式单一,此处我们不再进行阐述。我们研究的核心问题是通过竞赛,提高冰上陀螺的竞技性、游戏性、娱乐性、参与性以及竞赛的可持续性,其结果具有不可预知性。因此我们实验与设计的运动方式,有两人对抗游戏、多人对抗游戏。冰上陀螺的技术可分为放陀、运陀、撞陀等内容。

1. 主要技术内容

在研发过程中,我们对陀螺的技术内容,按运动动作过程与动作的目的不同,主要分为三大类。

(1)放陀。

放陀是一手持鞭,另一手持陀螺,把鞭绳缠绕在陀螺中部然后将陀螺底部尖的部位向下接触冰面,一手放陀螺的同时,持鞭杆的手向外侧拽拉鞭绳,使陀螺在冰面上旋转起来,称之为放陀。

(2)运陀。

运陀是指当陀螺在冰面上旋转时,用鞭子抽打陀螺,将陀螺在冰面上运到指定位置。

(3)撞陀。

撞陀是指在对抗竞赛中,用自己的陀螺撞击对方陀螺,使对方陀螺远离,从而抢占地点。

2. 简介竞赛方式与过程

(1)竞赛方式。

冰上陀螺的竞赛方式是一种非对抗的形式,可分为1人对1人、2人对2人、3人对3人或集体对抗,主要以参加比赛的人数确定竞赛的方式。

(2)竞赛过程。

冰上陀螺比赛是2队(2人)在比赛场地上,从自己的一方(A区、B区)开始旋放冰陀螺,首先各队由场地的A区或B区(图11-2)自行旋放冰陀螺于冰面场地的旋放区,当陀螺在旋放区内定点旋转2秒以上时(陀螺不可在冰面上有位置移动),方可运陀到1号推进区,在1号推进区内,必须运陀螺绕1号点运行一周以上,在将陀螺运向1号点,在1号点内定点旋转2秒以上,再从1号点向2号点的推进区抽运陀螺,到2号推进区内,必须抽运陀螺绕2号点运行一周以上,再将陀螺抽运至进攻区,如一方已到进攻区,但对方未能抽运陀螺至该区的情况下,可直接抽运陀螺至"山顶",如在"山顶"区定点旋转8秒以上,就成为本局比赛的胜方。在双方均已进入进攻区时,即可选择与对方撞击,将对方的陀螺撞出进攻区,也可避开对方直接抽运陀螺抢占上顶。在"山顶"区定点旋转的8秒内,另一方可随时抽运陀螺进行撞击,撞击时若一方被撞至进攻区内,可再次直接撞击对方,若被撞至反攻区内,必须将陀螺先抽运至进攻区内,方可再进行对对方的撞击。在撞击过程中,若一方将对方撞击出战区,自己的陀螺还在进攻区或山顶,对方被撞击出战区的陀螺便成为死陀,不可再直接进行攻击。

在一方被撞击成为死陀后,可组织进行第二次、第三次进攻。组织第二次或第三次进攻时,放陀螺于旋放区,定点旋转2秒以上,抽运陀螺至1号推进区,然后可直接抽运陀螺至1号点,在1号点定点旋转2秒钟以上,不用抽运陀螺至2号推进区和2号点,可直接抽运陀螺至进攻区,在进攻区可直接撞击对方陀螺,达到"占山顶",并且在"山顶"静止旋转 8 秒以上,从而取得最后的胜利。

在冰上陀螺竞赛中,一局比赛最多能组织 3 次进攻。如果 3 次进攻均未能成功,且另一方在"山顶"点内陀螺定点旋转达 8 秒以上,该方为本局比赛胜方。若双方在 3 次进攻过程中,均相互被对方撞击出战区,则为平局。

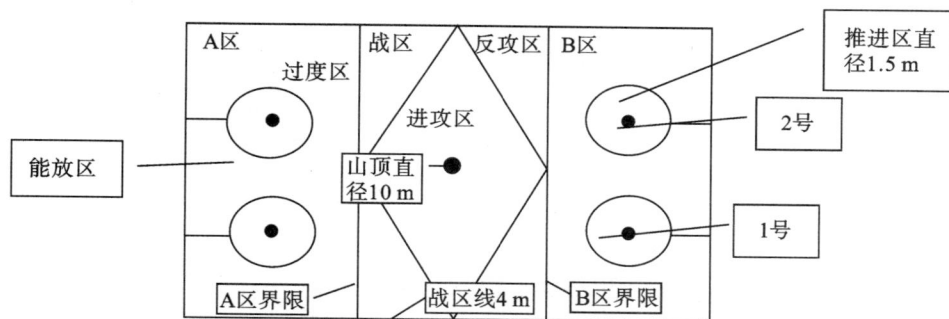

图 11-2　冰上陀螺比赛场地

注:长边为 10 米"边线"、短线为 6 米"底线",A 界限和 B 界限之间为"战区",其他区按图标注为准。

四、打陀螺有益身心健康

上了年纪的老年人,大多知道打陀螺这一游戏。小时候由于物质生活贫乏,没有电视,没有网吧,也没有游戏机,最喜欢玩的就是打陀螺。

陀螺,是一种用樟树、榉树、桑树、番石榴树或龙眼木等硬质木料制成的高和直径均约 5 厘米、上圆下尖的圆锥形玩具。游戏时,以绳绕螺身,然后旋转放开鞭绳、抽打,使陀螺以轴心直立旋转;或用手直接旋转陀螺,待陀螺着地,再以绳抽之,使其不停地旋转。

陀螺,古称"千千",别名"大撵团",最早发现于新石器时代。早先古老的陀螺是用石头制成的,山西夏县就发掘过新石器时代的石制陀螺,因此陀螺也被称为"中华民族最古老的原生态传统体育项目之一"。后来,陀螺逐渐演变成木制品,明代正式出现陀螺这一名词。刘侗、于奕正合撰的《帝京景物略》记载:"杨柳儿活,抽陀螺;杨柳儿青,放空钟;杨柳儿死,踢毽子;杨柳发芽,打拔儿。"又曰:"陀螺者,木制,如小空钟,中实而无柄,绕以鞭之绳而无竹尺,卓于地,急掣其鞭。一掣,陀螺则转,无声也。视其缓而鞭之,转转无复往。转之疾,正如卓立地上,顶光旋旋,影不动也。"根据记载描述,当时陀螺是木制的,实心而无柄,用绳子绕好了,一抛一抽,陀螺便在地上无声地旋转。

为了使陀螺坚固耐用及旋转灵活快速,常用二三分长的芝麻铁钉,钉在陀螺下端的尖锥处,以减少陀螺旋转时与地面的摩擦。抽打陀螺的鞭子要结实,且不易滑动,一般用一根长约 1 尺半(50 厘米)的细竹竿,绑上细麻绳或编织棉绳。玩耍时,最好选择光滑平整的水泥路面,用右手拇指及中指将陀螺顺时针捻动,或用鞭子顺时针缠绕陀螺,用手施力将陀螺抛出,陀螺便以尖部为轴心顺时针旋转。当它旋转时,即用鞭子抽打它。陀螺一边旋转,鞭子一边抽打,使其不停地转动。

冬季最合适玩陀螺,在冰面上打陀螺,陀螺转得更欢。笔者幼时随处可见男孩子抽打陀螺的身影,女孩子则在四周围观。小伙伴们根本不顾天上雪飘北风紧,大家趿拉着鞋子,吸溜着鼻涕,人手一只陀螺,一杆鞭,"打"得那叫一个起劲,真可谓"视其缓而鞭之,转转无往复"。谁的陀螺转得慢了,便起手加上几鞭,令陀螺转个不停。陀螺转得越欢,小伙伴们越开心,根本感觉不到寒冷。

如今,在公园里、小区的空地上仍可以看见有些老年人在打陀螺。打陀螺可锻炼人体协调性和腕部力量,培养敏锐的观察力,活动时占地不大,随时随地都可运动,老少咸宜。陀螺健身主要活动肩关节,对肩周炎的预防有很好的效果;有助于降低血脂、减肥;还可以宣泄压力,令人心情舒畅。陀螺健身可以让老人找回童年的乐趣,将打陀螺加入亲子活动中能增进家人之间的感情。

五、高校竞技陀螺运动特色教材开发研究

(一)高校竞技陀螺运动教材存在的问题

1.教材内容陈旧落后

近年来,湖南、广西、贵州、云南等地多所高校和中小学都开设了民族体育这门课程,在这门课程中,陀螺无疑是主要民族体育项目之一。许多高校十分重视民族体育教材建设,编写和出版了一批质量较高的民族体育类教材。目前,还没有专门的陀螺运动教材,现有的有关陀螺技战术教学的内容都只是民族体育类教材的某一章节,所以导致现有的教材内容陈旧落后、简单、针对性不强,新的技战术在现有的教材中体现得不够。竞技陀螺运动是少数民族竞技体育的主要项目之一,在现有的全国少数民族传统体育运动会中,竞技陀螺属于正式比赛项目,竞技陀螺运动的技战术内容随着竞技陀螺运动比赛规模的扩大而不断变化。目前所使用的教材还是以前固定化的模式,课程的学习内容远远落后于现行竞技陀螺运动发展的实际情况。就目前的技战术而言,很难实现学生所学知识和技能与大型竞技陀螺赛事的"零对接"。实践证明,要使高校培养的运动员具备现代竞技陀螺的适应能力,就必须使学校所学与高规格竞技陀螺比赛的需求相一致,最大限度地追求学生竞技陀螺技战术的前沿化。在教材具体内容的选择上,要体现出教材内容的新颖性和及时性。因此,在教材内容的组织上应贴近专业培养目标对现代竞技陀螺运动的知识和能力点的要求,以现代竞技陀螺竞赛为体系将基础理论知识和实践训练相结合,注重学生对基本技能和基础知识的学习。

2.教材的体系结构不利于课程的学习与技能的掌握

学科课程有很强的科学系统性,内容面面俱到,过于强调理论的指导作用,忽视了实践技能教学,这与职业教育的方向相悖。现有的教材沿袭了传统的编写模式,其内容主要是简单地介绍陀螺的概述、打陀螺的基本技术和基本战术、打陀螺的竞赛规则及场地

器材等,这些内容虽然能够满足一般教学,但是缺乏时代性、实用性,教材内容与现代竞技陀螺所需求的知识能力结构仍有较大差距。高校竞技陀螺运动特色教材在体系结构上,应从简单的介绍式教学转为以现代竞技陀螺相关理论为指导,树立理论结合技战术的现代理念。使学生在基础学习中就能了解到现代竞技陀螺运动的发展历程及现代基本技能,体现出陀螺教学的现代性、实用性。打破传统简单介绍基本知识体系的章节,在编写形式上注重创新,教材建设的内容以基本技术和战术的渐进过程来编排。

(二)开发最优化模式下高校竞技陀螺运动特色教材的基本思路

1.教材结构要与课程类型相一致

教材与课程的关系是相互依存、相互促进的,教材的结构模式往往受课程类型的影响和制约。因此,在开发陀螺竞技运动的特色教材时,应该充分考虑到课程类型和教材结构模式相一致的问题。在教材选编中,为了加快教材更新速度,应建立教材反馈机制,教材反馈主要是建立教材的使用者(包括教师、学生、教练员)、编审者、出版者三者之间的信息反馈,三者之间信息交流的渠道畅通,有利于对正在使用的教材及时提出修改意见和建议,便于教材知识的不断更新和完善。

2.教材结构要与实践能力培养相结合

强调实践能力培养是竞技陀螺运动教育的又一重要特色,竞技陀螺运动特色教材建设既要在内容上满足实践教学的需要,又要从结构上便于实践教学的实施。在教材开发过程中,打破传统的教材选用模式,应根据现代陀螺教学的需要,增强教材选用的灵活性,进行合理的结构设计。目前,高校陀螺教学的教材结构模式较为灵活多样,有的教材注重理论教学,将陀螺运动的基本概述和参赛规则作为重点;有的教材注重技术教学,主要介绍了放陀技术和打陀技术,但是这些技术都是传统的打法;有的教材将理论教学内容和实践教学内容合编成了一册,但是两者只是简单地介绍。竞技陀螺运动特色教材的编写应该以优化教学为主要模式,注重理论与实践的紧密结合,并及时反映出现代陀螺比赛中的先进技术和战术,将培养优秀陀螺人才作为最终目标。

3.教材结构要与教学方法改革相适应

教学方法改革是竞技陀螺运动教材突出特色的重要途径。教学方法改革的主要目标是体现陀螺教学的最优化,随着现代竞技陀螺技战术的不断创新,教材在结构设计方面也要与之相适应。此外,现代化教学手段的应用对陀螺特色教材的结构设计提出了新的挑战,为给予学生直观的视觉效果,在陀螺教学中必须结合现代化教学手段的应用,教材中可以组建出以文字教材为核心,以现代电子教学媒体为辅的多媒体教材体系。教材编写组成员应该适时安排专业改革调研,调研内容包括陀螺人才结构现状、陀螺技战术发展趋势、人才需求状况等。调研的对象包括各运动队的教练员、运动员以及高校陀螺高水平运动队。通过系列调研,确定教材编写的专业定位、培养目标及专门化方向和课程改革的思路等。教材的编写应以此为出发点,遵从陀螺运动技能发展的基本规律,既能保证理论和实践这两部分内容的充分衔接,体现竞技陀螺运动教材的科学性和特色性,又能根据陀螺技战术的发展趋势,及时地将比赛中产生的新技术、新战术补充进来,体现了高校陀螺教学的开放性和适时性。

(三)把握最优化模式下高校竞技陀螺运动特色教材编写的要点

1. 用具体的工作任务引领专业知识

工作任务是教材编写的核心,专业知识是围绕工作任务完成而合理延伸出来的。工作任务的选取成了教材的核心要素,表面看起来似乎并不难,其实不然。一旦着手教材的编写就会发现,对于工作任务过于笼统的描述,不仅令授课教师难以把握教学环节,而且会使工作任务环节被庞杂的知识所淹没,难以突出其在教材中的核心地位。专业知识与工作任务之间的关系是焦点与背景的关系,工作任务处于焦点位置,而专业知识处于背景位置。工作任务的实践操作过程必须严格、完整、正确、规范,必须在真实的环境中去完成。例如,在《竞技陀螺运动特色》教材编写中,由于培养的最终目标是使学生掌握现代竞技陀螺的基础知识、基本技能和基本战术,现代竞技陀螺的教学比赛环境为学生选取的工作任务使学生既能在真实的比赛情境下学习陀螺的基本技能和基本战术,又能获得相关的理论知识,为其今后胜任相关的工作岗位打下坚实的基础。

2. 把握由易到难的原则

在选取工作任务时,必须遵循人的认知规律,即遵循由简单到复杂、由小到大、由少到多的原则。学生对专业知识的学习应循序渐进、逐步深入。任务之间可以有适当的重叠,但任务之间是一个递进的关系。例如,在《竞技陀螺运动特色》教材编写过程中,关于现代竞技陀螺运动的发展现状及基本理论知识可以作为本书的先行任务,接着进行现代竞技陀螺的基本规则和场地器材的介绍任务,最后进行陀螺基本技战术任务的介绍。这样学生在学习的过程中才会有明确的目标并具备很强的学习动力。

第三节　冰上阿日嘎

一、阿日嘎游戏简介

(一)阿日嘎的制作

阿日嘎一词出自蒙古语,即盘羊、鹿、牛、驼等大型偶蹄动物的踝骨,而体型比较小的山羊、绵羊、狍子的踝骨则称为石阿。从形状上看,阿日嘎比石阿大,石阿是自然状态下的踝骨,而阿日嘎则需要打磨加工,制作阿日嘎要先将所选择的动物踝骨浸于酸奶汁或乳清里,变软后取出,用斧子将其阴阳两面砍平后,再打磨得光滑锃亮,有些阿日嘎的背面上还钻起小洞眼,往里灌注铅或铜,以便增加其重量,使阿日嘎在冰面上旋转滑行时不易失去方向,更稳、更有力。

(二)游戏规则

阿日嘎游戏,一般每场限为 3～12 人。

参加游戏者每人要携带 3 个石阿,也称"好汉三踝"。每个游戏者先拿出一只石阿交给主持人,由主持人用阿日嘎齿划一个双层圆圈将其围在中间,此圈称为"安答圈"。然后每个游戏者交给主持人一只阿日嘎,将它们整齐排列在冰面上。主持人用双手收起阿日嘎,再轻轻洒落下,依据阿日嘎落到冰面的四种姿势的序号决定射打的顺序。

决定参赛排号后,主持人与众人选择长 80～100 米、宽 25 米左右的平坦冰场为参赛场地,在安答圈外画一横线,称为射击线。参赛者按顺序列队,1 号参赛者出列射阿日嘎。每人连射 3 枚阿日嘎,如果 1 号参赛者所射第二、第三枚阿日嘎射中了第一枚阿日嘎,安答圈内的石阿都归他,若没有中,2 号参赛者将 1 号参赛者的第一枚阿日嘎作为目标,对其连射三枚。如仍未射中目标,由 3、4 号参赛者射击,谁射中,安答圈内的石阿就全归谁,射中目标后,众人高喊"碎了",射打时只许用拇指和食指的捻转力使阿日嘎旋转滑行,不可掷或扔打。

如果轮到最后一名参赛者时还没有射中目标,众参赛者移到安答圈对面,即 1 号参赛者的第一枚阿日嘎落点外缘重画一条射击线,依次顺号,1 号参赛者将阿日嘎射向安答圈,此项称"拴马儿"(阿日嘎又称"打远马儿"即来源于此)。当 1 号参赛者"拴马儿"后,由 2 号参赛者将"马儿"作为目标开始射。如果谁都未击中目标,1 号参赛者就可拾起作为目标的阿日嘎再射安答圈内的石阿,所以有经验的参赛者会将第一个阿日嘎射向距离游戏圈很近的地方,便于此时直接射击一步之遥的游戏圈,这叫直击石阿。射安答圈内石阿时讲究叠与不叠,如果讲叠,则将石阿罗列起来。1 号参赛者射安答圈内叠起来的石阿后,众人检查石阿,打出安答圈外的,宽凸面朝上的石阿归 1 号参赛者,其他石阿放入安答圈,然后,依次顺号由其他参赛者轮流射击,决一胜负。

二、阿日嘎游戏的演变与发展

阿日嘎游戏的起源,尚无准确的文字考证,但从游戏使用材料、规则和文化背景上分析,应是北方少数民族流行的娱乐休闲活动。中国古代有一种叫作"打髀殖"的游戏,应是阿日嘎游戏的前身。

"打髀殖"又称"击髀石""打髀石",髀殖指偶蹄类动物的踝骨。据《辽史·游幸表》记载,穆宗应历六年十月辽帝"与群臣水上击髀石为戏"。元人撰写的契丹国志上也记述了宋真宗时晁迥出使契丹回来,对宋真宗说契丹人喜欢用铜和石打野兔,所用的工具就是灌铜而后的髀骨。说明打髀殖在辽代不仅是一项游戏活动,还是打猎的工具和手段。打髀殖游戏在金朝时还传入了女真族,女真语称作"嘎拉哈"。

据《元史》太祖本纪记载,某次成吉思汗出行"复前行至一山下,有马数百,牧者唯童子数人,方击髀石为戏……"。蒙古秘史中也记载铁木真 11 岁时与结义兄弟扎木河在斡达河冰上打髀石,扎木合将一个狍子髀石送给铁木真,铁木真则将一个铜灌的髀石回赠了扎木合,表示两人亲如兄弟,由此可见髀石之珍贵,也证明打髀值的游戏在蒙古草原较早时期就已经流行了。

在元代文艺作品中,也有很多反映打髀石游戏的内容。例如,杂剧《邓夫人苦痛哭存孝》中即有"……你饿时节挝肉吃,渴时节喝酪水,闲时节打髀殖,醉时节歪唱起"的词句。有很多文艺作品中都有打髀殖的片段,可见元代时打髀殖在中原地带也十分流行。清代杨冰的《柳边记位》中记载:"先把髀殖堆放在地上,再击之,击中者尽取所得。"

阿鲁科尔沁流行的阿日嘎游戏保持着古老的文化传统和思维。当地居民大部分是蒙古额乐克德部落人,其先祖是成吉思汗之弟哈布图·哈萨尔的后裔。哈布图·哈萨尔是当时威名远扬的神箭手,据说玩阿日嘎水平也很高。据传哈布图·哈萨尔不仅在春、夏、秋三季严格训练卫队中的弓箭手,而且在冬季大力推行练习臂力、拇指力的阿日嘎游戏,以提高兵将的射箭技艺。因为哈布图·哈萨尔的兵将人人都会"打远马儿",所以在战场上拾一块石头打出去也能百发百中,制敌于落马。

阿日嘎这一北方少数民族体育项目流传千年长盛不衰。当地很多家庭甚至珍藏有流传 4、5 代的阿日嘎,就连到青海取经的当地寺庙的喇嘛还千里迢迢带回牦牛的踝骨制作阿日嘎。每当河水封冻后,男女老幼就开始进行阿日嘎游戏,尤其是每年正月初六至正月十六期间,相邻几个村落间要选拔高手组织比赛。阿鲁科尔沁旗东北部的查干敖包每年正月初八有祭水神龙王的习俗,届时还会大规模地举办阿日嘎游戏比赛,举行为期一天的以"阿日嘎"为重要项目的冬季"那达慕"。

三、阿日嘎游戏的价值与发展

(一)阿日嘎游戏的发展现状

起源于北方古老游牧民族的阿日嘎游戏,包含着很多游牧狩猎文化的因素,体现着北方少数民族特有的生存理念、审美思想和价值观。额乐克德蒙古人在千年的时光中不失传统,保留了阿日嘎游戏方式,并代代相传,流传至今,成为我国最古老、最复杂的民族体育文化遗产。但是随着社会的发展和娱乐方式的多元化,这种游戏正在逐步消亡。随着北方少数民族政权统治的结束,中原地区的打髀殖游戏早已不见踪影,内蒙古地区阿日嘎游戏的流行地域也逐渐萎缩于阿鲁科尔沁旗北部地区。自 20 世纪 60 年代后,当地规模大些的阿日嘎游戏比赛逐渐减少,呈现出逐年衰落的态势。

(二)阿日嘎游戏的锻炼价值

阿日嘎游戏对场地器材要求不高,只要有一块平坦的冰面,动物的踝骨也不难获得,其规则简单易学,技术难度的起点低,男女老少均可参与,具有较强的群众性、健身性。阿日嘎游戏因其趣味性和竞争性,易于普及和推广。经常参加阿日嘎游戏不仅能增强游戏者的智力、技巧,还能增强人的臂力、拇指力和视力,可以锻炼游戏者的手指力量,促进准确性和灵活性的提高。阿日嘎作为一项冬季冰上户外运动,可有效提高参与者的抗寒能力、协调性、平衡能力,并通过多人游戏的方式促进人们的竞争与交往,对提高游戏者心理素质,加强社会交往能力等都有很好的促进作用。

(三)对阿日嘎游戏的开发

作为我国北方少数民族的非物质文化遗产,阿日嘎游戏在北方冬季学校体育课程资源上具有重要的开发价值。将其引入体育课程符合《体育与健康课程标准》拓展课程资源的理念。我国北方地区冬季时间长,室内体育场馆缺乏,学校冬季体育课程往往因气候因素受到影响,如果将阿日嘎游戏拓展为中小学体育课程,可以丰富学校体育的内容,让学生在娱乐中感受到深厚的民族体育传统文化底蕴,从小体会到民族传统体育的无穷魅力。在民族学校体育中推广开发阿日嘎游戏可使少数民族青少年从小就受到本民族优秀体育文化的熏陶与滋养,增强归属感。对游戏方法和规则进行必要的修改可以形成各种娱乐方式。例如,通过集体对抗的方式培养竞争意识和合作精神;将冰上游戏拓展延伸为水泥、地板地面上的游戏;材质上可不局限于牛羊的踝骨等。

近年来,具有民族特点的体育文化在促进少数民族地区的旅游、对外宣传、招商引资等方面中发挥着越来越大的作用。阿日嘎作为最能体现北方少数民族特有生存理念和价值观的最古老、最复杂的民族体育文化遗产,既有良好的锻炼价值,又具有一定的观赏性和娱乐性。如果在民俗节日、体育竞赛、社会体育活动中推广阿日嘎游戏,既能丰富北方民族体育文化的内容,改善北方社会体育活动季节不平衡的现状,又能促进民族地区经济建设的发展,形成经济与体育文化活动的"良性循环"。

四、对阿日嘎游戏为代表的体育文化遗产的保护

(一)非物质文化遗产保护的意义

自 2003 年 10 月联合国教科文组织第 32 届大会通过《保护非物质文化遗产公约》以来,非物质文化遗产逐渐引起了学界的关注,保护和传承非物质文化遗产成为文明进程的必然。

保护传承活态的非物质文化,既是一个民族对历史的延续、智慧的张扬、情感的联结,也是扩展时代思想、提升社会格调、培植公众修养的有利途径。从民族角度看,它是对一个民族文化意识的唤醒和强化。任何民族所创造的文化,包括物质文化和非物质文化,都是其民族精神的体现。但相对而言,对于民族精神的传承,非物质文化占有更为重要的地位。面对当今强烈的"全球化""一体化"等的冲击,对民族体育文化的保护,实际就是对一个民族精神之根的呼唤、认同与养护,也是一个民族沿袭和发展的必要条件。应该说我国文学艺术界对保护非物质文化遗产已经非常重视,我国也向联合国申报了多项非物质文化遗产。各级政府也对以音乐、手工制品等为代表的非物质文化遗产采取了

相应的保护措施。

（二）对阿日嘎游戏为代表的体育文化遗产的保护

令人遗憾的是作为非物质文化遗产重要内容的诸多体育文化却不知不觉地被遗忘、排斥。很多体现民族精神和文化特征、具有鲜明民族特色的体育文化遗产已经消亡或濒临失传。阿日嘎游戏采用具有鲜明民族特色的工具，规则中强化争胜竞争的拼搏精神，鼓励与众不同的创造性，符合北方冬季体育娱乐活动的条件。这些都体现了北方少数民族在恶劣自然条件下艰苦不屈、勇于拼搏的民族气概。其陶冶情操、娱乐与强身健体相结合的功能在今天仍有价值，值得大力保护与推广。

我国很多民族体育文化遗产，蕴含着中华民族特有的精神价值、文化意识和思维方式，是民族精神、文化的良好载体，是不可再生的非物质文化财富，一旦失传则很难恢复。譬如，原产于中国的相扑目前只能在日本看到；我们引以为豪的现代足球鼻祖——蹴鞠，又能有几人了解其原貌？北方少数民族体育文化往往与骑射有关，而现代养马业已经逐步凋零，射猎活动也基本远离人们的生活。这就造成马球、布鲁、阿日嘎等具有浓郁草原民族特色的体育项目已经逐渐淡出人们的视野。

民族体育具有独特的文化价值，在某种意义上反映了一个民族的传统习俗和地域风貌，折射出民族历史的光芒，日益以其多彩多姿的形式和风格显示其独特的社会价值和历史意义。然而，随着我国经济文化一体化与世界化进程的加快，尤其是西方现代体育文化对中华民族传统体育文化的强烈冲击与洗涤，使得民族传统体育从形式到内容都在进一步萎缩。如果我们不采取科学、客观、有效的保护策略与发展措施，这些宝贵的文化遗产随时都面临着被同化、变异以及消失的可能。

与艺术类文化遗产的保护相比，非物质体育文化遗产的保护更为紧迫，其难度也更大。因为有些艺术类文化采取单人传承的方式即可达到保护的目的，而体育文化大多是需要以多人共同参与的互动形式存在的，需要特殊的场地与器材条件。民族体育文化遗产的流失虽然主要是社会环境变化因素造成的，但并非没有保护、传承的可能。阿日嘎这样一项流传了千年的体育文化遗产，所需要的场地设备条件不高，其娱乐性和健身效果并未过时，保护与发展的难度不大。应将民族体育文化遗产保护提上议事日程，将民族体育纳入非物质文化遗产保护，引起相应部门的重视；将民族体育文化引入教育体系，真正落实好传承、保护与推广措施，以阿日嘎为代表的民族体育文化遗产的保护与发展的意义深远。

参考文献

[1] 宋绍兴,周成. 竞技体育赏析[M]. 广州:华南理工大学出版社,2020.

[2] 郭传委. 我国大众冰雪运动发展策略研究[J]. 运动—休闲(大众体育),2020(9):20-22.

[3] 张明亮,吉立夫,郭旺达. 群众冰雪运动发展策略研究[J]. 当代体育科技,2020,10(10):205-206.

[4] 杨柳青青. 中德冰雪运动发展比较研究[J]. 休闲,2019(35):228.

[5] 管众. 北方地区冰雪运动发展的创新路径研究[J]. 拳击与格斗,2021(18):96.

[6] 李波. 中国传统冰雪运动文化基本特征与时代价值研究[J]. 冰雪运动,2022,44(1):84-87.

[7] 郭敏刚,李瑞钊,伍艺昭,等. 后北京冬奥时代我国冰雪运动安全标准体系框架构建与实施策略[J]. 武汉体育学院学报,2022,56(8):36-40,50.

[8] 张鹤东,李明阳,宋智梁. 东北少数民族传统冰雪体育项目在高校的传承与发展[J]. 当代体育,2022(4):17-19.

[9] 邢艳丽. 少数民族传统体育运动会的可持续发展研究[J]. 科技资讯,2021,19(13):233-235.

[10] 范家玮,宋智梁,张成欢. 东北少数民族传统冰雪文化传承保护方略与创新发展[J]. 高师理科学刊,2021,41(11):63-67.

[11] 蒋珊珊,夏思永. 2022年冬奥会背景下民族传统冰雪运动传承与发展思考[J]. 武术研究,2022(2):130-133.

[12] 朱岩. 体教融合理念下北方高校冰雪体育教学设计[J]. 冰雪运动,2021,43(6):67-71.

[13] 张云波. 基于体教结合理念下的高校冰雪体育运动教学实施路径研究[J]. 灌篮,2021(21):98-99.

[14] 刘建斌,张强. 东北高校冰雪运动发展的困境与对策研究[J]. 福建广播电视大学学报,2021(1):53-56.

[15] 李伟,姜柳行,孙建华. 东北三省高校冰雪课程开展现状及发展策略[J]. 中国学校体育(高等教育),2017(1):60-64.

[16] 陈惠. 东北地区高校引入冰雪课程的现状与推广[J]. 当代体育,2021(14):110.

[17] 牛冰丽,万海英. 普通高校冰雪运动课程开展的现状研究[J]. 中外企业家,2020(32):255.

[18] 郝靖阳,李双玲. 东北地区高校冰雪体育社团建设策略研究[J]. 当代体育科技,2022,12(7):56-60.

[19] 星集宝. 浅析东北地区高校冰雪课程建设[J]. 当代体育科技,2018,8(27):139,141.

[20] 柳燕. 开展社区冰雪运动促进冬季群众体育发展[J]. 冰雪运动,2001(3):64,66.

[21] 武俸羽. 如何开展社区冰雪运动促我市冬季群众体育发展[J]. 黑龙江科技信息,2016(7):102.

[22] 李波,王麟,梁陈,等. 共生理论视域下民族传统冰雪运动与城市社区冬季健身模式契合发展研究[J]. 成人教育,2020(12):35-38.

[23] 杨洪,秦趣. 地学旅游原理与典型景观欣赏[M]. 北京:北京理工大学出版社,2020.

[24] 李菲. 我国体育旅游的相关理论分析与发展研究[M]. 北京:中国原子能出版社,2018.08.

[25] 陈丹,朱华波. 辽东地域文化宣传普及读本[M]. 沈阳:东北大学出版社,2016.

[26] 董欣. 冰雪节庆体育活动研究[J]. 体育文化导刊,2010(1):25-27.

[27] 冀全宇. 哈尔滨冰雪节庆活动对经济与文化的促进与传播[J]. 黑龙江科技信息,2010(34):133.

[28] 李长柱,张大春. 东北地区冰雪旅游资源整合开发研究[J]. 冰雪体育创新研究,2020(6):15-16.

[29] 朱立斌,刘丽辉. 东北地区冰雪旅游 SWOT 分析及发展对策研究[J]. 冰雪运动,2015,37(4):93-96.

[30] 李爱臣. 东北地区冰雪旅游产业一体化发展研究[J]. 体育视野,2021(10):10-11.

[31] 彭迪,连洪业. 促进东北地区冰雪旅游品牌资源可持续发展的策略研究[J]. 中国学校体育(高等教育),2017(1):19-23,28.

[32] 刘玉姝,张欣阳. 东北地区冰雪体育旅游产业联动发展研究[J]. 技术与市场,2012,19(8):226,228.

[33] 方征. 鄂伦春族狩猎文化变迁的人类学反思[J]. 昌吉学院学报,2016(1):11-16.

[34] 晋铭鸿. 对鄂伦春族狩猎文化的分析研究[J]. 青年文学家,2012(2):194.

[35] 刘勇. 抢救和保护黑龙江省鄂伦春族狩猎文化[J]. 剧作家,2009(5):175.

[36] 于学斌. 论鄂伦春族狩猎文化的特点及其局限性[J]. 北方文物,1990(3):71-75.

[37] 王丙珍,郭红,敖荣凤. 鄂伦春族狩猎禁忌的生态文化意蕴[J]. 学理论,2012(31):160-161.

[38] 汪立珍. 鄂温克族狩猎文化的价值与意义[J]. 民间文化,2001(2):54-58.

[39] 方慧. 试论鄂温克族民间舞蹈音乐的狩猎文化特征[J]. 决策与信息,2016(17):195.

[40] 苗金海. 鄂温克族民间舞蹈音乐的狩猎文化特征[J]. 北京舞蹈学院学报,2013(5):84-87.

[41] 魏立群. 鄂温克族的驯鹿文化[J]. 黑龙江史志,2016(7):37-39.

[42] 丁石庆. 达斡尔族狩猎文化之成因分析[J]. 北方文物,2006(2):69-73.

［43］谷文双. 达斡尔族传统狩猎文化考述［J］. 内蒙古社会科学（汉文版），1998（6）：75-81.

［44］刘荣臻. 达斡尔族历史上的保健知识与文化［J］. 中国民族医药杂志，2021，27（1）：41-45.

［45］陈立华，张昕. 满族传统狩猎运动及其当代价值探析［J］. 大连大学学报，2018，39（6）：73-78.

［46］鲁宗成，熊正英. 体育教育专业导论［M］. 西安：陕西师范大学出版总社有限公司，2013.

［47］国梁. 满族传统冰嬉在高等学校传承研究［J］. 当代体育科技，2020，10（35）：191-193.

［48］高锐，李春林. 体育与健康［M］. 成都：电子科技大学出版社，2019.

［49］贺春林，孙红，吴明新. 赫哲族滑雪的演变与功能及传承发展［J］. 体育世界（学术版），2015（10）：14-15，26.

［50］王忠波. 东北地区高校越野滑雪体育课程的开设［J］. 冰雪运动，2020，42（2）：63-67.

［51］王焱森，甄子会. 我国东北地区高校滑雪课程体系的构建［J］. 高师理科学刊，2011，31（6）：112-115.

［52］付孟浩. 通化地区朝鲜族中学雪地足球教学开展现状及对策研究［D］. 沈阳：沈阳师范大学，2020.

［53］王大伟. 东北地区普通高校滑冰课程建设构想［J］. 冰雪运动，2013（1）：64-67.

［54］周剑，孟巍. 东北地区普通高校开展五人制雪地足球运动的可行性［J］. 冰雪运动，2015（6）：85-88.

［55］梁世君，贺婧，罗明飞，等. 赫哲族滑爬犁的演化及在赏冰乐雪活动中的应用［J］. 武术研究，2020，5（2）：79-80.

［56］邹莹. 鄂伦春族非物质文化遗产研究［D］. 咸阳：西藏民族学院，2015.

［57］殷丹丹. 鄂伦春族狩猎文化的生态意蕴及其当代价值［D］. 呼和浩特：内蒙古师范大学，2012.

［58］王莹. 冰嬉文化的传统价值与现代意义［D］. 北京：首都体育学院，2018.

［59］付孟浩. 通化地区朝鲜族中学雪地足球教学开展现状及对策研究［D］. 沈阳：沈阳师范大学，2020.